CW01656567

Osho

Osho'nun öğretileri, hiçbir kategoriye sokulamamaktadır; bireysel anlam arayışından, toplumun bugün karşı karşıya kaldığı en önemli sosyal ve politik konulara kadar birçok şeyi kapsar. Osho, kitap yazmamıştır; onun adıyla yayımlanan kitaplar, 35 yıl boyunca uluslararası nitelikte bir dinleyici topluluğuna yaptığı konuşmaların ses ve video kayıtlarının deşifre edilmiş halidir. Osho, Londra'da yayımlanan *Sunday Times* tarafından 20. yüzyılın 1000 önemli isminden biri olarak kabul edilmiş, Amerikalı yazar Tom Robbins tarafından da "İsa'dan sonra gelen en tehlikeli adam" olarak tanımlanmıştır.

Osho çalışmalarıyla ilgili olarak, yeni bir insan türünün doğumu için gereken koşulları hazırlamaya yardımcı olduğunu söylemiştir. Bu insanı çoğunlukla "Zorba Buda" olarak tanımlamıştır. Hem Yunanlı Zorba gibi dünyevi zevklerin hem de bir Gautama Buda'nın sessiz dinginliğinin tadını çıkaran bir kişi... Osho'nun çalışmalarının tüm yönlerinden bir iplik gibi geçmek, hem Doğu'nun zamansız bilgeliğini hem de Batı'nın teknoloji ve biliminin en yüksek potansiyelini kucaklayan bir vizyondur.

Osho, aynı zamanda, modern yaşamın baş döndürücü hızını kabul eden bir yaklaşımla, içsel dönüşüm bilimine yaptığı yenilikçi katkılarıyla tanınmıştır. Benzersiz "Aktif Meditasyonlar"ı, bedenin ve zihnin birikmiş streslerini salıvermek için tasarlanmıştır. Zira, bu şekilde düşüncelerden kurtulup rahat bir meditasyon yapmak daha kolay hale gelmektedir.

Yazarın iki özyaşamöyküsel eseri bulunmaktadır:

Provokatör Mistik
Muhteşem Çocukluk Yılları

Yazarın Omega Yayınları'ndan çıkan diğer kitapları:

- *Aydınlanmanın ABC'si*
- *Bilincin Ölümsüz Alevi*
- *Bir Sabun Köpüğüdür Hayat*
- *Büyük Düşünürlerle Buluşmalar*
- *Dingin Ruh Gürültücü Zihin*
- *Huzur Arayışı*
- *İnsan Kendinin Aynasıdır*
- *Kanat Açmış Kuş*
- *Kumların Bilgeliği*
- *Meditasyon – İlk ve Son Özgürlük*
- *Meditasyonun Kehaneti*
- *Özgür Zihin*
- *Provokatör Mistik*
- *Ruh Eczanesi*
- *Sessizlik*
- *Sırlar Kitabı*
- *Sırların Sırrı*
- *Tantra, Spiritüellik ve Cinsellik*
- *Yaşam Aşkı*
- *Yaşamak İnanmaktır*
- *Yoga – Bireyin Doğuşu (I. Kitap)*
- *Yoga – Zamanın, Mekânın ve Arzunun Ötesinde (II. Kitap)*
- *Zen Ruhunda Tarot*
- *Zen Tarot (Karton Kutulu, Tarot Kartlı)*

KENDİNİ BULMAK

İçsel Gücünü, Potansiyelini Bulmak
Zen'in On Boğa Hikâyesi Üzerine Konuşmalar

OSHO

İngilizceden çeviren:
Mareechi Asu – Chandradeva

Ω

1. baskı: Omega Yayınları, 2018
2. baskı: Omega Yayınları, 2019

Kendini Bulmak / OSHO
Özgün adı: *The Search-Finding Your Inner Power, Your Potential*

Copyright © 1977, 2014 OSHO International Foundation, Switzerland.
www.osho.com/copyrights 2018. Tüm hakları saklıdır.

Daha fazla bilgi için www.OSHO.com.
Bu, bir dergi, OSHO kitapları, ses ve görüntü formatında OSHO konuşmaları, İngilizce ve Hintçe OSHO Kütüphanesi metin arşivi ve OSHO Meditasyonları hakkında geniş bilgi içeren kapsamlı bir internet sayfasıdır. Burada OSHO Multiversity'nin programı ve OSHO International Meditation Resort hakkında ayrıntılı bilgi bulabilirsiniz.
İnternet sayfaları:
http://OSHO.com/resort
http://OSHO.com/AllAboutOSHO
http://OSHO.com/shop
http://www.youtube.com/OSHO
http://www.twitter.com/OSHOtimes
http://www.facebook.com/pages/OSHO.International
Aşağıdaki adresler aracılığıyla OSHO International Foundation ile temas kurabilirsiniz:
www.osho.com/oshointernational, oshointernational@oshointernational.com

Bu kitap, Osho'nun dinleyicilerine yaptığı The Search adlı orijinal konuşmalar serisinin bir örneğidir. Osho'nun tüm konuşmaları kitap olarak basılmıştır, ayrıca orijinal ses kayıtları da mevcuttur. Ses kayıtları ve metinlerin tamamına www.osho.com adresindeki Osho Library'den ulaşılabilir.

Osho, 12. yüzyılda yaşamış Çinli üstat Kakuan'ın On Boğa hikâyesini yorumluyor.

© **Zen'in On Boğa'sının resimleri:** Japonya'daki Tenri Üniversitesi'ndeki Fuzoku Tenri Kütüphanesi'ne, Gomizen'in Zen'in On Boğası resimlerinin kullanılmasına izin verdiği için özel olarak teşekkürler. İzin, Osho International tarafından alınmıştır.

Osho, Osho International Foundation'ın tescilli markasıdır. www.osho.com/trademarks (Osho'ya ait herhangi bir fotoğraf, görüntü ya da OIF'a ait ya da telif hakkı kapsamındaki satılan bir sanat eseri Osho International Foundation'dan açık izin gerektirmektedir.)

Türkçe yayın hakları © Omega Yayınları
Bu eserin tüm hakları saklıdır. Tanıtım amacıyla, kaynak göstermek şartıyla yapılan kısa alıntılar hariç yayınevinden yazılı izin alınmaksızın alıntı yapılamaz, hiçbir şekilde kopyalanamaz, çoğaltılamaz ve yayımlanamaz.

ISBN: 978-605-02-0669-2 / Sertifika no: 10962

İngilizceden çeviren: Mareechi Asu – Chandradeva
Yayın koordinatörü: Levent Çeviker
Kapak ve sayfa tasarımı: Artemis İren

Baskı:
Assum Basım ve Mücellit • Zeytinburnu-İstanbul
Tel.: (0212) 612 00 01 • Matbaa sertifika no: 42010

Omega Yayınları
Ankara Cad. 22/12 • TR-34110 Sirkeci-İstanbul
Tel.: (0 212) - 512 21 58 • Faks: 0 212 - 512 50 80
www.omegayayincilik.com • e-posta: omega@omegayayincilik.com
www.facebook.com/omegayayincilik • www.twitter.com/omegayayincilik

Genel dağıtım: Say Dağıtım Ltd. Şti.
Ankara Cad. 22/4 • TR-34110 Sirkeci-İstanbul
Tel.: (0 212) - 528 17 54 • Faks: 0 212 - 512 50 80
internet satış: www.saykitap.com • e-posta: dagitim@saykitap.com

İçindekiler

1. Boğayı arayış

Bu dünya çayırında,
Boğa arayışında uzun otları bir yana itiyorum.
İsimsiz ırmakları takip ediyor,
Uzak dağların iç içe girmiş yollarında kayboluyorum.
Gücüm bitiyor ve canım tükenmiş, boğayı bulamıyorum.
Gece ormanda sadece çekirge seslerini duyuyorum.

2. Ayak izlerinin keşfi

Ağaçların altında nehir kıyısı boyunca,
Ayak izlerini keşfediyorum!
Mis kokulu otların altında bile onun izlerini görüyorum!
Uzak dağların derinliklerinde bulunuyorlar.
Cennete doğru bakan kişinin burnundan artık bu izler saklanamaz!

3. Boğayı algılayış

Bülbülün şarkısını duymaktayım.
Güneş ılık, rüzgâr hafif, söğütler kıyı boyunca yeşil.
Burada hiçbir boğa saklanamaz!
Hangi artist çizebilir o büyük kafayı, o haşmetli boynuzları?

4. Boğayı yakalayış

Onu müthiş bir mücadele ile yakaladım.
Onun büyük iradesi ve gücü tükenmezmiş!
Sis bulutların üzerindeki yüksek platoya çıkar,
Ya da içeri girilmesi imkânsız bir vadide durur.

5. Boğayı evcilleştirme

Kırbaç ve ip gereklidir,
Yoksa tozlu yollara sapabilir.
İyi eğitilerek, doğal olarak uysal hale gelir.
Sonra dizginsiz itaat eder ustasına.

6. Boğayı eve sürme

Boğaya binerek, yavaşça eve doğru dönerim.
Flütümün sesi akşam boyunca ton verir.
Titreşen harmoniyi el vuruşlarıyla ölçerek, sonsuz ritmi yönlendiririm.
Bu melodiyi her kim duyarsa bana eşlik edecek.

7. Boğanın ötesine geçmek

Boğanın sırtında, eve ulaşırım.
Huzurluyum. Boğa da dinlenebilir.
Gün ağarıyor. Keyifli sessizlik içinde,
Hasırdan yapılmış evimin içinde kırbaç ve ipi bıraktım.

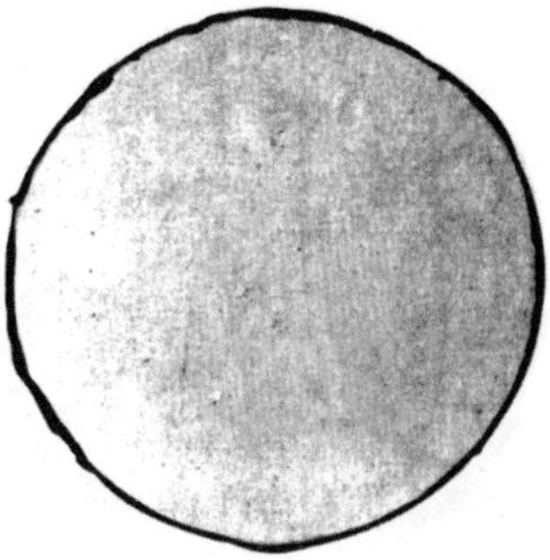

8. Hem boğanın hem özün ötesine geçmek

Kırbaç, ip, kişi ve boğa; tümü hiçlikte birleşir.
Bu cennet öyle engin ki hiçbir mesaj onu lekeleyemez.
Bir kar tanesi nasıl kızgın ateşte var olabilir?
Pirlerin ayak izleri buradadır.

9. Kaynağa varış

Çok fazla adım atılmıştır kaynağa ve köke dönmek için.
En başından kör ve sağır olmak daha iyi!
Kişi gerçek evinde ikamet ederken, dışarıyla ilgilenmeksizin; nehir huzurlu bir şekilde akar ve çiçekler kırmızıdır.

10. Yeryüzünde

Çıplağım ve bağrım açık,
Dünya insanlarıyla haşır neşir olurum.
Kıyafetlerim yırtık ve toz içinde ve ben her zaman mutluyum.
Yaşamımı uzatmak için büyü yapmıyorum;
Şimdi, benden önce, ağaçlar canlanıyor.

Önsöz

Zen kesinlikle bir felsefe değildir. Ona bir felsefe gibi yaklaşmak baştan yanlış yoldan başlamaktır. Felsefe zihne ait bir şeydir ve Zen bütünüyle zihnin ötesindedir. Zen; zihnin ötesine, zihinden uzağa gitme sürecidir; o bir aşkınlık, zihni aşma sürecidir. Onu zihinle anlayamazsın, zihnin onun içinde bir işlevi yoktur.

Zen bir zihinsizlik durumudur, bunun hatırlanması gerekir. O Vedanta değildir. Vedanta bir felsefedir, onu mükemmel bir şekilde anlayabilirsin. Zen, Budizm bile değildir. Budizm de bir felsefedir.

Zen çok nadir bir çiçeklenmedir, Buda'nın ve Lao Tzu'nun deneyiminin buluşmasıdır. Buda sonuçta Hint mirasının bir parçasıydı. O felsefenin dilini konuştu, mükemmel derecede nettir, onu anlayabilirsin. Aslında o bütün fizik ötesi sorulardan kaçınmıştı; o çok sade, net, mantıklıydı. Fakat onun deneyimi zihne ait değildi. Sana negatif bir felsefe sağlayarak senin felsefeni yok etmeye çalıştı. Tıpkı ayağındaki dikeni başka bir dikenle çıkarman gibi, Buda'nın çabası felsefeyi zihninden başka bir felsefe ile çıkarmaktı. Bir kez bu diken çıkarıldığında, her iki diken de atılabilir ve sen zihnin ötesinde olursun.

Buda'nın öğretisi Çin'e ulaştığında muazzam güzellikte bir şey, bir melezleştirme gerçekleşti. Çin'de Lao Tzu bütünüyle fiziksel olmayan bir yoldan deneyimini Tao'ya vermişti, tamamen absürt bir yoldan, tamamen mantıksız bir yoldan. Fakat Budist meditasyoncular, Budist mistikler Taoist mistiklerle buluşur ve aniden zihinden zihne değil kalpten kalbe birbirlerini anlarlar. Titreşimi hissedebilirler, aynı içsel dünyanın açıldığını görebilirler, aynı hoş kokuyu koklayabilirler. Ve yakınlaştılar, onların yakınlaşmasıyla, onların buluşması ve birbiri içinde erimesiyle, yeni bir şey büyümeye başladı. Bu Zen'dir. Onda hem Buda'nın güzelliği hem de Lao Tzu'nun güzelliği vardır, o ikisinin çocuğudur. Böylesi bir buluşma daha önce hiç gerçekleşmemiştir.

Osho, Walking in Zen, Sitting in Zen

BÖLÜM 1

Boğanın Ayak İzlerini Arayış

Boğa asla kaybolmadı – çünkü boğa sensin.
Boğa senin enerjin, o senin yaşamın.
Canlılığının ilkesi boğadır.
Boğa asla kaybolmadı.

1. Boğayı arayış

Bu dünya çayırında,
Boğa arayışında uzun otları bir yana itiyorum.
İsimsiz ırmakları takip ediyor,
Uzak dağların iç içe girmiş yollarında kayboluyorum.
Gücüm bitiyor ve canım tükenmiş, boğayı bulamıyorum.
Gece ormanda sadece çekirge seslerini duyuyorum.

Yorum

Boğa asla kaybolmamıştır. Bu arayışa ne gerek var? Sadece gerçek doğamdan ayrılmam sebebiyle, onu bulamıyorum. Duyu karmaşasında onun izini bile kaybettim. Evden uzakta, birçok dörtyol ağzı görüyorum fakat hangisi doğru yol, bilmiyorum. Açgözlülük ve korku, iyi ve kötü, beni karmakarışık ediyor.

2. Ayak izlerinin keşfi

Ağaçların altında nehir kıyısı boyunca,
Ayak izlerini keşfediyorum!
Mis kokulu otların altında bile onun izlerini görüyorum!
Uzak dağların derinliklerinde bulunuyorlar.
Cennete doğru bakan kişinin burnundan artık bu izler saklanamaz!

Yorum

Öğretiyi anlayarak, boğanın ayak izlerini görüyorum. Ve şunu öğreniyorum, tıpkı tek bir metalden birçok kap kacağın üretilmesi gibi, özün dokusundan sayısız özlük üretilebilir. Ayırt etmediğim sürece, doğru olanı ve olmayanı nasıl algılarım! Henüz kapıdan geçmedim, buna rağmen yolu fark ettim.

Ender rastlanır bir mistik yolculuğa başlıyoruz. Zen'in On Boğası insan bilinci tarihinde eşsiz bir şeydir. Hakikat birçok yoldan ifade edilmiştir ve her ne yaparsan yap daima açıklanamaz olarak kaldığı keşfedilmiştir. Onu nasıl ifade edersen et, o paçayı kurtarır, yakalanması zordur. O sadece tasvirden kaçar. Tanımlamak için kullandığın kelimeler onu içermez. Ve ifade ettiğin an, aniden asıl önemli olan şey geride bırakılmış ve sadece önemsiz olan açıklanmış gibi hayal kırıklığına uğramış hissedersin. Zen'in On Boğası tek bir girişimde ifade edilemez olanı ifade etmeye çalışmıştır. Bu yüzden öncelikle bu on boğanın tarihi hakkında bir şeylere değinmek istiyorum.

Temelinde sekiz resim vardı, on değil ve onlar Budist değil, Taoist idiler. Başlangıçları kayıp. Kimse onların nasıl başladığını, boğaları ilk kimin resmettiğini bilmiyor. Fakat on ikinci yüzyılda Çinli bir Zen üstadı Kakuan, onları tekrar resmetti ve bununla da kalmayıp iki resim daha ekledi ve sekiz iken on oldu. Taoist resimler sekizincide sonlanıyordu; sekizincisi boşluk, hiçliktir. Ancak Kakuan iki yeni resim ekledi. Bu, dindar bilince Zen'in katkısıdır.

Kişi içsel bir yolculuğa çıktığında dünyayı terk eder, yolunu engelleyen her şeyden feragat eder, öz olmayan her şeyden vazgeçer böylece öz araştırılıp bulunabilir. Kişi yüklerinden kurtulmaya çabalar böylece yolculuk kolaylaşabilir çünkü yolculuk, bu yolculuk zirveye doğru yapılır, var olan en büyük zirveye, insan olasılıklarının en doruğuna, zirvenin kendisine. Kişi dünyayı bırakır, dünyadan vazgeçer; sadece dünyadan değil, kişi zihni bırakır çünkü zihin tüm dünyanın sebebidir. Arzuların dünyası, sahiplenmelerin dünyası, yalnızca dış kısmıdır. İç kısmı zihindir; arzulayan zihin, şehvetli zihin, kıskanç, rekabetçi zihin, düşüncelerle dolu zihin; tohumdur.

Kişi dıştakini bırakır, içtekini bırakır, boş hale gelir; meditasyonun anlamı budur. Kişi tamamen boş hale gelir. Fakat bu son mudur? Taoist resimler hiçlikle sonlandı. Kakuan bunun son olmadığını söyler; kişi dünyaya geri gelir, pazara döner; ancak o zaman çember tamamlanır. Elbette kişi tamamen yeni bir şekilde gelir. Asla eskiyle gelmez; eski gitmiştir, sonsuza dek gitmiştir. Kişi tamamıyla yenilenmiş, diriltilmiş, yeniden doğmuş olarak gelir; sanki hiç gitmemiş, tamamen canlı ve bakir bir adam gelmiş gibidir. Dünyaya döner ve yeniden dünyanın içinde yaşar fakat onun ötesinde yaşar. Kişi yeniden sıradanlaşır -odun keser, kuyudan su taşır, yürür, oturur, uyur- kesinlikle sıradan hale gelir. Derinlerde, boşluk bozulmamış kalır. O dünyada yaşar fakat senin zihninde yer alan dünyada değil, içinde bulunduğun dünyada değil. Kişi bir lotus çiçeği gibi, el sürülmemiş olarak yaşar.

Bu iki resim arayanı dünyaya geri getirir ve Kakuan son derece güzel bir şey yapmıştır. Kişi pazara gelir; bununla da kalmaz, o kişi diğerlerinin de sarhoş olmasına yardım etmek için bir şişe şarapla gelir, sarhoştur -ilahi aşk ile sarhoş- çünkü susuz olan, arayan birçok insan vardır, karanlığın derininde olan, yolunda tökezleyen birçok insan vardır. O kişi sevgi sebebiyle dünyaya geri gelir. Diğer yolcuların ulaşmasına yardım eder. O ulaşmıştır, şimdi diğerlerinin varması için yardım eder. O aydınlanmıştır, şimdi diğerlerinin ulaşmasına yardım eder. Ve her biri aynı hedefi aramaktadır.

Taoist sekiz boğa iyi fakat yeterli değildir, güzel fakat içlerinde bir şey eksiktir. Boşluk mükemmel fakat hâlâ ulaşılması gereken bir mükemmellik vardır. Boşluk mükemmeldir, tekrarlamama izin ver, ancak henüz erişilmesi gereken bir mükemmellik vardır. Boşluk negatif açıdan mükemmeldir. Vazgeçmişsindir, o negatiftir fakat henüz sevmedin. Pozitif eksiktir. Mutsuzluk gider, ıstırap kaybolur fakat sen hâlâ coşkulu değilsindir. Sessizliğe ulaşmışsındır ve sessizlik güzeldir fakat senin sessizliğin henüz tamamlanmamıştır; o taşkın değildir, o içsel varlığının saadet dolu dansı değildir.

Burada Kakuan Taoizm ve Budizm'in ötesine geçer çünkü her ikisi de sanki yolculuk tamamlanmış gibi boşlukta sona erer. Rahat, kendinde ve dingin bir şekilde Everest'e varmışsındır. Şimdi pazara geri dönmenin ne anlamı var? Fakat senin meditasyonun sevgiye dönüşmezse, o zaman meditasyonun hâlâ bir şekilde egonu saklıyordur, o halde meditasyonun hâlâ bencildir.

Eğer ağlamazsan, diğerleri için gözyaşların gözlerinden akmazsa ve tökezleyen insanlara yardım etmek amacıyla dünyaya dönmeye başlamazsan, o zaman bir şekilde meditasyonun hâlâ dindar değildir. Sana yardım etmiştir; kendini çok, çok iyi hissediyor olabilirsin ancak o bir sevgiye dönüşmezse ve bütün yönlerden taşmazsa, ağaç bir durma noktasına gelmiş, henüz çiçek açmamıştır. Ağaç yeşil, sağlıklı, mükemmel bir şekilde güzel görünür ancak çiçekleri olmayan bir ağaç tamamlanmamıştır. Çiçeksiz ağaç güzel görünebilir fakat hâlâ ulaşılacak bir mükemmellik vardır. Ağaç çiçek açmalı, hoş kokusunu rüzgâra salıvermeli ki böylece varoluşun en sonuna kadar taşınabilsin.

Kakuan arayışçıyı dünyaya geri getirir. Elbette o bütünüyle farklıdır, bu yüzden doğal olarak dünya aynı olamaz. O pazara gelir ancak meditasyonunda kalır, şimdi pazaryeri dikkat dağıtan bir şey olamaz. Eğer pazaryeri dikkat dağıtıyorsa meditasyonun henüz tamamlanmamış demektir. Herhangi bir şey senin dikkatini dağıtabiliyorsa, o zaman meditasyonun zoraki bir şeydir; kendini hareketsiz hale getirmiş, kendini bir şekilde kontrol etmişsindir. Meditasyonun hâlâ doğal değildir, o doğal bir akış değildir. O senin başına gelmemiştir, sen onun olmasını sağlamışsındır. Pazaryerine geri gelme korkusu bu yüzdendir.

Himalayalarda sekiz boğa ile sıkışıp kalmış birçok arayışçı bulacaksın; boş, sessiz. Onlarda yanlış olan hiçbir şey yok, en fazla onlarda yanlış hiçbir şey olmadığını söyleyebilirsin fakat onların çiçek açtıklarını söyleyemezsin, hoş kokularını rüzgâra bıraktıklarını söyleyemezsin.

Onların ışığı hâlâ sadece kendileri için yanmaktadır. Bu, içinde belli bir çirkinlik barındırır. Kişi bunu hemen görmeyebilir fakat onun üzerinde düşünürsen bunun bencillik olduğunu göreceksin. Başlarda bencil olmak iyidir, aksi takdirde asla büyüyemezsin fakat sonunda meditasyonun gerçek bir tamamlanmaya ulaşmasıyla kreşendo, ego kaybolmalı, bencillik ortadan kalkmalıdır. Sen bütünle bir olmalısın.

Ve sadece bu değil Kakuan kişinin bir şişe şarapla geldiğini söyler. Son derece anlamlı! Kişi ilahi olanla sarhoş gelir. O yalnızca sessiz değildir, dans eder, şarkı söyler, yaratıcı hale gelir. Kişi kaçmıyor ve bir mağaraya saklanmıyordur. O kadar özgürdür ki herhangi bir yere saklanmasının anlamı yoktur. Şimdi özgürlük onun niteliğidir. Dünya yeni bir maceraya dönüşür. Çember tamamlanmıştır: Dünyadan çıkıp dünyaya geri dönerek, pazar yerinde başlayıp tekrar pazar yerinde bitirerek. Elbette tamamen farklı çünkü şimdi bir zihnin yoktur, bu yüzden pazaryeri sessiz, Himalayalar kadar güzeldir; bir fark yoktur. Ve insanlar susamıştır. Sen onlara yardım eder, onlara yolu gösterirsin.

Buda, biri bir siddha olduğunda, ulaştığında, olasılıkların iki tane olduğunu söylemiştir. Ya ulaşımından oldukça memnundur, onun dışına çıkmaz; o zaman suyla dolu bir havuza dönüşür; taze, dingin, sessiz, dalgasız fakat suyla dolu bir havuz; bir bakıma durgun, akan bir nehir değildir. Buda iki kelime kullanmıştır. Eğer suyla dolu bir havuza dönüşürsen, sana arhat der. Arhat, mükemmelliğe erişmiş olan fakat hiç kimseyle ilgilenmeyen kişi anlamına gelir. Ve kullandığı başka bir kelime bodhisattva'dır. Eğer meditasyonun sevgi içinde çiçek açarsa bir Bodhisattva olmuşsundur, o zaman sen diğerlerine yardım edersin ve senin coşkun paylaşılır.

Kakuan insanın tüm arayışının on resmini çizmiştir ve insan bir arayıştır. O sadece sorgulayan değildir, o sorgudur. Anlayış anından itibaren arayış başlar. Bilim insanlarına sorarsan sana şunu söyleyeceklerdir; bir erkek ve kadın buluştuğunda, erkek milyonlarca hücreyi serbest bırakır ve bu hücreler dişi yumurtasına doğru bir yere koşmaya başlar. Yumurtanın nerede olduğunu bilmezler fakat hızla koşarlar. Arayış başlamıştır. Onlar çok küçük hücrelerdir fakat yumurtayı aramaktadırlar. İçlerinden biri ulaşacak, diğerleri yolda yok olacak. Onlardan biri yumurtaya ulaşacak, dünyaya doğacak. O andan itibaren arayış başlar, sorgu başlar. Ölüme kadar arayış devam eder.

Sokrates ölüyordu. Öğrencileri ağlayıp sızlanmaya başlamışlardı; bu doğaldı fakat Sokrates onlara, "Kesin! Beni rahatsız etmeyin, ölümü araştırmama izin verin. Dikkatimi dağıtmayın! Daha sonra ağlayabilirsiniz, çok yakında gitmiş olacağım. Şu anda, bırakın ölümün ne olduğunu sorgulayayım. Hayatım boyunca ölümün gerçekliğine girmek için bu anı bekliyordum," dedi.

Zehirlenmişti. Ölümün ne olduğunu izleyerek, ölümün ne olduğunu sorgulayarak yatağında uzanıyordu. Ve daha sonra öğrencilerine, "Ayaklarım uyuşuyor fakat hâlâ önceden nasılsam öyleyim. Benden hiçbir şey alınmadı. Varlığıma dair hissim önceden olduğu kadar tam. Ayaklarım gidiyor," dedi. Ardından, "Bacaklarım gidiyor fakat ben hâlâ aynıyım. Kendimi daha az bir şeye indirgenmiş göremiyorum. Ben bütün kaldım." dedi. Sonrasında dedi ki: "Karnım uyuşuyor, ellerim uyuşuyor." Ancak o çok heyecanlıydı, mest olmuştu. "Fakat sana hâlâ söylüyorum, ben aynıyım, benden hiçbir şey alınmadı." Ve ardından gülümsemeye başladı ve şöyle dedi: "Bu gösteriyor ki er ya da geç ölüm kalbimi de alacak fakat beni alamaz." Sonra "Ellerim gitti, şimdi kalbim dahi fenalaşıyor ve bunlar son sözlerim olacak çünkü dilim uyuşuyor. Fakat sana söylüyorum, hatırla, bunlar benim son sözlerim: Ben hâlâ aynıyım, tamım," dedi.

Bu ölüm sorgusudur. Anlayıştan sonuna kadar, insan hakikat arayışının bir sorgusudur. Ve hakikati aramıyorsan, o zaman insan değilsin. O zaman kaçırmışsındır. O zaman en fazla insan gibi görünürsün ancak insan değilsindir. Senin insanlığın yalnızca görünüştedir fakat kalbinde değildir. Ve görünüşlere aldanma, aynaya baktığında bir insan olduğunu görebilirsin, bu hiçbir şeyi kanıtlamaz. Senin sorgulaman, tüm enerjin sorgulamanın içinde dönüşecek kadar yükseklere çıkmadığı ve sen bir arama olmadığın sürece, insan değilsindir.

Bu, diğer hayvanlar ve insan arasındaki farktır. Onlar yaşar, sorgulamazlar. Onlar sadece yaşar, sorgulamazlar. Hiçbir hayvan asla şunu sormamıştır: Hakikat nedir? Yaşam nedir? Hayatın anlamı nedir? Neden buradayız? Nereden geliyoruz? Hangi hedefe ilerliyoruz? Hiçbir ağaç, hiçbir kuş, hiçbir hayvan, bu büyük yeryüzü bunu sormamıştır. Muazzam büyüklükteki bu gökyüzü asla bunu sorgulamamıştır.

Bu insanın görkemidir. O çok küçüktür ancak gökyüzünden büyüktür çünkü onun içinde bir şey eşsizdir, sorgulama.

Engin gökyüzü bile insan kadar engin değildir çünkü gökyüzü sonlanabilir ancak insanın sorgulamasının sonu yoktur. O ebedi mistik yolculuktur; başlangıcı olmayan, sonu olmayan.

Bu on boğa sorgulamanın, insan adını verdiğim sorgulamanın resimsel bir sunumudur. Kakuan resimleri boyadı ancak bununla tatmin olmadı. Onlar çok güzel resimler fakat o memnun olmadı. Hakikat böyledir, her ne yaparsan yap hoşnutsuz kalırsın. İfade edilemez. Bu sebeple temsilen şiirler yazdı. İlk olarak on resmi boyadı; tatmin olmadığını hissetti, onları tamamlamak için on küçük şiir yazdı. Resimlerde eksik olan her ne varsa şiirlerde denedi. Yine tatmin olmadı. Ardından düzyazı şeklinde on adet yorum yazdı. Biliyorum ki ondan sonra da tatmin olmadığını hissetmiştir fakat o durumda yapacak bir şey yoktu. Hakikat engindir, ifade sınırlıdır ancak o elinden gelenin en iyisini yapmaya çalıştı. Öncesinde ya da sonrasında kimse bunu yapmamıştı.

Resim bilinçaltının dilidir. O görselleştirmenin dilidir. O çocukların dilidir. Çocuklar resimlerle düşünür, bu yüzden çocuk kitaplarında çok, çok fazla resim, boyalı resimler yapmak zorunda kalırız. Metin çok küçük, resimler oldukça büyüktür çünkü bu çocukları okumayı öğrenmeye ikna etmenin tek yoludur çünkü onlar sadece resimler aracılığıyla öğrenebilirler. İlkel zihin resimlerle düşünür.

Bu yüzden Çince gibi dillerin en eski dil olması gerektiği düşünülür çünkü onlar resimlerle ifade edilir. Dilin alfabesi yoktur; Çince, Japonca, Korece dillerinin alfabesi yoktur; binlerce resim vardır. Bu yüzden Çince öğrenmek oldukça zordur, alfabe her şeyi kolaylaştırır. Her şey için bir resim! Dünyada kaç tane şey var?

Ve resimler asla tam doğru olamaz. Onlar sana sadece bir ipucu verir. Örneğin, eğer Çince "savaş", "kavga", "çatışma" yazman gerekirse, Çince'de piktogram vardır: Küçük bir çatı ve çatının altında iki kadın oturur, bu "kavga" demektir. Bir çatı ve iki kadın! Bu, bir koca ve iki kadın, kavga anlamına gelir. Fakat o sadece işarettir, bir ipucudur.

Çocuklar resimlerle, hayallerle düşünür. Her ne düşünmeleri gerekirse öncelikle onu resmetmek zorundadırlar. Bütün ilkel insanlar bunu yapar. Bu bilinçaltının dilidir. Bunu hâlâ yaparsın, dil ile kendini ne kadar açık bir şekilde ifade etsen de ve rasyonel tartışmalarda ne kadar uzman olsan da geceleri hâlâ resimlerle rüya görürsün. Ne kadar ilkelsen, resimlerin o kadar renkli olacaktır; ne kadar medeni olmuşsan, resimlerin o kadar az renkli olur. Onlar gitgide siyah ve beyaza dönüşürler.

Siyah ve beyaz medeniyetin dilidir. Gökkuşağı ilkelliğin dilidir. Siyah ve beyaz doğru bir dil değildir fakat biz ona eğilimliyiz... Aristocu mantıkla eğitilmiş olan bütün insanlar siyah ve beyaz düşünmeye eğilimlidirler, iyi ve kötü, gece ve gündüz, yaz ve kış, Tanrı ve şeytan; siyah ve beyaz! Ve başka orta kademeler yoktur. Tanrı ve şeytan arasında kim vardır? Hiç kimse. Bu mümkün değildir. Bir gökkuşağını izle, yedi renk. Siyah bir tarafta, beyaz diğer tarafta ve bu ikisinin arasında muhteşem renk aralığı, adım adım.

Yaşamın bütünü renklidir. Renklerle düşün, siyah ve beyazla düşünme. Bu, insanlığın başına gelen en büyük hastalıklardan biridir. Hastalığın adı "Aristo-itis"tir, Aristo'dan gelir. Sen, "Bu adam iyi," dersin. Ne demek istiyorsun? Ve ardından, "Şu adam kötü," dersin. Ne demek istiyorsun? "Bu adam bir aziz ve şu adam bir günahkâr," dersin. Ne demek istiyorsun? Hiç içindeki aziz tamamen yok olmuş bir günahkâr gördün mü? Hiç içindeki günahkâr tamamen yok olmuş bir aziz gördün mü? Belki dereceleri farklı olabilir, siyah ve beyaz kadar değildir.

Siyah ve beyaz düşünmek insanlığı şizofren yapar. "Bu benim arkadaşım ve şu benim düşmanım," dersin. Fakat düşman yarın bir arkadaş haline gelebilir ve arkadaş yarın bir düşman haline gelebilir. Bu yüzden ayrım en fazla göreceli olabilir, mutlak olamaz.

Renklerle düşün, siyah ve beyazla düşünme.

Görselleştirme çocukların, tüm ilkel insanların ve bilinçaltının dilidir. Senin bilinçaltın da resimlerle düşünür.

Kakuan ilk önce bilinçaltı dilini kullanmaya çalıştı çünkü o en derin olanıdır, o on boğayı resmetti. Fakat bununla tatmin olmadı. Ardından buna tamamlayıcı, ek olarak on şiir yazdı. Şiir bilinçaltı ve bilinç arasında orta yoldur; bir köprü, hiçbir şeyin tamamen karanlıkta ve ışıkta bulunmadığı, sadece ortalarda bir yerde bulunduğu puslu bir alandır. Bu yüzden düzyazının başarısız olduğu yerde şiir anlatabilir. Düzyazı çok yüzeyseldir; şiir daha derine iner. Şiir daha dolaylıdır ancak daha anlamlıdır, daha zengindir.

Fakat Kakuan hâlâ tatmin olmadı, böylece düzyazı yorumları yazdı.

İlk olarak bilinçaltı dilini, ressamların, heykeltıraşların, hayalcilerin dilini yazdı; sonra bütün sanatın, bilinç ve bilinçaltı arasındaki köprü olan şairlerin dilini yazdı. Ve daha sonra mantığın, aklın, Aristo'nun; bilincin dilini yazdı. Bu yüzden böyle bir denemenin eşsiz olduğunu söylüyorum, hiç kimse bunu yapmamıştır. Buda düz yazıda konuştu. Meera şiirlerle şarkı söyledi. Bilinmeyen ressamlar ve heykeltıraşlar birçok şey yaptılar; Ajanta mağaraları, Ellora mağaraları, Taj Mahal. Fakat tek bir kişi bütün bu üç şeyi birlikte yapmamıştır.

Kakuan eşine az rastlanan biri ve büyük bir üstat olmalı. Resimleri fevkalade, şiiri fevkalade, düzyazısı fevkalade. Bir insanın bütün yönlerde, bilincin tüm boyutlarında olağanüstü yetenekli olması çok nadir gerçekleşir.

Şimdi Kakuan'ın şiirleri:

Boğayı Arayış...

Bu dünya çayırında,
Boğa arayışında, uzun otları bir yana itiyorum.

Boğa enerjinin, canlılığın, dinamizmin bir sembolüdür. Boğa yaşamın ta kendisi demektir. Boğa senin içsel gücün, potansiyelin anlamına gelir. Boğa bir semboldür, bunu hatırla.

Sen oradasın, aynı zamanda yaşama da sahipsin fakat yaşamın ne olduğunu bilmiyorsun. Enerjiye sahipsin fakat bu enerjinin nereden geldiğini ve nereye doğru gittiğini bilmiyorsun. Sen bu enerjisin fakat hâlâ bu enerjinin ne olduğunun farkında değilsin. Farkında olmadan yaşarsın. Şu temel soruyu sormadın: "Ben kimim?" Bu soru boğayı aramakla aynıdır: Ben kimim? Ve bu bilinmedikçe, nasıl yaşamaya devam edebilirsin? Bu durumda her şey nafiledir çünkü temel soru sorulmamıştır, cevaplanmamıştır. Kendini bilmediğin sürece, her ne yaparsan yap nafiledir. En temel şey kendini bilmektir. Fakat biz en temeli kaçırmaya ve önemsiz şeylere üzülmeye devam ederiz.

Bir anekdot duymuştum:

Düğün hazırlıkları yapan genç bir kadın, resepsiyonun düzenleneceği oteli ziyaret eder. Mekâna bakmakla, punç kâsesinin nerede olacağını işaret etmekle, nedimelerin nerede durması gerektiğiyle meşguldür ve ardından otel müdürüne der ki: "Karşılama sırasında annem burada duracak ve ben hemen onun yanında duracağım ve burada sağımda da şey duracak, adamın adı neydi?"

Kocasının ismini unutmuştur! Hayatta yararsız şeylerle ilgili düzenleme yapmaya ve en temel şey hakkında tamamen ihmalkâr olmaya sürekli devam edersin.

Adın nedir? Kendin olarak bildiğin isim sadece sana verilmiş bir isimdir, yalnızca kullanışlıdır. Diğer herhangi bir isim de aynı işi görecektir. Sana Ram denilebilir, Hari denilebilir, herhangi bir fark yaratmaz. Gerçek ismin nedir? Orijinal yüzün nedir? Sen kimsin? Büyük evler yapacaksın, büyük arabalar satın alacaksın, şunu veya bunu başaracaksın ve öldüğünde bankada büyük bir hesap bırakacaksın, tümüyle gereksiz ve asla kim olduğunun gerçek arayışına girmeden.

Boğa senin enerjin demektir; sen olan bilinmeyen tuhaf enerji, içinde bir ağaç gibi büyümeye devam eden, senin var olduğun muazzam enerji. Bu enerji nedir, o boğanın anlamıdır.

Bu dünya çayırında, boğa arayışında,
uzun otları bir yana itiyorum.

Uzun otlar nedir? Semboliktir. Şiir sembollerle konuşur. Resim sembolleri resmeder, şiir sembolleri konuşur. Arzular, senin boğanın içinde kaybolduğu uzun otlardır. Birçok arzu seni bir o tarafa bir bu tarafa çekmektedir. Çok fazla arzu! Sürekli bir halat çekme oyunu: Bir arzu seni güneye çeker, bir başka arzu kuzeye.

Küçük bir okulda öğretmen sordu: "Şimdi, biri bana mangoları* nerede bulduğumuzu söyleyebilir mi?"

* Burada "mangoları" kelimesinin İngilizce karşılığı olan "mangoes" aynı zamanda İngilizce kelimeler olan "man goes" in birleşik halidir. Çocuk soruyu "Erkeklerin nereye gittiğini biri bana söyleyebilir mi?" şeklinde anlamıştır. (çev.)

"Evet, öğretmenim," diye cevap verdi küçük bir çocuk. "Kadın nereye giderse erkek de oraya gider."

Kadın nereye giderse... Erkek kadını takip etmeye devam eder, kadın erkeği takip etmeye devam eder. Yaşamın tamamı sadece şu ya da bu arzunun peşinden koşmaktır. Sonunda, hiçbir şeye erişilmez; yalnızca boşa çıkmış hayaller, bir yığın boşa çıkmış hayal. Geriye bak. Neye eriştin? Koşuyorsun ve koşuyorsun, nereye ulaştın? Bunlar uzun otlardır.

Para cezp eder, güç cezp eder ve kendi kendine şunu sormadan: Bu şeylerin arkasından neden koşmalıyım? Koşmaya devam ederiz. Aslında bütün toplum koştuğu için, her çocuk kalıtım yoluyla hastalığı kapar. Herkes koşuyor, çocuk taklit ile öğrenir. Baba koşuyor, anne koşuyor, abisi koşuyor, komşusu koşuyor, herkes koşuyor; güç, prestij, para, dünya malı için. Farkında olmadan çocuk da yaşamın esas akışına zorlanıyor. Çocuk düşünmeye başlayamadan önce, çoktan koşmuş oluyor.

Okullarımızda rekabeti öğretiriz, başka hiçbir şeyi değil. Okullarımızda çocukları hayatın daha büyük yarışları için hazırlarız. Okullarımızda aslında bir tekrarlama dışında hiçbir şey olmaz: Nasıl kavga edileceği, kendini nasıl yöneteceğin ve diğerlerinin nasıl geride bırakılacağı, tepeye nasıl çıkılacağı. Fakat hiç kimse asıl soruyu sormaz: Amaç nedir? Bir kimse neden zirveyi arzulamalı? Zirveye ulaştığında ne yapacaksın? Bir ülkenin başbakanı olduğunda ne yapacaksın? Bu senin içindeki potansiyelini kendini tatmin edecek bir şekilde kullanmanı nasıl sağlayacak?

Bu tıpkı bir kişinin susuz olmasına ve bizim onu gittikçe daha fazla paraya yönlendiren bir parkura koymamıza benzer. O gelir, çok mücadele verir, çok para biriktirir fakat paranın susuzluk ile hiçbir alakası yoktur. Sonra aniden hayal kırıklığına uğramış hisseder. Daha sonra der ki: "Para hiçbir şey yapamaz fakat şimdi çok geç."

İçsel ihtiyacının ne olduğunu gör ve sonra onun için çalış, özenle ve sebat ederek çalış, akıllıca çalış. Fakat ilk olarak içsel ihtiyacının ne olduğunu gör. Ve içsel ihtiyacın sadece kim olduğunu anladığın zaman anlaşılabilir.

Eğer enerjinin niteliğini anlayabilirsen, seni neyin gerçekleştirebileceğini anlayabileceksin. Aksi takdirde kendini bilmediği için kişi koşmaya devam eder. Koşu neredeyse deliliktir. Yolun kenarında dur, biraz meditasyon yap, ne yapıyor olduğunu, bunu neden yaptığını tekrar düşün. Heyecan içinde koşma çünkü koşmak daha hızlı koşmana neden olacak. Koşmak gitgide seni duramaz hale getirecek. Bir onu bir bunu yapmaya devam edeceksin, bu bir alışkanlığa dönüşecek. O olmadan canlı hissetmeyeceksin.

Yeteri kadar para kazanmış insanlar tanıyorum, şu an emekli olabilirler. Aslında, tüm hayatları boyunca bu kadar paraya ulaştıklarında emekli olacaklarını söylüyorlardı. Fakat emekli olmuyorlar.

Bir adam tanıyorum. Son yirmi yıl içinde birçok kez onunla kaldım. Kalküta'yı ne zaman ziyaret etsem onunla kalırdım ve o daima, "Emekli olacağım, şimdi yeterince sahibim. Yalnızca birkaç şeyin ayarlanması gerekiyor çünkü işleri yarım bırakmak iyi olmaz ve hemen ardından emekli olacağım," derdi.

Son ziyaretimde ona sordum: "Ne zaman? Ölümünden sonra mı emekli olacaksın? Ve sen öncelikle bir şeyleri tamamlamak zorunda olduğunu söyleyip duruyorsun ama yeni işlere başlamaya devam ediyorsun, bu yüzden onlar asla tamamlanmayacak."

"Hayır, şimdi bir zaman belirledim, on yıl sonra emekli olacağım," dedi.

O sıralar altmış yaşındaydı, şimdi öldü. Çok çalıştı ve bir gün tadını çıkaracağını umut ederek bir dilenci gibi yaşadı. Fakat parası oldukça, daha fazlasına sahip olmaya, daha fazla sahip olmaya takıntılı hale gelmişti...

Çok temel bir şeyin anlaşılması gerekiyor: Bu şeyler seni tamamlamayacak çünkü onlar temel ihtiyaçlar değil. Kişinin başka bir şeye ihtiyacı var. Fakat o başka şey senin kendi içinde aranmak zorundadır, başka kimse sana yönü gösteremez. Kaderine kendi içinde sahipsin. Kılavuz senin içinde. Bir şeyin ardından koşmaya başlamadan önce en temel şey gözlerini kapatmak; kendinle, enerjinle uyumlu olmak ve onu dinlemektir ve o her ne söylüyorsa senin için iyidir. İşte o zaman tamamlanmış hissedeceksin. Gitgide çiçeklenmeye ve çiçek açmaya daha da yaklaşacaksın.

Fakat insanlar kendi kendilerine olmaktan korkuyorlar. İnsanlar kendi kendileri olmaktan çok korkuyorlar çünkü eğer kendi kendine olmaya çalışırsan tek başına olacaksın. Herkes eşsiz ve tek başınadır. Eğer kendi kendine olmaya çalışırsan tek başınalığı hissedeceksin. Bu yüzden insanlar diğerlerini, kalabalığı takip ederler; kalabalıkla bir olurlar. Onlar tek başına hissetmezler... etrafları sarılıdır, orada çok fazla insan vardır. Eğer meditasyon yaparsan tek başına olacaksın ve eğer paranın ardından koşarsan asla tek başına olmayacaksın, tüm dünya oraya gidiyor. Eğer Tanrı'yı ararsan tek başına olacaksın fakat politika, güç arayışındaysan o zaman tüm dünya orada olacak, asla tek başına bırakılmayacaksın.

İnsanlar tek başına olmaktan korkuyorlar. Ve insanlar tek başına olmaktan korkarlarsa kendilerini asla bilemezler, boğayı asla arayamazlar.

Walter Kaufmann daima var olan fakat asla karşılığı olarak bir kelime bulunmamış olan belli bir korku için yeni bir kelime buldu. Ona "decidophobia" yani "karar verme korkusu" demektedir. İnsanlar herhangi bir şeye kendi başlarına karar vermekten korkarlar: "decidophobia". Diğerlerinin onlar için karar vermesine izin verirler böylece sorumluluk almazlar.

Tesadüfen Hindu bir ailede veya Hıristiyan bir ailede doğdun sonra ailenin senin dinine karar vermesine izin verdin. Ailen senin dinine nasıl karar verebilir? Onlar kim ki senin dinine karar veriyor? Ve doğumun ardından ona nasıl karar verilebiliyor? Doğumun dinle hiçbir alakası yoktur. Doğum nasıl karar verebilir? Onların ebeveynleri onların dinine karar verdi, sen senin çocuğunun dinine karar vereceksin vesaire vesaire.

Ödünç olarak alınmış, kendi başına karar vermende derin bir korku olmalı. Korku şu ki eğer kendi başına karar verirsen kim bilir, yanlış olabilir. Kararı diğerlerine bırakmak iyidir; onlar daha fazlasını bilirler, daha fazla deneyime sahipler. Bırak gelenek karar versin, bırak toplum karar versin, bırak politikacılar karar versin, bırak rahipler karar versin böylece karar verme sorumluluğundan özgür olabilirsin. Bu yüzden insanlar diğerlerini takip etmeye devam eder ve herkes kendi bireyselliğini kaybetmeye devam eder.

Karar vermekten kaçınmanın iki yolu var; biri, kararı diğerlerine bırakmak; diğeri, asla karar verme, basitçe sürüklen. İkisi de aynıdır çünkü temel şey karar verme sorumluluğunu almamaktır. Yeni nesil diğer alternatifi seçmiştir, sürüklenmek. Önceki nesiller ilk alternatifi seçmiştir: diğerlerinin karar vermesine izin vermek. Babanın karar vermesine izin vermeyebilirsin fakat bu senin kendin karar vereceğin anlamına gelmez, basitçe sürüklenebilirsin. Bir şeyler yapabilirsin, her ne gerçekleşirse... Suların sürüklediği bir tahta parçasına dönüşebilirsin.

Her iki şekilde de arayış imkânsız hale gelir. Arayış belirleyicilik demektir. Arayış risk almak demektir. Bu yüzden bu kelimeyi 'decidophobia' "karar verme korkusu" nu hatırla. Korkma, korkuyu bırak. Kim senin adına karar verebilir? Kimse senin için bir şeye karar veremez. Evet, diğerleri yardımcı olabilir, diğerleri yolu gösterebilir fakat karar sana ait olmak zorunda çünkü kararın vasıtasıyla ruhun doğacaktır.

Ne kadar belirleyici olursan, o kadar bütünleşmiş olursun. O kadar taahhüdün sorumluluğunu alırsın... Tabii ki bu çok tehlikelidir fakat yaşam tehlikelidir. Çok fazla yanlış yola sapma ihtimalinin olduğunu biliyorum fakat bu risk alınmak zorunda. Hata yapma olasılıkları mevcuttur ancak kişi hata yaparak öğrenir. Hayat deneme ve yanılmadır.

Şunu duydum:

On sekizinci yüzyılda, Fransa verimsiz ve imtiyazlı aristokrasiye sahipti ve fakir bir bilim insanı ülkenin düklerinden birinin çocuğuna geometri öğretmesi için tutuldu.

Bilim insanı titizlikle genç asilzadeyi Öklid'in ilk teoremlerinden birine tabii tutar fakat her molada, genç adam nezaketle gülümser ve der ki: "Benim iyi adamım, seni takip etmiyorum."

İç geçirdikten sonra bilim insanı konuyu basitleştirir, daha yavaş bir şekilde ilerler, daha basit kelimeler kullanır fakat hâlâ genç adam, "Benim iyi adamım, seni takip etmiyorum," der.

Bilim insanı sonunda çaresizlik içinde inler: "Oh, monsenyör, sizi temin ediyorum ki ne diyorsam öyledir."

Bunun üzerine asilzade ayağa kalkar, nazikçe başıyla selamlar ve cevap verir: "Fakat neden, o zaman, bunu bir defada söylemediniz böylece bir sonraki teoreme geçebilirdik? Eğer bu sizin sözünüzle ilgili bir meseleyse, sizden şüphe etmeyi aklımdan bile geçirmem."

Fakat yaşam herhangi birinin sözüyle ilgili bir mesele değildir. O bir teorem değildir, bir teori değildir. Başka biri otoriter bir şekilde öyle olduğunu söylediği için onu kabul edemezsin. Otorite bir tuzaktır. Onun arkasına korkunu gizlersin.

Karar vermek zorundasın. Kararlar tehlikeli olabilir fakat başka yolu yok. Yanlış yola sapabilirsin ancak bunda yanlış bir şey yok. Yoldan saparak bir şey öğreneceksin, daha zengin olacaksın. Geri gelebilirsin ve yanlış yola saptığın için mutlu olacaksın çünkü yalnızca yanlış yola saparak öğrenilebilen birçok şey vardır. Sadece hata yapacak kadar cesaretli olursan öğrenilebilecek milyonlarca şey vardır. Sadece tek bir şeyi hatırla: Aynı hatayı tekrar tekrar yapma.

Eğer dine diğerleri tarafından karar veriliyorsa o halde aramaya gerek yok. Baban, "Tanrı var," diyor. Annen cennet ve cehenneme inanıyor bu yüzden sen de inanıyorsun. Otorite, rahip, politikacı bir şey diyor ve sen ona inanıyorsun. Kaçınıyorsun; inanç aracılığıyla güvenden kaçınıyorsun. İnanç güvenin düşmanıdır. Yaşama güven! İnançlara inanma, onlardan kaçın! Hinduizm, Hıristiyanlık; inançlardan kaçın! Kendi kendine araştır. Aynı hakikati bulabilirsin. Bulacaksın çünkü hakikat birdir. Bir kez onu bulunca, "Evet, İncil doğrudur," diyebilirsin fakat onun öncesinde değil. Bir kez onu bulunca, "Evet, Vedalar doğrudur," diyebilirsin fakat onun öncesinde değil. Onu deneyimlemediğin sürece, kişisel olarak ona tanık olmadığın sürece tüm Vedalar ve tüm İnciller yararsızdır. Onlar sana yük olacak, seni daha özgür kılmayacaklar.

Bu dünya çayırında,
boğa arayışında uzun otları bir yana itiyorum.
İsimsiz ırmakları takip ediyor,

uzak dağların iç içe girmiş yollarında kayboluyorum.
Gücüm bitiyor ve canım tükenmiş, boğayı bulamıyorum.
Gece ormanda sadece çekirge seslerini duyuyorum.

Arayış zordur çünkü hakikat bilinmeyendir. Arayış zordur çünkü hakikat sadece bilinmeyen değildir, bilinemeyendir de. Arayış zordur çünkü arayan bunun için tüm hayatını riske atmak zorundadır.

Bu yüzden Kakuan diyor ki: İSİMSİZ IRMAKLARI TAKİP EDİYOR... Eğer kutsal yazıtları izliyorsan bilinen ırmakları izliyorsundur. Belli bir dini, mezhebi, kiliseyi takip ediyorsan o zaman bir haritaya sahipsindir ve hakikat için herhangi bir harita olamaz. Bir harita olamaz çünkü hakikat özeldir ve halka açık değildir. Haritalar halka açıktır, diğerleri de takip edebilsin diye onlara ihtiyaç duyulur. Harita üzerinde otobanlar gösterilir küçük patikalar değil ve din bir patikadır, bir otoban değil. Tanrı'ya bir Hıristiyan, bir Hindu olarak ulaşamazsın. Sen sen olarak ulaşırsın, özgün bir şekilde sen olarak ve herhangi birinin yolunu izleyemezsin.

İsimsiz ırmakları takip ediyor,
uzak dağların iç içe girmiş yollarında kayboluyorum.
Gücüm bitiyor ve canım tükenmiş,
boğayı bulamıyorum.

Ve arayışta kişinin tamamen yorgun, tükenmiş hissettiği bir an gelir. Kişi arayışına hiç başlamamış olsaydı daha iyi olacağını düşünmeye başlar. Kişi o kadar hayal kırıklığına uğrar ki böyle şeyleri hiç umursamayan kişilere karşı kıskançlık duymaya başlar. Bu doğaldır fakat bu tam anlamıyla gerçek arayışın başladığı andır.

Bu tükenmiş enerji, bu yorgunluk zihinden kaynaklanır. Zihin yorgun hisseder çünkü o daima haritaları izleyerek mutlu olur. Bilinenle zihin efendi kalır; bilinmeyenle, yabancı olan ile zihin tamamen kayıptır. Zihin neler olduğunu anlayamaz; zihin yorgun hisseder, zihin tükenmiş hisseder. Zihin şunu söyler: Ne yapıyorsun? Neden hayatını ziyan ediyorsun? Geri dön! Dünyaya gel, diğer insanlar gibi ol! Kalabalığı takip et, bireysel olmaya çalışma.

Bu yüzden asla otuz beş yaş üzerinde hippiler görmezsin. O zamana kadar yorulurlar. O zamana kadar evliliği, yerleşmeyi, bir evi düşünmeye başlarlar. O zamanla birlikte eski kafalı olmaya başlarlar. O zamanla birlikte devrimi, isyanı ve bütün bu saçmalıkları unutmuşlardır. Mevcut durumun bir parçası haline gelirler; yorgun, bitkin aslında pişman, bir çeşit suçluluk hissederler. Bu an her insanın arayışında olur. O önemli bir andır. Bitkin, yorgun, hüsran dolu hissederken dahi harekete geçebiliyorsan; yola hâlâ devam edebiliyorsan o zaman zihin bırakılır ve meditasyonun ilk parıltıları ortaya çıkar.

İkinci şiir:

Ağaçların altında nehir kıyısı boyunca,
ayak izlerini keşfediyorum!

Devam edersen, zihnini ve onun yorgunluğunu, tükenmişliğini, şunu bunu dinlemezsen... Zihin seni geri çekmek ister; sürüye, kalabalığa. Zihin senin bir mezhebe, bir kiliseye ait olmanı ister ki böylece her adımına kendin karar vermene gerek kalmaz. Her şeye zaten karar verilmiştir, her şey hazır sunulur. Sadece ona inanman gerekir.

Ağaçların altında nehir kıyısı boyunca,
ayak izlerini keşfediyorum!
Mis kokulu otların altında bile onun izlerini görüyorum!
Uzak dağların derinliklerinde bulunuyorlar.
Cennete doğru bakan kişinin burnundan artık bu izler saklanamaz!

Zihin düştü. Ve zihin yalnızca sana durmanı söylediğinde ve sen yola devam ettiğinde bırakılır; Eğer zihni dinlemezsen şunu dersin: Arayacağım, araştıracağım. Eğer yorgunsan, bırakabilirsin. Zihin kısa bir süre daha sana tutunacaktır. Fakat eğer dinlemez ve ilgisiz, uzak kalırsan ve gözlerin hedefe, boğaya odaklıysa, ayak izlerini keşfedeceksin. Onlar her zaman orada olmuştur, yalnızca sen düşüncelerle aşırı doluydun, zihin tarafından bulanık hale getirilmiştin. Bu yüzden bu güç algılanan ayak izlerini göremiyordun.

Ağaçların altında nehir kıyısı boyunca,
ayak izlerini keşfediyorum!
Mis kokulu otların altında ...

Sana uzun otların arzuları temsil ettiğinden bahsetmiştim. Ve şimdi otların altında bile, aynı arzuların altında dahi, boğanın aynı ayak izlerini bulursun. Arzularının altında bile Tanrı'yı saklı bulursun. Sözde dünyevi şeylerin altında bile ötelerden bir şeyi bulmaya çalışıyorsundur.

Eğer bir insan daha fazla para arıyorsa gerçekte neyin peşindedir? Para mı? Eğer parayı arıyorsa o zaman onun tatmin olacağı bir noktaya varacaktır ancak o nokta asla gelmez. Başka bir şeyin peşinde gibi görünür. Yanlışlıkla, parayı arıyorken başka şeyi bulmaya çalışıyordur. Zengin olmak ister...

Sana onu bu şekilde anlatayım: Para arayışında olan bir insan zengin olmak ister ancak zengin olmanın paraya sahip olmaktan tamamen farklı olduğunu bilmez. Zengin olmak yaşamın sana verebileceği tüm deneyimlere sahip olmak demektir. Zengin olmak bir gökkuşağı olmak demektir, siyah ve beyaz değil; bütün renkler bir arada. Zengin olmak olgun, uyanık ve canlı olmak anlamına gelir.

Para arayışında olan bir insan başka bir şeyi arıyordur, bu yüzden paraya erişildiğinde hiçbir şeye erişilmez. Güç arayışında olan kişi gerçekte neyi arıyordur? Bir tanrı olmak ister. Ve dünyada, diyor ki, gücün varsa bir tanrı gibi davranabilirsin. Güç arayışının arkasında aynı şekilde Tanrı arayışı gizlidir. Bu yüzden güce ulaştığında aniden içeriden güçsüz, kudretsiz hissedecektir; dışarıda zengin, içeride fakir, bir dilenci.

Mis kokulu çimenlerin altında bile görüyorum izlerini!
Uzak dağların derininde bulunur bunlar.
Burnunun dibinde duran bu izler saklanamaz artık!

Ve o zaman kişi şaşırır: Bu ayak izlerini görememem nasıl mümkün olabilir? Gözümün önünde duruyorlar! Her zaman oradalardı, kişinin burnu gibi. Fakat gözlerin kapalı ya da bulanıksa o zaman göremezsin.

Bir anekdot duymuştum:

Gece geç saatti ve dolambaçlı bir yolda bir adam tamamen kaybolmuştu. Yolu sormak için bir çiftlik evinde durdu, "Atlanta'ya doğru yönde mi ilerliyorum?" diye kapıyı açan kadına sordu.

"Hangi yöne gidiyorsunuz?" diye sordu kadın.

Yönden emin olmayarak adam tekrar denedi: "Demek istediğim arabamın ışıkları o yolu mu gösteriyor?

"Evet bayım," dedi kadın. "En azından kırmızı ışıklar öyle."

Durum böyledir. Ne kadar hızlı koşarsan o kadar çok aklın karışır. Ne kadar çok hızlanırsan o kadar fazla karışıklık başına gelir. Gitgide bütün yön duyunu kaybedersin. Öylece oradan oraya atılmaya devam edersin. Hızın kendisi hedefe dönüşür, sanki hızlı koşarak kişi bir yerlere ulaşıyormuş gibi hisseder; hızın çekiciliği bu yüzdendir. O bir nevrozdur.

Bilimin tamamı her şeyi çok daha hızlı yapmakla ilgilenir. Hiç kimse nereye yöneldiğini sormaz. Ve gördüğüm kadarıyla kırmızı ışıkların doğru yönü gösteriyor. Arkanda bir yerlerde evi çoktan terk etmişsin. Varlığının en özündeki yer senin evindir. Fakat şanslı olduğun bir şey var ki, o da her ne yaparsan yap, evden çok uzağa gidemezsin çünkü yaptığın her şey bir çeşit uyur-gezerliktir.

Kadının biri çok üzgündü, "Kocam," dedi doktora, "zihninde dolaşıyor gibi görünüyor."

"Endişelenme," dedi doktor. "Kocanı tanıyorum. Fazla uzağa gidemez."

Seni tanıyorum. Uzağa gidemezsin çünkü aslında sadece hız hakkında, gitme hakkında, hedef hakkında hayal kuruyorsun. Derin uykudasın. Bunların hepsi zihninde gerçekleşiyor, gerçekte değil.

Bundan dolayı Zen der ki: Eğer hazırsan tam da bu an aydınlanma mümkündür- çünkü uzağa gidemezsin. Eğer yolculuğun gerçek yolculuksa o zaman birden aydınlanma mümkün değildir. Geri gelmek zorunda kalacaksın. Aynı mesafeyi tekrar yol almak zorunda kalacaksın.

Ve milyonlarca yaşamdır yolculuk etmektesin. Eğer aynı mesafe yeniden kat edilmek zorunda kalınırsa, bu durumda aydınlanma neredeyse imkânsızdır. Eğer aydınlanma derece derece gerçekleşecekse, bu neredeyse imkânsızdır. Zen onun aniden olması gerektiğini söyler: Sözde bir kişi derin uykudadır ve rüya görür, aya gittiğinin rüyasını görür. Ancak sabah gözlerini açar, kendisini nerede bulur? Ayda mı? Kendisini şimdi, burada bulur. Ay rüya ile yok olacaktır.

Dünya bir rüyadır. Var olmadığından değil, olmadığından değil; dünya bir rüyadır çünkü olduğunu düşündüğün dünya, senin rüyandan başka bir şey değildir çünkü sen uykudasın, bilinçsizsin, uykulu, hareket ediyor, bir şeyler yapıyorsun. Uzağa gidememen şanstır! Tam da şu anda uyanabilirsin.

Şimdi ilk sutranın düzyazı yorumu:

Boğa asla kaybolmamıştır. Bu arayışa ne gerek var? Sadece gerçek doğamdan ayrılmam sebebiyle, onu bulamıyorum. Duyu karmaşasında onun izini bile kaybettim. Evden uzakta, birçok dörtyol ağzı görüyorum fakat hangisi doğru yol, bilmiyorum. Açgözlülük ve korku, iyi ve kötü, beni karmakarışık ediyor.

Boğa asla kaybolmamıştır çünkü boğa sensin. Boğa senin enerjindir, senin yaşamın. Dinamizminin prensibi boğadır. Boğa asla yitirilmemiştir. Bu arayışa ne gerek var? Eğer bunu anlayabilirsen, o zaman aramanın bir gereği yoktur. O zaman anlayışın ta kendisi yeterlidir. Fakat bu anlayış sende yerleşmezse, o zaman arayış gereklidir.

Arayış hedefe ulaşmana yardım etmeyecek çünkü hedef asla kaybolmadı. Arayış yalnızca açgözlülüğü, korkuyu, sahiplenmeyi, kıskançlığı, nefreti, kızgınlığı bırakmana yardım edecektir. Sadece engelleri bırakmana yardım edecektir ve bir kez engeller orada olmadığında, aniden kişi farkına varır: Daima buradaydım, hiçbir zaman bir yere gitmemiştim.

Bu yüzden tüm arayış bir bakıma negatiftir. Bu tıpkı birinin mermer bloktan bir heykel yaptığı zaman gibidir. O ne yapar? Basitçe önemsiz parçaları ayırır ve gitgide şekil ortaya çıkar.

Biri Michelangelo'ya sordu... O İsa'nın bir heykelini yapıyordu, biri dedi ki: "Yaratımın harika."

Michelangelo, "Ben hiçbir şey yapmadım. İsa mermer bloğun içinde saklanıyordu ve ben sadece onun ortaya çıkmasına yardımcı oldum. O zaten oradaydı, sadece gerektiğinden fazla mermer vardı. Önemsiz olan ordaydı. Önemsiz olanı kesip attım. Basitçe onu keşfettim, onu yaratmadım," cevabını verdi.

Gerçekte, mermer blok müteahhitler tarafından bertaraf edilmişti. İnşa edilecek olan kilisenin etrafında dolaşırken, Michelangelo müteahhitlere, "Bu mermer tuğla blok atıldı?" diye sordu.

"O işe yaramaz," dediler. Böylece mermeri aldı ve İsa'nın en güzel imgeleştirmelerinden biri ondan meydana geldi.

Michelangelo şöyle derdi: "Bu bloğun yanından geçerken İsa beni çağırdı. Bloğun içinde saklanmış halde, 'Michelangelo, gel ve beni serbest bırak!' dedi. Ben yalnızca negatif iş yaptım."

Boğa zaten orada. Arayışçı aranılandır. Sadece birkaç gereksiz şey sende kalabalık ediyor. Arayış negatiftir, onları bırak ve tüm görkeminin içinde kendini keşfet.

Boğa asla kaybolmamıştır. Bu arayışa ne gerek var? Sadece gerçek doğamdan ayrılmam sebebiyle, onu bulamıyorum. Duyu karmaşasında onun izini bile kaybettim. Evden uzakta, birçok dörtyol ağzı görüyorum fakat hangisi doğru yol, bilmiyorum. Açgözlülük ve korku, iyi ve kötü, beni karmakarışık ediyor.

İkinci sutra üzerine yorum:

Öğretiyi anlayarak, boğanın ayak izlerini görüyorum. Ve şunu öğreniyorum, tıpkı tek bir metalden birçok kap- kacağın üretilmesi gibi, özün dokusundan sayısız özlük üretilebilir. Ayırt etmediğim sürece, doğru olanı ve olmayanı nasıl algılarım! Henüz kapıdan geçmedim, buna rağmen yolu fark ettim.

Öğretiyi anlayarak, boğanın ayak izlerini görüyorum.

Öğretiyi anlayarak... Budalar, milyonlarca budalar bu dünyada bulundular. Hepsi aynı şeyi öğretti. Başka türlüsünü yapamazlar. Hakikat birdir, tanımlamalar çok fazla. Hakikat birdir, hepsi bunu söyledi. Şimdi, anlamaya çalışırsan boğanın ayak izlerini fark edebileceksin. Fakat anlamak yerine takip etmeye çalışıyorsun ve orada kaçırıyorsun.

Takip etmek anlamak değildir. Anlayış çok derindir. Anladığın zaman, bir Budist olmazsın. Anladığında bir budanın kendisi olursun. Anladığında bir Hıristiyan olmazsın. Anladığında mesihin kendisine dönüşürsün. Takip etmek seni bir Hıristiyan yapacaktır. Anlayış seni bir mesih yapacaktır ve farklılık muazzamdır. Takip etmek yeniden 'karar verme korkusu' dur. Takip etmek şu anlama gelir: Şimdi basitçe kör bir şekilde takip edeceğim. Şimdi kendi kararımla ilgili bir mesele yok. Şimdi sen nereye gidersen, oraya gideceğim. Anlayış budur: Her ne söylersen dinleyeceğim, meditasyon yapacağım. Ve eğer benim anlayışım yükselir ve senin anlayışın ile uyumlanırsa kendi anlayışımı izleyeceğim.

Öğretmenler yardımseverdir, onlar yolu gösterirler. Onlara tutunma. Takip etmek bir tutunmadır; korkudan kaynaklanır, anlayıştan değil.

Bir takipçiye dönüştüğünde, izi kaybedersin. Takipçiye dönüştüğünde bir şey kesindir: Artık daha fazla sorgulamıyor olduğun. Bir teist olabilirsin ve, "Tanrı var, Tanrı'ya inanıyorum," diyebilirsin. Bir ateist olabilirsin ve, "Tanrı'ya inanmıyorum. Ben bir ateistim ya da bir komünistim," diyebilirsin fakat her iki durumda da bir kiliseye bağlanmışsındır. Bir doktrine, bir dogmaya bağlanmışsındır. Bir sürüye, kalabalığa katılmışsındır.

Arayış bireyseldir, tehlikeyle doludur. Kişi tek başına harekete geçmek zorundadır. Fakat bu onun güzelliğidir. Derin tek başınalıkta, sadece bir düşüncenin dahi var olmadığı derin tek başınalık içinde, Tanrı içeriye girer ya da sana ilham olur. Derin tek başınalıkta zekâ parlak bir alev haline gelir. Derin tek başınalıkta, sessizlik ve mutluluk etrafını sarar. Derin tek başınalıkta, gözler açık, varlığın açılır. Arayış bireyseldir.

Ben burada ne yapıyorum? Seni bireysel hale getirmeye çalışıyorum. Sen bir kalabalığın parçası olmak istersin, bunu istersin çünkü onu kör bir adam gibi takip etmek çok elverişli ve konforludur. Fakat ben seni körleştirmek için burada bulunmuyorum. Bana tutunabilmen için burada bulunmuyorum çünkü o zaman sana hiçbir şekilde yardımcı olmayacağım. Bana yakın olmana izin vereceğim ancak tutunmana değil. Beni anlaman için bütün olanaklara izin vereceğim ancak bana inanmana izin vermeyeceğim. Fark ince fakat çok büyüktür. Ve uyanık ol çünkü zihnin tüm sorumluluğu benim üzerime atma eğiliminde olacaktır.

Şunu söylediğinde demek istediğin şey budur: Teslim oldum. O bir güvenden doğan teslimiyet değildir; o karar verme korkusundan, korkudan, tek başına olma korkusundan kaynaklanır. Hayır, ben yolculuğunun rahat, elverişli olması için burada bulunmuyorum çünkü o rahat ve konforlu yapılamaz. O zor olmalı, o zordur, yokuşludur. Ve son anda, Zen insanlarının satori adını verdikleri en son anda, orada bile seninle olmayacağım. Yalnızca giriş kapısına kadar yol arkadaşı olabiliriz. Kapıdan içeri girdiğinde, tek başına girersin.

Bu yüzden tüm yol boyunca tek başına kalabilmeni sağlamak zorundayım. Korkuyu bırakmana, kararlı olmana yardım etmek zorundayım. Hayata güven, başka bir güvene ihtiyaç yoktur. Hayata güven ve o seni kendiliğinden ve doğal bir şekilde en yüksek düzeye, hakikate, Tanrı'ya –ona ne isim vermek istersen– götürür.

Yaşam nehri okyanusa doğru akıyor. Eğer güvenirsen, nehrin içinde akarsın. Sen zaten nehrin içindesin fakat kıyıda birtakım ölü köklere tutunuyorsun veya akıntıya karşı savaşmaya çabalıyorsun. Kutsal yazıtlara tutunman, dogmalara, doktrinlere tutunman, nehrin seni kendisiyle birlikte götürmesine izin vermiyor. Bütün doktrinleri, tüm dogmaları, kutsal yazıtları bırak. Yaşam tek kutsal yazıt, tek İncil'dir. Ona güven ve onun seni okyanusa, nihai olana götürmesine izin ver.

Bugünlük bu kadar yeter.

BÖLÜM 2

Hiç Bitmeyen Nedeni Bırak

Sana cevabı veremem.
Cevap sana gelecektir,
Ve o sadece sana geldiği zaman doğrudur.
Hakikat kişinin kendisine ait olmalıdır ancak o zaman özgürleştirir.

İlk soru:

Sevgili Osho, neden burada olduğumu bilmiyorum.

Hiç kimse bilmez ve onu bilmenin hiçbir yolu yoktur ve onu bilmenin gereği de yoktur. Bu devamlı sorgulama, neden buradayım? Neden bunu yapıyorum? Neden bulmak için bu sürekli arzu zihnin bir hastalığıdır. Hiçbir cevap seni tatmin etmeyecek çünkü sebep tekrar sorulabilir. Eğer bir şey söylersem -bunun yüzünden buradasın- sebep bir süre umursanmayacaktır, hepsi bu. Tekrar şunu soracaksın: Neden? Sebep sonsuzdur.

Onu bir kez anladığında, bırakırsın. Neden saçmadır. Neden buradayım? Sorusunu sormak yerine fırsatı kullanmak, çiçeklenmek, özgün bir şekilde var olmak daha iyidir. Ve bu onun güzelliğidir ki özgün bir şekilde var olmaya başladığın an, samimiyetle, bütün saçmalıkları düşünmeyi bıraktığında ve yaşamdan keyif almaya başladığında, artık bir filozof olmadığında, neden sorusuna cevap verilir. Fakat o dışarıdan biri tarafından yanıtlanmaz, o senin yaşam enerjin tarafından cevaplanır.

Yanıt mümkündür ancak o bir yanıt olarak gelmeyecek, yaşanmış bir deneyim olarak gelecektir. Cevap varoluşsal olacaktır, entelektüel değil. Soru entelektüeldir. Onu bırak! Aksine, sadece ol! Aksi takdirde sormaya devam edebilirsin... Asırlardır insan milyonlarca soru sormuştur; tahmin, düşünce, mantık, neden ile tek bir soru çözülmemiştir. Bir tek soru dahi çözülmez. Tam tersine, insanlar ne zaman soruya cevap vermeye çalışsalar, cevap binlerce ve daha fazla soru yaratmıştır.

Dünyayı kim yarattı? Cevabı verilmiştir: Tanrı dünyayı yarattı. Ve ardından derhal soru doğar: Tanrı'yı kim yarattı? Ya da o neden dünyayı yarattı? Dünyayı ne zaman yarattı? Ve neden böyle bir dünya yarattı? Bu kadar sefil, bu kadar cehennemvari? Dünyayı Tanrı'nın yarattığını cevaplayan kişi senin sorunun biteceğini düşünmüş olmalı fakat bir tane cevaptan binlerce soru ortaya çıkar. Zihin soru yaratan bir mekanizmadır.

Bu yüzden anlaşılması gereken ilk şey şudur: Nedeni bırak. Birden dindar olursun. Neden ile devam et, felsefi kalırsın. Sorgulamaya devam et ve kafada kalırsın. Sorgulamayı bırak, aniden enerji yeni bir boyutta hareket eder: kalbin boyutu. Kalp soru barındırmaz ve orada cevap gizlidir.

Bu paradoksal görünecektir fakat hâlâ sana şunu söylemek isterim: Sorgulaman bittiğinde, cevap gelir. Ve sorgulamaya devam edersen, cevap gitgide anlaşılmaz olacaktır.

Neden buradasın? Buna kim cevap verebilir? Ve o cevaplanabilirse, sen artık bir insan olmayacaksın, bir mekanizmaya dönüşeceksin. Bu mikrofon burada ve bunun bir sebebi vardır, cevap verilebilir. Araba orada verandada duruyor, sebebi söylenebilir. Eğer senin sebebine cevap verilebiliyorsa sen bir mikrofon ya da araba gibi bir mekanizmaya dönüşürsün; bir faydaya, bir eşyaya dönüşürsün. Fakat sen bir insansın, bir makine değil.

İnsan, özgürlük demektir. Özgürlük neden var? Soruyu ortaya atabilirsin fakat aptalcadır. İnsanla ilgili nedene yanıt verilemez. Ve insanla ilgili neden cevaplanamıyorsa, sen onu Tanrı'ya, nihai olana atfettiğinde nasıl cevap verilebilir ki? İnsanla ilgili nedeni dahi cevaplanamıyor, Tanrı hakkında soruyu doğru bir şekilde sormak bile neredeyse imkânsızdır.

Benim çabam senin sorularını yanıtlamak değil yüz sorunun içinde doksan dokuzunun sadece aptalca olduğunun farkına varmanı sağlamaktır. Bırak onları! Ve bir kez aptalca soruları bıraktığında –onlar çok felsefi görünür– tek soru kalır. Ve o soru artık alakasız, önemsiz şeyler hakkında değildir. O tek soru varoluşla, seninle, senin varlığınla ilgilidir. Neden burada olduğunla ilgili değil burada olmanın amacı hakkında değil fakat senin buradaki varlığınla, kim olduğunla ilgilidir: Ben kimim?

Bu bilinebilir çünkü onun için herhangi birine gitmeye gerek yok, içeriye girebilirsin. Onun için kutsal yazıtlara bakmaya gerek yok; içeriye bakabilirsin. Bunun için yalnızca gözlerini kapatıp içsel sessizliğe doğru hareket etmek zorundasın. Ve sen kim olduğun hissine sahip olabilirsin. Kim olduğun lezzetini tadabilirsin. Onu koklayabilirsin, ona dokunabilirsin. Bu varoluşsal sorgulamadır. Ancak neden buradasın, bilmiyorum. Ve bunu bilmeye gerek yoktur.

Anlaşılması gereken ikinci şey şu: Her ne zaman böyle sorular sorsan, bu sorular zihnin belli bir durumunun göstergesidir. Örneğin ne zaman üzgün olsan nedenini sorarsın. Ne zaman mutlu olsan nedenini sormazsın. Eğer acı çekiyorsan şunu sorarsın: Neden acı çekiyorum? Fakat mutlu, huzurlu, derin ferahlık içinde dans ediyorsan şunu sorar mısın: Neden mutluyum? O zaman nedeni sormak tuhaf gelir.

Bizim için kabul edilemez olan şeyin sebebini sorarız. Istırabın, üzüntünün, cehennemin sebebini sorarız. Asla aşkın, mutluluğun, neşenin, saadetin nedenini sormayız. Bu yüzden sebep basitçe mutsuz olduğunun bir belirtisidir. Bu nedenle neden burada olduğunu sormak yerine, neden üzgün olduğunu sor. O zaman bir şey yapılabilir çünkü üzüntü dönüştürülebilir.

Buda öğrencilerine şunu söylerdi: Metafiziksel sorular sorma, varoluşsal sorular sor. Dünyayı kimin yarattığını, neden yarattığını sorma. Bu sorular basitçe ıstırap içinde yaşıyor olduğunu gösterir. Neden üzgün olduğunu sor; o zaman soru canlıdır ve onunla ilgili, mutsuzluğunu değiştirecek, üzüntü barındıran enerjiyi dönüştürecek bir şey yapılabilir. Ve aynı enerji, varlığının bir çiçeklenmesine dönüşebilir.

Sen buradasın, sen kimsin? Ve o soruyu bana soramazsın. Gerçek bir soruyla kendin yüzleşmek zorundasın. Senin kim olduğun sorusuna ben nasıl cevap verebilirim ki? Eğer sen cevap veremiyorsan, kim olduğuna ben nasıl cevap verebilirim ki? Her ne söylüyorsam dışarıdan gelecek ve sen derinlikte, kendinin en derinindesin. Derine hareket etmek zorundasın, kendi uçurumunun içine, sadece senin olduğun ve başka hiç kimsenin olmadığı; tek bir düşüncenin dahi geçmediği içsel boşluğun içine düşmelisin.

Sadece bu boşlukta cevabı alacaksın; sözlü bir cevap değil, birinin senin içinden sana bir ruh, bir Tanrı olduğunu söyleyeceği bir cevap değil. Kimse bir şey söylemeyecek çünkü hiç kimse yok, saf sessizlik vardır. Fakat bu sessizlik cevaptır. O sessizlikte hissedersin, bilirsin. Sana herhangi bir bilgi vermeye gerek yoktur. Hiçbir kelimeye ihtiyaç yoktur. En temel noktana, en içteki özüne dokunmuşsundur.

Şu olmuştu: Küçük bir çocuk erkek kardeşine okul hakkında uyumlama yapıyordu: Dört yaşındaki birinci sınıf öğrencisi kardeşine dedi ki: "Yapacağın en akıllıca şey ilk kelimeni hecelemeyi öğrenmemendir. 'Kedi' kelimesini hecelemeyi öğrendiğin an tuzağa düşersin. O andan itibaren kelimeler gittikçe uzar da uzar."

Eğer buradaysan, kedi kelimesini hecelemişsindir. Ve soru arayışçılardan biri olan Yoga Pratima tarafından soruluyor.

Kedi kelimesini çoktan heceledin. Kelimeler şimdi çok daha uzun olacaktır, tuzağa düştün! Bu yüzden neden burada olduğunu sormak yerine, bu fırsatı kullan. Bana izin ver ve kendine izin ver... varlığının dönüşümüne doğru. Senin içine girmeme izin ver! Aptal sorular sorma. Kapılarını aç.

Cevap vermek yerine, bütün soruların yok olduğu içsel bir dönüşüme doğru sana yardım edebilirim ve cevap ortaya çıkar. Fakat o deneyimseldir. Onu bileceksin ama diğerlerine anlatamayacaksın. Onu bileceksin, tüm varlığın onu gösterecek, gözlerin onunla ilgili bir şey söyleyecek, etrafında bir parıltı olacak. Gören gözlere sahip olan insanlar, senin onu bildiğini görebilecekler. Fakat sen kim olduğunu söyleyemeyeceksin. Hiçbir kelime onu açıklayamaz, o muazzam derecede engindir. Ona sahip olabilirsin ama onu açıklayamazsın.

Bu yüzden ne istiyorsun? Neden burada olduğuna sözlü cevap mı vermem gerekiyor? Söylediğim her şeyin önemsiz olacağını hayal edemiyor musun? Şunu söyleyebilirim: Geçmiş yaşamlarında birçok iyi karma kazanmış olduğun için çok erdemlisin, bu sebeple buradasın. Bu yardım edecek mi? Hatta seni daha fazla egoist yapacak. O, ikimizin arasında bir bariyer yaratacak. Açık olmak yerine, daha fazla kapalı olacaksın.

Ne istiyorsun? Seçilmiş azınlıktan biri olarak sana seslenmemi mi istiyorsun? Gelmemişsin, ama çağrıldın? Böyle cevaplar istersin ancak onlar anlamsız ve zararlıdır çünkü seçilmiş olduğunu hissetmeye başladığın an beni kaçıracaksın, çünkü bunların tamamı egonun oyunlarıdır. Ego pek çok oyun oynamaya devam eder.

Cevapları isteme. Cevabı iste. O zaman sana yolu gösterebilirim. Seni tapınağa doğru yönlendirebilirim. Tapınağın içine bir kez girdiğin zaman bileceksin. Ve onu bilmenin başka yolu yoktur.

Başka birinden öğrenerek asla gerçekten kavrayamazsın. En fazla bilgi olarak kalır. Başkasından öğrenmek asla derin olmaz. Sadece dış yüzeyinde kalır. Asla en içteki özüne nüfuz etmez, o hiçbir zaman eve isabet etmez. Felsefe ve din burada ayrılırlar. Felsefe sorular ve cevaplar, muhakeme, kıyas, mantık açısından düşünmeye devam eder; o düşünmedir. Din ise düşünme değildir. O daha çok pratiktir; bilim kadar pratik, bilim kadar pragmatiktir. Dinin metodu spekülasyon değil, deneyime dayanır. Daha fazla meditasyon yap ve aralarda, boşluklarda, aralıklarda düşünce gitmiş olduğunda ve başka bir düşünce içeriye girmediğinde, satori, samadhi'nin ilk görüntülerine ulaşacaksın.

Bu 'interlüd-perde arası' kelimesi çok güzeldir. İki Latin kelimeden oluşur: 'inter' ve 'ludus'. Ludus oyun, oynamak anlamına gelir ve inter arası demektir. Interlüd oyun araları demektir. Sen bir eş rolünü oynarsın sonra bir anne veya bir baba rolünü oynarsın. Sonra ofise gider bir bankacı ve bir işadamı olma oyununu oynarsın, yirmi dört saat bin bir türlü oyunlar oynarsın. İki oyun arasında perde arası.

Kendini incele. Her gün birkaç dakika, fırsat yakalayabildiğin her zaman, bütün oyunları bırak, sadece kendin ol; ne bir anne, ne bir baba, ne bir oğul, ne bir bankacı, ne de bir hizmetçi; hiç kimse. Bunların tümü oyundur. Oyun aralarını keşfet. İki oyun arasında, rahatla, derine in, kendi varlığının içine gir ve cevap orada.

Oyun aralarının içine girmenin yolunu sana gösterebilirim fakat sana cevabı veremem. Cevap sana gelecektir. Ve o yalnızca sana geldiği zaman doğrudur. Hakikat kişinin kendisine ait olmak zorunda sadece o zaman hakikattir, sadece o zaman özgürleştirir. Benim hakikatim senin için bir teori olacaktır, bir hakikat olmayacaktır. Benim hakikatim seni kör yapabilir, ancak gözlerini daha algılayıcı yapamaz. Benim hakikatim seni bir güvenlik olarak sarabilir ancak o ödünç alınmış olacaktır ve hakikat ödünç alınamaz.

İkinci soru:

Sevgili Osho,
Lütfen "karar verme korkusu" ve müritlik arasındaki farkı açıkla.

Soru karmaşık ve sen onu anlamak için çok uyanık olmak zorundasın çünkü karmaşık sorularda yanlış anlamak anlamaktan daha olasıdır.

İlk şey: Müritlik büyük bir karardır. Sadece karar verme korkunu bırakırsan bir mürit olabilirsin çünkü o büyük bir karardır, bir sorumluluktur. Kararlar almaktan, vermekten korkuyorsan bir mürit haline gelemezsin. Bu, kişinin hayatındaki en büyük karardır; hayatın boyunca üstat olarak birine güvenmek, başka birine güvenmek ve hayatını riske atmak. O bir kumardır. Çok fazla cesaret gerektirir. Birçok insan bana geliyor; arayışçı olmak istediklerini söylüyorlar ama korkuyorlar. Karar fazla gelir ve onlar kararı vermeden önce bin bir şeyin üzerine düşünülmesi gerekir.

Karar verme korkusu senin herhangi bir şeye karar vermekten korktuğun anlamına gelir. Müritlik bir karardır. Bir Hindu olarak doğmuşsan o müritlik değildir. Bir Hindu olarak doğduysan, bir shankaracharya senin köyüne gelir ve sen saygı sunmak için gidersen o müritlik olmaz. Her şeyden önce bir Hindu olmaya asla karar vermedin. Bu tesadüftür, senin Hinduizm'in yalnızca bir kazadır. Başka biri Hıristiyan'dır, papa gelir ve o saygısını sunmak için gider, bu müritlik değildir. Bir Katolik veya bir Hıristiyan olmaya karar vermemiştir.

Aslında sen bir Hindu ya da bir Hıristiyan olarak kalırsın çünkü onlardan kurtulmaya karar veremezsin. O bir karar değildir, o bir karar yokluğudur. Çünkü karar vermeye korkarsın; gelenekten, mirastan, anne ve babandan her ne aldıysan ona devam edersin. Sadece düşün; insanlar kan bağıyla dinlerine karar veriyor, bundan daha büyük aptallık mümkün mü? Kan bağınla karar verilen din? O halde Hıristiyan'ın, Hindu'nun ve Budist'in kanını al, uzmana git ve sor hangisi Hindu'nun kanı, hangisi Hıristiyan'ın kanı diye. Hiçbir uzman sana gösteremez; kan basitçe kandır. Kanda farklılıklar vardır ancak o farklılıklar dinle ilgili değildir.

Dinine yalnızca doğumla karar vermek, geleceğine I Ching aracılığıyla karar vermen ya da bir astroloğa gitmen, geleceğine yıldızlar veya Tarot kartları ile karar vermesi gibidir. Bunlar karar değil, karar vermemen için tuzaklar. Bir başkası senin için karar verir. Beş bin yıl önce yazılan I Ching kitabı; hiç kimse şimdi onun adını bilmez, senin adına karar veriyor. Sen uzun zaman önce ölüp gitmiş insanların senin geleceğine karar vermelerini istiyorsun. Geçmişten geleceğine karar vermesini istiyorsun. Ancak o bir bakıma yardımcıdır çünkü artık karar vermene gerek yoktur. Sadece doğumun sebebiyle bir Hindu isen... Ona sen karar vermemişsindir. Senin müritliğin müritlik değil, karar verme korkusudur.

Sadece bak: Küçük şeylerde çok düşünüyorsun ve büyük şeylerde hiç düşünmüyorsun. Kıyafet almak için mağazaya gidersen, karar verirsin; sıradan şeylere, ıvır zıvıra, karar verirsin. Bu tıpkı; arabanı yavaş bir şekilde sürüyorsan o zaman dikkatli bir şekilde sür ama saatte elli milin üzerinde hızla gidiyorsan o zaman gözlerini kapat diye bir kuralının olması gibidir. Küçük şeylerde -kıyafet, diş macunu ya da sabun satın alırken- karar verirsin. Din, Tanrı, meditasyon, duayı başka birinin kararına bırakırsın.

Büyük şeylerde gözlerinin kapalı olmasını istersin ve gelenek göz bandı gibi işlev görür. Kör doğmayan insanlar, gözlerinin sürekli bağlı olması yüzünden neredeyse kör olurlar. At gözlüğü senin gözünde. Birinin at gözlüğü Hindu olarak, birinin Hıristiyan olarak, birinin Jain olarak bilinir fakat onların hepsi göz bandıdır, toplum tarafından sana verilmişlerdir çünkü gözlerini açmaktan korkarsın. Bu yüzden başka birinin kararına bırakmak daha iyidir; o zaman sorumluluk almaktan kurtulmuşsundur ve şunu diyebilirsin: Biz itaatkârız. Gelenek harika, biz basitçe geleneği takip ediyoruz. Geçmiş muhteşem ve biz geçmişi takip ediyoruz.

Bu şeyleri mantıklı hale getirebilirsin ancak bu müritlik değildir. Müritlik daima kişisel bir seçimdir. Örneğin, sen buradasın. Ben ne Hıristiyanım, ne bir Hindu, ne bir Jain ne de bir Budist ve eğer benimle gitmeye karar verirsen, bu bir karar olacaktır. Karar verme korkusundan acı çekersen, benimle gelemezsin; o zaman kazara içine doğduğun cemaatin içinde kalacaksın.

Karar verdiğin an ve 'karar vermek' demek karar vermek zorunda olman anlamına gelir, sorumluluk senindir ve kişiseldir, o bir taahhüttür. Ve karar vermenin çok zor olduğunu biliyorum, bu yüzden çok fazla cesarete ihtiyaç var. Çok kolayca Hindu olabilirsin; kolayca Hıristiyan olabilirsin. Fakat benimle yürümek için karar verme korkunu bırakmak zorunda kalacaksın. Ancak o zaman bir mürit olursun.

Bu yüzden o aklında ne tür müritlik olduğuna bağlıdır. Dünyada çok az mürit bulunur. Evet, İsa ile gitmeye karar veren insanlar müritlerdi.

İsa gölün üzerinden yürüyerek geçer ve iki balıkçı ağlarını göle henüz atmışlardır. İsa onların yanına gelir, elini balıkçılardan birinin omzuna koyar. Balıkçı İsa'ya bakar –muazzam biçimde içine işleyen bu gözler, harika biçimde bu sessiz gözler, gölden daha sessiz– ve İsa adama der ki: "Ne yapıyorsun? Neden bütün yaşamını balık yakalayarak ziyan ediyorsun? Benimle gel, sana adamları nasıl yakalayacağını öğreteceğim. Yaşamını neden balık tutarak harcıyorsun? Gel beni takip et!"

Büyük bir an. Adam karar verme korkusu ve müritlik arasında bocalamış olmalı. Fakat sonra cesaretini topladı, ağı gölün içine attı ve İsa'yı takip etti.

Onlar kasabadan ayrılana kadar bir adam koşarak geldi ve balıkçıya dedi ki: "Nereye gidiyorsun? Hasta baban öldü. Eve geri dön!"

Ve balıkçı İsa'nın iznini ister: "Üç, dört gün gitmeme izin ver ki ölen babam için son cenaze törenini bitirebileyim, ardından geleceğim!"

Ve İsa, "Bütün bunları unut. Kasabada yeteri kadar ölü insan var, ölüyü gömeceklerdir. Sen beni takip et!" dedi. Ve o takip etti, ölen babasıyla ilgili her şeyi unuttu.

Bu müritliktir. İsa'yı izleyenler mürittiler ancak Hıristiyanlar mürit değildir, şimdi onlar ölü bir geleneği takip ediyorlar. Buda'yı izleyenler mürittiler. Fakat Budistler mürit değildir. Siz benim müritlerimsiniz. Günün birinde çocuklarınızın çocukları da beni hatırlayacaklar, onlar benim müridim olmayacaklar. Eğer çocuklarınız beni hatırlamaya, sevmeye sizin sayenizde, başlarlarsa o zaman bunun benimle ilgisi yoktur, o zaman onların bir karar korkusu vardır. Çocuklarınızın zihninde korku yaratmayın. Bırakın kendileri karar versinler.

Yaşam, eğer karar vermek insanlara bırakılırsa çok zengin olabilir. Fakat toplum senin üzerinde kararlar uygulamaya çalışır. Toplum, senin için karar vermezse senin karar veremeyeceğinden korkar. Fakat aslında, bu sebeple sen gitgide bir şeylere karar verme kapasiteni kaybedersin. Ve kararlılığını kaybettiğin anda, ruhunu kaybedersin.

'Ruh' kelimesi senin içinde bütünleşmiş bir birlik anlamına gelir. O büyük, ölümcül kararlardan ortaya çıkar. Ne kadar çok karar verirsen ve kararların ne kadar riskli olursa, o kadar çok bütünleşir, kristalleşirsin.

Eğer karar vermişsen -ve vurguyu hatırla- eğer benimle olmaya karar vermişsen, bu yaşamındaki önemli bir fenomen, büyük bir devrimdir. Fakat eğer karar veren kişi değilsen - buraya geldin çünkü eşin buradaydı, arkadaşların buradaydı ve sen buraya geldin, turuncular içinde dolaşan birçok insan gördün ve dışlanmış hissetmeye, az da olsa garip göründüğüne dair tedirginlik hissetmeye başladın ve bunun yüzünden isim de aldın- o zaman bu karar verme korkusudur, bu müritlik değildir; o zaman kalabalığı takip etmişsindir. İsmin hiçbir değeri yoktur çünkü o senin ismin değildir. Taklit etmişsindir. Asla taklit etme. Kendi başına kararlı ol ve her karar sana gittikçe bütünlük verecektir.

Ve bu harika bir karardır; kendini adamak, tamamen dahil olmak, bilinmeyene doğru benimle yürümek. Zihin bin bir şüphe, tereddütler yaratacaktır; zihin geçmişe tutunmak ister fakat eğer karar verirsen, tüm bu olanlara rağmen, geçmişin üstesinden gelir, onu dönüştürürsün.

Ancak zeki olmaya çabalama. Özgün ve gerçek olmaya çabala. Akla uygun hale getirmeye çabalama... Çünkü kendi açından bir karar almadan isim almış olabilirsin. Kalabalıkla sürüklenmiş olabilirsin. Bu durumda onu rasyonelleştireceksin. "Evet, bu benim kararım," diyeceksin. Fakat kimi kandırmaya çalışıyorsun? Yalnızca kendini aldatıyorsun.

Bir anekdot duymuştum:

Anne en büyük oğlunu azarlıyordu: "Küçük kardeşine ara sıra oyuncaklarla oynamasına izin vermen gerektiğini sana önceden söylemiştim."

"İzin veriyorum!" diye karşı çıkar çocuk. "Yokuş aşağı inerken kızağı kullanıyorum ve yukarı çıkarken onun kullanmasına izin veriyorum!"

Akıllı olmaya çalışma. Sen karar verme korkuna müritlik adını verebilirsin fakat beni değil, yalnızca kendini aldatıyorsun. Bu konuda net ol. Hakikat arayışında mükemmel netliğe ihtiyaç vardır.

Üçüncü soru:

Sevgili Osho,
Neden disipline karşı çok fazla tepki geliyor?
Ve bir çekim ve bir ses diyor ki: "yapmalısın!"
İtaat etme ve teslim olma arasında bir fark var mı?

Büyük bir fark var. Sadece bir fark da değil itaat etmek ve teslim olmak tümüyle zıttır. İyi dinle.

Teslim olmuşsan eğer itaat etmek söz konusu değildir. O zaman benim sesim senin sesindir, ona boyun eğmezsin. Bu durumda ben artık senden ayrı değilimdir. Eğer teslim olmamışsan o zaman itaat edersin çünkü benim sesim seninkinden ayrıdır. İtaat etmeyi başarırsın, kendi üzerinde belli bir disiplin uygularsın. Onun arkasında bazı hırslar olmalı. Birtakım sonuçlar arıyor olmalısın. Bu yüzden itaat edersin fakat derinlerde ayrı kalırsın. Derinlerde direnç devam etmeyi sürdürür. Derinlerde hâlâ benimle kavga ediyorsundur. 'İtaat etme' kelimesinin kendisinde direnç vardır.

İtaat etmek çirkindir. Ya teslim ol ya da kendi başına ol. Boyun eğmek anlaşmaya varmadır: Teslim olmak istemezsin bu bir şeydir, kendi başına kalmaya güvenin yoktur bu da başka bir şeydir. Bu yüzden anlaşma yaparsın. Dersin ki: Kendi kendime kalacağım fakat itaat edeceğim. Seni dinleyeceğim, söylediğin her şeyi ve itaat etmek için yollar, araçlar bulacağım.

Teslim olmak tamamen başka bir şeydir. Teslimiyette hiçbir dualite yoktur. Bir mürit üstadına teslim olduğunda, onlar bir olurlar; o an dualite ortadan kalkmıştır. Şimdi üstat artık ayrı olarak düşünülmez, o zaman kim itaat edecek ve kim kime itaat edecektir?

"Neden disipline karşı çok fazla tepki geliyor?"

Çünkü teslimiyet henüz gerçekleşmemiştir. Aksi takdirde, disiplin çok güzeldir; disiplin gibisi yoktur. Eğer teslimiyet gerçekleşmişse, o zaman disipline zorlanmazsın, o kendiliğinden gelir. Sana bir şey söylediğimde; ve sen teslim olmuşsundur; benim sesimi kendi sesin olarak duyarsın. Aslında hemen göreceksin ki bu senin yapmak istediğin şeydir fakat bu konuda net değildin. Sana karanlıkta el yordamıyla arıyor olduğun bir şeyle ilgili bir şey söylemiş olduğumu anlayabileceksin. Ona karşı belli bir hisse sahiptin fakat üstü kapalıydı, onları senin için belirginleştirmiş oldum. Senin için konuştum. Kendi kalbinin arzusunu sana getirdim.

Teslimiyette bu gerçekleşecektir. Bu durumda ona 'itaat etme' demenin ne anlamı var ki? O itaat değildir. İtaatte belli bir çatışma saklıdır.

Bir anekdot duymuştum:

Bir adamın ergenlik çağındaki oğluyla sorunları vardı bu yüzden onu yaşlı bir arkadaşı tarafından işletilen bir çiftliğe gönderdi. Genç, çiftlikte birkaç ay çalıştıktan sonra babası onun gelişimini sordu.

"Pekâlâ" dedi çiftlik sahibi arkadaş, "İyi çalışıyor. Şimdiden ineklerin dilini konuşuyor."

"Her şey yolunda görünüyor."

"Fakat" dedi yaşlı çiftlik sahibi ciddi bir şekilde, "henüz bir inek gibi düşünmeyi öğrenmedi."

Fark budur. Bir inek gibi düşünmeye başladığın an o zaman herhangi bir itaat, itaatsizlik söz konusu değildir. Benim gibi düşünmeye başladığında, o zaman hiçbir soru, hiçbir problem, hiçbir çatışma, mücadele ve çaba yoktur. Aslında beni takip etmiyorsun, kendini takip ediyorsundur. Derin teslimiyette bu olur.

Genelde, insanlar özellikle Batı'da teslimiyet hakkında çok yanlış bir düşünceye sahiptirler. Teslimiyet tamamen Doğu'ya yönelik bir kavramdır. İnsanlar teslimiyette bireyselliğinin kaybolacağını düşünürler. Kesinlikle yanlış, yüzde yüz yanlış. Teslimiyette kişiliğin kaybolmaz. Aslında teslimiyette kişiliğin ilk kez berraklaşır çünkü eğer teslim olursan, egoyu bırakırsın, kişiliği değil, bireyselliği değil. Sadece biri olduğuna dair yanlış bir düşünce... O düşünceyi bırak. Bir kez düşünce bırakıldığında, huzurlusundur, büyürsün; bireyselliğin bozulmamış olarak, olduğu gibi kalır, aslında giderek daha da büyür. Kesinlikle 'Ben' duygusu olmayacaktır fakat muazzam bir büyüme olacaktır.

Eğer orada teslimiyet yoksa o zaman nasıl itaat edeceğinle ilgili milyonlarca soru ortaya çıkar.

Birçok üniversitenin rektör ve rektör yardımcılarının bir araya geldiği bir seminere çağırıldım. Okullarda, kolejlerde ve üniversitelerde disiplinin olmaması konusunda endişeliydiler ve yeni neslin öğretmenlere karşı saygısız davranışları hakkında epey kaygılıydılar.

Görüşlerini dinledim ve onlara dedim ki: "Bir yerlerde temelin eksik olduğunu görüyorum. Bir öğretmen doğal bir şekilde saygı duyulan biridir bu yüzden öğretmen saygı talep edemez. Eğer saygı talep ediyorsa o sadece bir öğretmen olmadığını gösteriyordur; o yanlış mesleği seçmiştir, bu onun işi değildir. Öğretmenin tanımı kendisine doğal bir şekilde saygı duyulan kişi demektir; ona saygı duymak zorunda olduğundan değil. Eğer ona saygı duymak zorundaysan, bu ne tür bir saygı olacak ki? Sadece bak: 'saygı duyma zorunluluğu' tüm güzellik kaybolur, saygı canlı değildir. Eğer o yapılmak zorundaysa o zaman orada olmaz. Orada olduğunda ise hiç kimse onun bilincinde değildir, kimse onunla ilgili öz bilince sahip değildir. O basitçe akar. Ne zaman bir öğretmen orada olsa, o basitçe akar."

Bu yüzden seminerde rica ettim: "Öğrencilerden öğretmenlere saygı duymalarını istemek yerine lütfen tekrar karar verin, öğretmenlikle alakası olmayan yanlış öğretmenler seçiyor olmalısınız."

Öğretmenler şairler gibi doğarlar, o mükemmel bir sanattır. Herkes bir öğretmen olamaz fakat dünya çapındaki eğitim yüzünden milyonlarca öğretmene ihtiyaç vardır. Şiirin sadece şairler tarafından öğretilmek zorunda olduğu bir toplum düşün ve herkes şiiri öğrenmek zorunda olsun. O zaman milyonlarca şaire ihtiyaç duyulacaktır. Elbette bu durumda şair yetiştirme kolejleri olacaktır. O şairler sahte olacak ve ardından talepte bulunacaklardır: Bizi alkışlayın! çünkü biz şairiz. Neden bize saygı göstermiyorsunuz? Bu öğretmenlerin başına gelmiştir.

Geçmişte çok az öğretmen vardı. İnsanlar öğretmen bulmak, onunla birlikte olmak için binlerce mil yol kat ederdi. Büyük saygı vardı fakat saygı öğretmenin kalitesine bağlıydı. O müritten, öğrenciden ya da talebeden duyulan bir beklenti değildi. O basitçe oluyordu.

Eğer teslim olmuşsan, itaat bir özbilinç olmadan öylece gerçekleşir. Sen takip etmek zorunda olduğun için değil, sen kendini sadece takip ederken bulursun. Bir gün basitçe takip ediyor olduğunu fark edersin ve hiçbir çatışma, hiçbir mücadele olmamıştır. Ne kadar çok boyun eğmeye çalışırsan, direnç o kadar artacaktır.

Şunu duymuştum:

Bir kadın, doktoruna yakınıyordu: "Ne kadar kötü hissettiğimi bilmiyorsunuz. Neden yememem gerektiğini söylediğiniz şeyleri dahi yiyemiyorum!"

Sen birine, "Bunu yapma!" dediğin zaman onu yapmak için derin bir arzu doğar. Bunu yeme! Onu yemek için derin bir arzu ortaya çıkar. Zihin daima negatif bir şekilde işlev görür, zihnin görevi reddetmektir, hayır demektir.

Sadece kendini izle, günde kaç kez hayır diyorsun ve o kotayı azalt. Kendini izle, kaç kez evet diyorsun, o kotayı artır. Ve gitgide evet ve hayır derecelerinde az da olsa bir değişim göreceksin ve esasında kişiliğin değişiyordur. Evet'in daha kolay olacağı yerde kaç kez hayır dediğini izle, hayır demeye hakikaten ihtiyaç yok. Kaç kez evet diyebilirdin ancak ya hayır dedin ya da sessiz kaldın.

Ne zaman evet desen, o egoya ters düşer. Ego evetle beslenemez; o kendini Hayır'ın üzerinden besler. Şöyle de: Hayır! Hayır! Hayır! Ve içinde büyük bir ego ortaya çıkar.

Sadece tren istasyonuna git: Bilet satın almak için o pencerede yalnız olsan da satıcı bir şeyler yapmaya başlayacaktır, o sana bakmayacaktır. O "Hayır" demeye çalışıyor. En azından seni bekletecektir. Çok yoğunmuş gibi davranacak, kasaya veya oraya buraya bakacaktır. Seni beklemeye zorlayacaktır.

Bu ona sıradan bir satıcı olmadığına dair güç hissi verir, o herkesi bekletebilir.

Bu, Leon Trotsky'nin savaş bakanı olduğu sırada Sovyet Rusya'nın başlangıç günlerinde meydana geldi. O kurallar, disiplin ve ıvır zıvırda çok katıydı. Komünist Partisi'nin büyük bir toplantısı olacaktı ve o giriş kartlarından sorumluydu. Baloya girmek için kendisinin de bir giriş kartına ihtiyacı olduğunu tamamen unuttu. Baloya giderken kapıda ayakta duran polis onu durdurdu. Polis, "Giriş kartınız nerede?" dedi.

Leon Trotsky, "Beni tanımıyor musun?" dedi.

Polis, "Sizi çok iyi tanıyorum, bizim savaş bakanımızsınız. Ancak giriş kartınız nerede?"

Trotsky, "Elinde tutuyor olduğun diğer kartlara bir bak. Onlar benim tarafımdan imzalandı," dedi.

Polis, "Belki de fakat kural bu, hiç kimse kartsız içeriye giremez. Bu yüzden eve dönün ve bir kart bulun," dedi.

Leon Trotsky günlüğüne şunu yazmıştır: "Onun o gün nasıl güçlü hissettiğini görebiliyordum, savaş bakanına hayır dediği için, onu küçük düşürdüğü için."

İnsanlar hayır demeye devam ederler. Çocuk annesine sorar: "Dışarı çıkıp oynayabilir miyim?" Ve aniden, bir an bile düşünmeksizin anne, "Hayır!" der. Politika! Dışarıda olmanın, dışarı çıkıp oynamanın nesi yanlış? Ve çocuk gidecek; çocuk ısrar edecek ve öfke nöbetine girecektir ve ardından anne, "Tamam, gidebilirsin," diyecektir. Bu en baştan söylenmiş olabilirdi, ta en başından fakat anne bile hayır deme fırsatını kaçırmaz.

Aklına gelen ilk şey hayır kelimesidir. Evet, neredeyse zordur. Ancak tamamen çaresiz hissettiğinde evet dersin ve onu söylemek zorundasındır. Sadece izle! Kendini her şeye evet diyen biri yap; hayır demeyi bırak çünkü o, egonun kendisini beslediği, büyüttüğü hayır'ın zehridir.

Dindar bir adam varoluşa evet demiş olan biridir. O evet'ten Tanrı doğar. Evet, Tanrı'nın babasıdır. O evet tavrı dindar bir tavırdır. Fakat hatırla: Ben itaat etmeyi dayatmıyorum. Ya tamamen benimle ol ya da hiçbir zaman benimle olma. Uzlaşma iyi değildir, uzlaşma öldürür. Uzlaşma seni kayıtsız yapacaktır ve hiç kimse bu durumda buharlaşamaz. Uzlaşma korkudan ortaya çıkar. Cesaretlen: Ya benimle ol ya da olma, ancak arafta olma. Aksi takdirde zihninin bir kısmı şunu söylemeye devam edecek: Takip etmek zorundayım, bunu yapmak zorundayım ve başka bir kısmı şunu söylemeye devam edecek: Hayır, neden bunu yapmalıyım ki? Ve bu sürekli çatışma kendi içinde enerjiyi dağıtacaktır, o yıkıcıdır. Tüm varlığını zehirleyecektir.

Dördüncü soru:

Sevgili Osho, ya hiç boşluklar yoksa?

İçeriye bak, hiçbir zaman öyle olmadı ve sen bir istisna olamazsın. İçeriye giren tüm arayışçılar boşluklar aracılığıyla girmişlerdir. Boşluklar orada fakat sen bakmadın ve bu yüzden soruda bir 'eğer' vardır. Lütfen 'eğer' soruları sorma. Ben teoriler hakkında konuşmuyorum, gerçekler hakkında konuşuyorum.

Bu birinin şunu demesi gibidir: Ya içeride bir kalp yoksa? Ancak eğer sadece farazidir. Gözlerini kapat ve kalp atışını duyacaksın. Soruyu soruyorsan, kalbin orada olması gerekir. Bu soruyu sormak için orada bulunuyorsan, boşluklar orada olmak zorundadır. Boşluklar olmadan, düşünce ortaya çıkamaz. İki kelime arasındaki boşluk bir gereksinimdir; aksi takdirde iki kelime ayrı olmayacak, onlar çakışacaktır. İki cümle arasında bir boşluk vardır; muhakkak öyledir, yoksa cümleler arasında, iki düşünce arasında hiçbir bölünme olmayacaktır.

Sadece içeriye bak...

Bir gece akşam yemeğinde bir çiftçi çok kızgındı.

"Bir saat önce bana yardım etmeniz için çağırdığımda neredeydiniz çocuklar?" diye ısrar etti.

"Kümeste kuluçkayı ayarlıyordum," dedi biri.

"Tavan arasında testereyi ayarlıyordum," dedi diğeri.

"Büyükannenin odasında saati kuruyordum," dedi üçüncüsü.

"Kilerde kapan kuruyordum," dedi dördüncü oğlan.

"İyi becermişsiniz," diye bağırdı çiftçi. "Ve sen neredeydin?" diye sordu, en genç oğluna dönerek.

"Kapı eşiğinde sakinliği kuruyordum."

Bu yüzden sadece "sakinliği kuruyor" olabildiğin birkaç dakika bul, hemen boşlukta olacaksın. Sessiz bir şekilde oturarak, boşlukların içinde olacaksın.

Düşünceler davetsiz misafirdirler, boşluklar senin gerçek doğandır. Düşünceler gelir ve giderler. İçindeki boşluk daima kalır; o asla gelmez, asla gitmez. Boşluk arka plandır, düşünceler ona karşı hareket eden figürler. Tıpkı beyaz tebeşirle karatahta üzerine yazmana benzer –karatahta oradadır, sen beyaz tebeşirle yazarsın– içsel boşluğun bir karatahta işlevi görür ve o karatahta üzerinde düşünceler hareket eder.

Yavaşla! Biraz yavaşla, sadece sessizce otur, bilhassa hiçbir şey yapmadan. 'Eğer'li sorular sorarsan, zaman kaybedersin. Aynı zamanda ve aynı enerjiyle, o boşluklar deneyimlenebilir ve sen muazzam bir şekilde zengin olabilirsin. Ve bir kez boşlukları tattığında, o zaman düşüncelerin senin üzerindeki gücü kaybolacaktır.

Son soru:

Sevgili Osho, Kimin umurunda?
Bu yaratıcı kayıtsızlık mı yoksa uyku mu?
Lütfen yorumla.

Yaratıcılık asla kayıtsız olamaz. Yaratıcılık önemser çünkü yaratıcılık sevgidir. Yaratıcılık sevgi ve önemin işlevidir. Yaratıcılık kayıtsız olamaz. Eğer kayıtsızsan, tüm yaratıcılığın gitgide kaybolacaktır. Yaratıcılık tutku, canlılık, enerji gerektirir. Yaratıcılık senin bir akış, yoğun tutkulu bir akış olarak kalmanı gerektirir.

Eğer bir çiçeğe kayıtsızca bakarsan, çiçek güzel olamaz. Kayıtsızlık yoluyla, her şey sıradanlaşır. Kişi kendisinin içinde daralmış, soğuk bir şekilde yaşar. Bu felaket Doğu'da gerçeklemiştir çünkü din ters yola sapmış ve insanlar senin hayata karşı kayıtsız olman gerektiğini düşünmeye başlamışlardır.

Bir zamanlar Hindu bir arayışçı beni görmeye geldi. Bahçemin etrafına baktı ve bahçede çok fazla çiçek vardı, o beni görmeye geldiğinde bahçede çalışıyordum. "Bahçe işleriyle ve çiçeklerle mi ilgileniyorsun?" dedi. Yüzünde kınayıcı bakış vardı. "Fakat ben senin bütün bunlara kayıtsız olman gerektiğini düşünüyordum," dedi.

Ben kayıtsız değilim. Kayıtsızlık negatiftir, intihar gibidir, gerçeklerden kaçar. Tabii ki, eğer kayıtsız hale gelirsen çoğu şey seni rahatsız etmeyecek; kayıtsızlığın tarafından sarılmış bir şekilde yaşayacaksındır. Dikkatin dağılmayacak, rahatsız edilmeyeceksin ancak sadece rahatsız olmamak mesele değildir. Asla mutlu ve coşkulu olmayacaksın.

Doğu'da, birçok insan kayıtsız olmanın dinin yolu olduğunu düşünüyor. Hayattan uzaklaşırlar, gerçeklerden kaçar hale gelirler. Hiçbir şey yaratmamışlardır. Onlar basit şekilde anlamsız hayat sürerler ve bir şeye ulaştıklarını düşünürler, hiçbir şeye ulaşmamışlardır.

Ulaşmak her zaman olumludur ve ulaşmak daima yaratıcıdır. Tanrı yaratıcılıktır, Tanrı'ya kayıtsız olarak nasıl ulaşabilirsin? Tanrı kayıtsız değildir. O küçük bir ot sapını dahi umursar, onları da umursar. Bir Buda'yı yaratmayı dikkate aldığı kadar bir kelebeği boyamayı da dikkate alır.

Bütün sever. Ve bütünle bir olmak istiyorsan, sevmek zorundasın. Kayıtsızlık yavaş bir intihardır. Derin aşkta ol, o kadar ki, aşkının içinde bütünüyle kaybolasın, saf bir yaratıcı enerjiye dönüşesin. Ancak o zaman Tanrı'ya ortak olabilir, onunla el ele yürüyebilirsin.

Bana göre yaratıcılık duadır, yaratıcılık meditasyondur, yaratıcılık yaşamdır.

Bu yüzden yaşamdan korkma ve kendini kayıtsızlık içinde kapatma. Kayıtsızlık seni duyarsızlaştıracaktır, tüm duyarlılığını yitireceksin; bedenin donuklaşacak, zekân donuklaşacak. Karanlık bir hücrede yaşayacaksın, güneşten ve ışıktan korkacak, rüzgârdan, bulutlardan ve denizden korkacaksın, her şeyden korkacaksın. Etrafını bir kayıtsızlık yorganı ile örtecek ve ölmeye başlayacaksın.

Hareket et! Dinamik ol! Ve her ne yapıyorsan, öyle sevgi ile yap ki, eylemin kendisi yaratıcı ve kutsal olsun. Sana hepinizin ressamlara ve şairlere dönüşmeniz gerektiğini söylemiyorum, o mümkün değil. Buna gerek de yok. Bir ev hanımı olabilirsin, yemeğin yaratıcı olabilir. Bir ayakkabıcı olabilirsin, ayakkabı yapımın yaratıcı olabilir. Her ne yapıyorsan, onu öyle tam bir şekilde, sevgi ile, içten bir şekilde yap ki; ona öyle dahil ol ki, eylemin dışarıda bir şey olmasın. Sen eyleminin içinde hareket edersin, senin eylemin bir bütünlüğe dönüşür. O zaman sana dindar derim. Dindar bir insan, dindar bir bilinç son derece yaratıcıdır.

Sakın şu deyimi kullanma: Kimin umurunda? O davranış egodan gelir, kimin umurunda? Hayır, eğer gerçekten büyümek istiyorsan, daha fazla umursa. Umursamanın tüm yaşam stilin olmasına izin ver. Her şeyi umursa. Ve büyük ve küçük arasında herhangi bir ayırım yapma. Çok küçük şeyler... Yalnızca katı temizlemek, sevgilinin bedeniymiş gibi, onu derin dikkatle yap ve aniden kendi yaratıcılığın vasıtasıyla yeniden doğuyor olduğunu göreceksin.

Her yaratıcı eylem, yaratan kişi için bir yeniden doğuş olur ve her kayıtsız eylem bir intihara, yavaş bir ölüme dönüşür. Taşkın ol. Cimrilerden olma. Sahip olmaya çalışma, paylaş! Bırak ilgin hayatının en merkezi olsun. Ve o zaman kiliseye gitmeye, tapınağa gitmeye, tanrının dizlerinin önünde eğilmene gerek kalmaz. Senin kelebek hayatın, hayatının yönü, dua olur. Dokunduğun her şey kutsal olacaktır. Her şey için söylüyorum, koşulsuz bir şekilde.

Sevgi her şeyi kutsal yapar. Umursamazlık her şeyi çirkinleştirir.

Bugünlük bu kadar yeter.

BÖLÜM 3

Sessiz Konuşma

"OSHO HER ZAMAN SESSİZLİKTE KONUŞTU;
BUGÜN SESSİZCE KONUŞTU.
ONUN SESSİZ SESİ KALPLERİN DERİNLİKLERİNDE
DUYULDU.
MESAJI NET VE YÜKSEK SESLİYDİ.
O KONUŞMADAN KONUŞTU.
BU ONUN MUHTEŞEM SÖYLEVİYDİ.
BİZ BUNDAN ZEVK ALDIK. BİZ ONUN TADINI ÇIKARDIK.
BU DÜPEDÜZ KUTSAMAYDI:
TEK ELİN ALKIŞ SESİ.
ŞİMDİ, SÖYLEVİN METNİNİ TAKİP EDER; KELİMESİ
KELİMESİNE.
LÜTFEN DİKKATLE OKUYUN.
UMARIZ SİZ DE BUNDAN ZEVK ALIRSINIZ."

BÖLÜM 4

Boğayı Algılayış

Tanrı her yerdedir.
Hassas olmaya ihtiyacın var ve boğayı her yerde görebilirsin.
Her ağacın ardında ve her kayanın ardında boğa saklanmaktadır.

3. Boğayı algılayış

Bülbülün şarkısını duymaktayım.
Güneş ılık, rüzgâr hafif, söğütler kıyı boyunca yeşil.
Burada hiçbir boğa saklanamaz!
Hangi artist çizebilir o büyük kafayı, o haşmetli boynuzları?

Yorum

Kişi sesi duyduğunda, onun kaynağını hissedebilir. Altı duyu birleşince, kapıdan girilir. Kişi nereden girerse girsin boğanın kafasını görür! Bu birlik sudaki tuz, boyadaki renk gibidir. En ufak şey özden ayrı değildir.

4. Boğayı yakalayış

Onu müthiş bir mücadele ile yakaladım.
Onun büyük iradesi ve gücü tükenmezmiş!
Sis bulutların üzerindeki yüksek platoya çıkar,
Ya da içeri girilmesi imkânsız bir vadide durur.

Yorum

Uzun bir süre ormanda yaşadı ama bugün onu yakaladım! Doğal güzelliklere olan tutkunluğu onun istikametini engeller. Daha tatlı çimenlerin özlemiyle, o uzaklaşır. Zihni hâlâ inatçı ve gem vurulmamıştır. Eğer boyun eğmesini istiyorsam, kırbacımı yukarı kaldırmalıyım.

Onu gözlemleyip gözlemlemediğini merak ediyorum: O adam onun resmini çizen tek hayvandır, onun kendi resmini. Hiçbir hayvan bunu daha önce yapmamıştır. Sadece kendi resmini çizmekle de kalmaz, bir aynanın önünde durur, kendi yansımasına bakar. Bununla da kalmaz, aynanın önünde durur, yansımasına bakar ve kendini yansımasına bakan kendisine bakar ve bu böyle devam eder. Bu yüzden, benlik bilinci ortaya çıkar. Bunun yüzünden ego doğar. Bunun yüzünden kişi hakikatten çok yansımalarla ilgilenir.

Kendi zihnini izle! Gerçek bir kadından ziyade pornografik resimle daha çok ilgilenirsin. Resimlerin insan zihni üzerinde güçlü bir hâkimiyeti vardır, kişi bu yüzden bir kurguda yaşar. Ve kendini bilmek kurguda mümkün değildir. Yansımadan çok gerçekle daha çok ilgilenmek zorundasın. Aynalar kırılmak zorundadır. Eve dönmek zorundasın; aksi takdirde, kendinden gittikçe uzaklaşmaya devam edersin.

Yansımalara, kurgulara, hayallere, düşüncelere, görüntülere olan bu ilgi kişinin kendini bilememesinin temel sebebidir. O kendisiyle ilgilenmez. Diğerlerinin onun hakkında ne düşündüğüyle, diğerlerinin fikirleriyle daha fazla ilgilenir. Bu yeniden bir aynadır. Sen sürekli insanların senin hakkında ne düşündüklerini merak edersin. Kim olduğunu hiç merak etmezsin –o gerçek bir sorgu değildir– ama insanların seninle ilgili ne düşündüklerini umursarsın. Bu yüzden kendini süslemeye devam edersin. Ahlakın, erdemin dekordan başka bir şey değildir böylece diğerlerinin gözünde güzel, iyi, doğrucu, dindar görünebilirsin. Fakat bu büyük bir kayıptır.

İnsanlar senin dindar olduğunu düşünüyorlarsa, bu seni dindar yapmaz. İnsanlar senin mutlu olduğunu düşünüyorlarsa, bu seni mutlu yapmaz. Ve bir kez yanlış iz üzerindeysen, tüm hayatını kaçırabilirsin.

Mutlu olduğunun düşünülmesinden çok mutlu olmakla ilgilen. Güzel olduğunun düşünülmesinden çok güzel olmakla ilgilen çünkü düşünceler senin susuzluğunu gideremez, düşünceler açlığını gideremez. İnsanların senin iyi beslenmiş olup olmadığını düşünmesi meselesi değildir, bedeni aldatamazsın. Gerçek yemeğe ihtiyaç var, yemek resimleri işe yaramayacaktır. Gerçek suya ihtiyaç var, su resimleri, su hakkındaki formüller işe yaramayacaktır. H_2O susuzluğunu gideremez. Bir kez bunu anladığında, o zaman keşif başlar; o zaman boğa arayışındasındır.

Kendini izle. Birçok kez kendini hakikat üzerine değil de kurguları düşünürken suçüstü yakalayacaksın. Aynaya bakmak ve kendine bakıyor olduğunu düşünmek en saçma şeylerden biridir. Yansıtılan yüz senin yüzün değil; o sadece yüzey, sadece çevredir. Hiçbir ayna senin merkezini yansıtamaz. Ve sen dairenin çevresi değilsin. Çevre her an değişmeye devam eder, o bir akıştır.

Neden biçime bu kadar çekiliyorsun? Neden gerçeğe değil? Özünün arayışında olan bir kişi, özbilinçle ilgilenen bir kişi, bütün aynaları kırmaya devam eder. İnsanlar ona baktığı için ve gülümseme ona iyi bir izlenim verdiği için gülümsemez, sadece öyle hissettiğinde gülümser. Onun gülümsemesi özgündür. İnsanlara bağlı değildir, üzerindeki bakışlara bağlı değildir. O hayatını yaşar. O her zaman "Ben böyleyim ben şöyleyim," diyerek bir seyirciyi ikna etmeye çabalamıyordur.

Hatırla: Başkalarını ikna etmekle çok fazla uğraşan insanlar boş insanlardır, içleri boştur. Özgün hiçbir şeye sahip değildirler. Aksi takdirde, arzu kaybolacaktır. Eğer mutlu bir kişiysen, mutlu bir kişisindir ve bunun diğerlerinin gözlerine yansıtılmak zorunda olduğuyla ilgili düşünmezsin. Fikirler toplamaya devam etmezsin. Sahip olduğunu düşündüğün kimlik her neyse, sadece onu analiz et ve binlerce insanın senin hakkında bir şeyler söylemiş olduğunu göreceksin ve sen onları biriktirmişsindir. Annenin söylediği bir şeyi, babanın söylediği bir şeyi, kardeşinin, arkadaşlarının, toplumun ve bütün her şeyi toplamışsındır. Şüphesiz ki çok fazla insan, çok fazla aynadan dolayı çelişkili olacaktır. Senin kimliğin kendisiyle ters düşer. Ona öz diyemezsin çünkü benlik yalnızca sen zıtlıklar içinde yaşamayı bıraktığında mümkündür. Fakat bunun için içeriye girmek zorundasın. Anlayışın ilk adımı özünün seni -senin içinde- zaten bekliyor olduğudur. Başka birinin gözlerine bakmana gerek yoktur.

Aynalara inanma, gerçekliğe inan.

Bir zamanlar bunun gerçekleşmiş olduğunu duymuştum:

Yaşlı bir rahip bir siyasetçiye dışarıya yağmura çıkmasını ve başını cennete çevirmesini tavsiye etti. Ona, "Sana bir vahiy getirecek," sözünü verdi.

Ertesi gün politikacı geri döndü. "Nasihatini dinledim," dedi "Başımdan aşağı su döküldü ve bir aptal gibi hissettim."

"Pekâlâ," dedi yaşlı rahip, "ilk deneme için bunun gerçekten bir vahiy olduğunu düşünmüyor musun?"

Eğer aptallığını anlayabilirsen, o bir vahiydir; evet öyledir çünkü tam o noktada yolculuk başlar.

Sürekli diğerlerinin gözünde kendi izlenimi hakkında, aynalarda nasıl göründüğüyle ilgili endişe duyan biri aptaldır çünkü içinde muazzam deneyimlerin mümkün olduğu harika bir fırsatı kaçırıyordur. Ancak ilk adımı atmamıştır, korkar çünkü bir aptal gibi görünecektir. Aptallıktan korkma, yoksa bir aptal olarak kalacaksın.

Bugün veya yarın şimdiye kadar aptallık içinde yaşamış olduğun gerçeğini fark etmek zorundasın. Ve bu şekilde yaşamaya devam edersen -aynalar, yansımalar, fikirler aracılığıyla- gitgide bireyselliğini yitirir, kitlelerin bir parçası haline gelir, ruhunu kaybedersin. O zaman özgün bir birey olmazsın.

'Kitle' kelimesi Latin kökenli 'massa' kelimesinden gelir. Massa kalıplanabilen, şekil verilebilen bir şey anlamına gelir. Ve bir kitleye dönüştüğünü söylediğimde, senin devamlı olarak başkaları tarafından kalıplanıyor olduğunu, başkaları tarafından şekil veriliyor olduğunu kastediyorum. Fakat ona izin ver, onunla iş birliği yap. Kitlenin bir parçası, kalabalığın bir parçası olmak için her türlü sorunu üstlen çünkü tek başına kimliğini yitirirsin. Senin tüm kimliğin kalabalık aracılığıyladır.

Bu yüzden insanlar emekli olduklarında, kısa zaman içinde ölürler. Psikanalistler en az on yılının kısaldığını söylerler. Politikacılar güçlüyken çok sağlıklıdırlar; güç kaybettikleri an sağlıkları kaybolur, çok geçmeden de ölürler çünkü güçsüzken bütün kimlikleri bir rüya gibi yok olmaya başlar. Ofisin dışında aniden hiç kimsesin. Tüm hayatın boyunca hiç kimse olmuşsundur ancak etrafında yarattığın kurgulara inanmaya devam edersin.

Büyük bir memur olan kişi kendisini büyük zanneder; bir kez görevi bitince, tüm büyüklüğü gitmiş olur. Zengin olan bir kişi zenginliği aracılığıyla kendisinin zengin olduğunu zanneder; biri olduğunu hisseder. Aniden iflas ederse, sadece zenginliği yok olmaz, ruhunu kaybeder, tüm kimliği gitmiştir. O kâğıttan bir gemiydi, oyun kâğıtlarından yapılmış bir ev; küçük bir esinti ve her şey yok olur.

Kendini bilmek demek bir şeyi anlamak zorundasın demektir: Kendini derhal, doğrudan bilmek zorundasın; diğerleri aracılığıyla, başkaları aracılığıyla değil. Hiç kimseye sormanın gereği yok; birine şunu sormak ne kadar aptalca: Ben kimim? Herhangi biri buna nasıl cevap verebilir? Derinlere in, bu boğayı arayıştır. Kendi enerjinin içine gir, o orada. Sadece onu tat, onunla bir ol.

Kimliğini kendi içinde, bütünüyle tek başınalıkta aramak zorunda olduğunu anladığında kitlelerden, kalabalıktan özgürleşiyorsundur. Bireysellik doğar; eşsiz, bir birey oluyorsundur. Ve hatırla: 'Bireysel' dediğim zaman bir egoisti kastetmiyorum. Egoist daima kitlelerin bir parçasıdır. Ego, kendin hakkında diğerlerinden toplamış olduğun fikirlerin toplamıdır ve bu yüzden ego çok çelişkilidir. Bazen güzel olmadığını, çok çirkin olduğunu söyler; bazen çok güzel, çok sevimli olduğunu söyler; bazen bir aptal olduğunu söyler; bazen de bilge bir insan olduğunu çünkü birçok durumda seninle ilgili sana birçok şey söylenmiştir ve sen hepsini biriktirmişsindir. Ego daima problemlidir. O yanlış bir varlıktır. O varmış gibi görünür ve o yoktur.

Bireysel olduğunda... Kelime güzeldir: Bölünemez anlamına gelir. Bireysel bölünemez, hiçbir parçası acı çekemez, iki, dual veya çok olamaz, kesinlikle birdir, hiçbir bölünme olmaz; o zaman sen bireyselsin. Onun egoyla bir ilgisi yoktur. Ego ona bir engeldir çünkü ego daima bölünür, o kadar ki çoğu zaman insanlar bana gelir ve onlara sorarım: Mutlu musun? Omuzlarını silkerler. Onlara sorarım: Mutsuz musunuz? Yeniden omuz silkerler. Ne tür bir zihin halinde olduklarıyla ilgili net değiller çünkü içlerinde birçok zihin halleri birlikte bulunur. Her soruya hem evet hem de hayır yanıtını vermek isterler.

Şizofren başlangıcı olan bölünmüş kişilikten acı çeken politik bir lider duymuştum. Hastaneye yatırılmıştı. Sıradan şeylerde dahi, çok kararsız hale gelmişti. Basit kararlar veremiyordu: Banyoya gidip gitmeyeceğine, bunu yiyip yemeyeceğine, bu kıyafetleri giyip giymeyeceğine; küçük şeylere, ıvır zıvırlara. Ve karar verilmek zorunda olunan herhangi bir şey onu sarsardı. Altı ay hastanede tedavi gördü ve doktorlar onun mükemmel biçimde sağlıklı olduğuna kanaat getirdikten sonra ona, "Şimdi gidebilirsin. Şimdi normalsin, problem kayboldu. Ne dersin?" dediler.

Adam, "Evet ve hayır," dedi.

Ego çoktur, o asla tek değildir. O çok farklı insanlardan alındığı için bir olamaz. Sen birsin, ego ise çok. Ve eğer kendinin ego olduğunu düşünüyorsan, o zaman delilik yolundasın. Bunu anladığında, boğanın ayak izlerini görebilirsin.

Bir zamanlar bir arkadaşla tüm ülkeyi dolaştım. Kamerasını sürekli yanında taşıyordu. Himalayalarda iken Himalayalar ile ilgilenmedi, fotoğraf çekmekle ilgileniyordu. Bir dolunay gecesi Taj Mahal'e bakıyorduk ve o fotoğraf çekmekle ilgileniyordu. Beraber geçirdiğimiz birkaç dakikadan sonra ona sordum, "Ne yapıyorsun? Taj Mahal burada duruyor, senin Taj Mahal'e baktığını görmüyorum. Devamlı olarak resimler çıkacak mı yoksa çıkmayacak mı, ışık doğru mu değil mi diye resimleri düşünüyorsun."

"Taj Mahal hakkında neden endişeleneyim ki? Daha sonra bütün seyahatin güzel bir albümünü yapacağım. O zaman oturup bakabilirim," dedi.

Bu 'kodakomanya'dır: Resimlerle gerçeklikten daha fazla ilgilenmektir. Gerçekle daha fazla ilgilen. Ve zihnin seni ne zaman hakikatten uzağa çekerse –resimlere, kurgulara, hayallere– dikkatli ol, geri gel. Şimdiki ana dön.

Doktorun biri buraya gelirdi, şimdi Poona'ya gönderildi. Sürekli olarak notlar alıyordu, ben konuşurken not tutardı. Ona dedim ki: "Ben konuşurken onu anlamaya çalış."

"Ama not almak iyidir çünkü daha sonra evde rahatlıkla üzerlerinden geçip onları anlayabilirim," dedi.

Şimdi bu adam benim ne söylediğimi asla anlayamayacak çünkü o not alma meselesi değil, o belli bir vizyon aktarımıdır. O asla bana bakmadı çünkü notlarına bakıyordu. Ve notları yazabildiğini de sanmıyorum çünkü o yazana kadar başka bir şey söylenmiş oluyordu ve o bunu kaçırıyordu. Onlar sadece tamamlanmamış olacaktır. Ve ardından onlardan bir bütün yapacak; o bütün ona ait olacak, bana değil.

Gerçekte burada benimle olmak zorundasın, tamamen burada benimle. O zaman... O zaman yeni bir anlayış doğar. Ve o yaşam yolun, yaşam stilin olmalıdır. Sürekli gerçeklikle ilgili ol, gerçekliğe katılımcı ol. Seyirci olma ve resimlerle çok fazla ilgilenme; aksi takdirde, gitgide, gerçeğin farkında olma kapasiteni kaybedeceksin. Fakat zihin eski, derin alışkanlıklara sahiptir ve başlangıçta sürekli bir mücadele olacaktır. Zihin bir satıcı gibidir.

Bir anekdot duymuştum:

Çocuk ansiklopedisi satıcısı ayağını kapı eşiğine sürüdü ve bir kitap seti alan beş yaşında bir oğlanın genç annesiyle hızlıca konuşmaya çalıştı.

"Bu kitaplar çocuğunuzun soracağı her soruya yanıt verecek," diye anneyi garantiledi. "Bunlarla hiçbir cevap için iki arada bir derede kalmayacaksınız." Çocuğun başını okşadı,

"Devam et, oğlum. Bana bir soru sor, herhangi bir soru ve kitaplardan birine bakarak ne kadar kolay cevap verildiğini annene göstereceğim," dedi.

Küçük çocuk bir an düşündü ve ardından, "Tanrı nasıl bir araba kullanır?" diye sordu.

Hayat böyledir. Ve zihin, satıcı ve Britannica ansiklopedisi gibidir. Zihin bir şeyleri biriktirmeye, bütün deneyimleri kataloglamaya devam eder; kategorize eder, sınıflandırır, dosyalar ki böylece ilerde zamanı gelince kullanılabilsin. Fakat hayat o kadar canlıdır ki asla yeniden aynı soruyu sormaz. Ve çok fazla zihnindeysen, o zaman daima her ne cevaplasan isabet etmez, asla olamaz. Hayat her an değişmeye devam eder. O aynı küçük çocuğun sorduğu gibidir, "Tanrı nasıl bir araba kullanır?"

Bununla ilgili birtakım cevaplar bulmayı başarabilirsin -bir Rolls Royce ya da başka bir şey- fakat çocuk tekrar aynı soruyu sormayacak. Bir sonraki an başka bir şey soruyor olacak. Çocuğun merakı herhangi bir ansiklopediden daha çoktur. Ve hayat o kadar yenilikçidir ki hiçbir kitap gerçek durumlara yanıt veremez.

Bu yüzden daha bilgili olmaktansa daha dikkatli olmaya çalış. Eğer çok fazla bilgili hale gelirsen resimler, anılar biriktireceksin; notlar almaya devam edeceksin; notlarını karşılaştırmaya devam edeceksin. Güzel bir güle rastlayacaksın ve geçmişte görmüş olduğun başka güllerle karşılaştıracaksın ya da gelecekte görmeyi umduğun diğer başka güllerle karşılaştırabilirsin fakat bu güle asla bakmayacaksın. Ve yalnızca bu gül gerçektir! Hafızanda biriktirdiğin güller gerçek değildir ve hayalini kurduğun güller de gerçek değil. Sadece bu gül gerçektir. Bunu hatırla, burada şimdi.

Eğer enerjini zihinden farkındalığa doğru yönlendirirsen, boğanın ayak izlerini hemen fark edeceksin. Çoğunlukla, kalabalığı takip edersin. O konforludur, rahattır; o bir yatıştırıcıya benzer. Kalabalıkla üzülmene gerek yoktur, sorumluluk kalabalıkla birliktedir. Tüm soruları uzmanlara bırakabilirsin. Ve sen süregelen geleneğe, çağların bilgeliğine bağlı olabilirsin. Birçok insan orada tek bir şey yapıyorken, kendine ait olanı yapmaktansa onları taklit etmek daha kolaydır çünkü kendine ait olan bir şeyi yapmaya başladığında, şüphe ortaya çıkar: Belki de... Doğru musun ya da yanlış mı? Bir şeyler yapan büyük bir kalabalıkla, onun bir parçası olursun. Doğru ya da yanlış olduğunla ilgili soru asla ortaya çıkmaz. "Bu kadar insan yanlış olamaz," zihin söylemeye devam eder, "onlar haklı olmalılar. Ve asırlardır aynı şeyi yapmaya devam ediyorlar; onda bir hakikat olmalı." Eğer sende şüphe ortaya çıkarsa, o zaman şüphe senin hatandır. Asırlardır ve asırlardır bir kalabalık belli bir şey yapmakta. Kişi çok kolayca takip edebilir, taklit edebilir. Ancak diğerlerini bir kez taklit ettiğinde, asla kim olduğunu bilemeyeceksin. Bu durumda kendini bilmek imkânsız olur.

Malayan dilinde *lattah* kelimesi vardır. O çok güzeldir. Kelimenin anlamı şu: İnsanlar diğerlerini taklit eder çünkü korkarlar, korku yüzünden diğer insanları taklit ederler. Hiç izledin mi? Eğer bir tiyatroda oturuyorsan ve aniden yangın çıkıp insanlar koşmaya başlarsa, sen kalabalığı takip edersin, kalabalık nereye gidiyorsa. Bir gemi batıyorken en büyük problem şu olur ki: Tüm kalabalık bir yöne doğru koşar, hepsi birlikte, geminin daha kısa zamanda batmasına yardım edecekleri bir tarafa toplanırlar.

Ne zaman korku içindeysen, bireyselliğini yitirirsin. O durumda düşünmeye ve meditasyon yapmaya zaman yoktur, o durumda kendi başına karar vermeye gerek yoktur; zaman kısa ve bir karar verilmesi gerek. Korku anında insanlar diğerlerini taklit eder. Fakat her zamanki gibi, aynı şekilde, lattah içinde yaşarsın, devamlı bir korku durumu içinde yaşarsın. Ve kalabalık senin farklı olmanı sevmez çünkü o diğerlerin zihninde de şüphe yaratır.

Eğer biri kalabalığa karşıysa -bir İsa ya da bir Buda- kalabalık bu kişiyle kendini iyi hissetmez, kalabalık onu yok edecektir ya da kalabalık çok kültürlüyse, ona tapacaktır. Ama her iki yol da aynıdır. Eğer kalabalık biraz vahşi, kültürsüz ise İsa çarmıha gerilecektir. Eğer kalabalık Hintliler gibiyse -çok kültürlüyse, yüzlerce yıllık kültür, şiddetsizlik, sevgi, spiritüellik- Buda'ya tapacaklardır. Fakat taparak şunu söylüyorlar: Biz farklıyız; sen farklısın. Seni takip edemeyiz, seninle gelemeyiz. Sen iyisin, çok iyisin fakat gerçek olamayacak kadar iyisin. Sen bize ait değilsin. Sen bir tanrısın, sana tapacağız. Ancak bize sorun çıkarma; bizi kararsızlığa düşürecek, rahat uykumuzu bozabilecek şeyler söyleme.

İsa'yı öldür ya da bir Buda'ya tap, ikisi de aynı. İsa öldürülür böylece kalabalık böyle bir kişinin var olduğunu unutabilir çünkü eğer bu insan doğruysa... Ve bu adam doğrudur. Onun tüm varlığı, kutsanacak ve saadet dolu olacak kadar gerçektir çünkü hakikat görülemez, yalnızca gerçek bir insandan ortaya çıkan güzel ve hoş koku hissedilebilir. Diğerleri tarafından mutluluğu hissedilebilir ve bu o insanın gerçek olduğuna bir kanıttır. Ancak bu insan gerçekse, o zaman tüm kalabalık yanlıştır ve bu çok fazla. Tüm kalabalık böyle bir kişiye katlanamaz; o dikendir, ıstırap vericidir. Bu insanın yok edilmesi gerekir ya da tapılması, bu yüzden şöyle diyebiliriz: Sen başka dünyadan geliyorsun, bize ait değilsin. Sen bir kaçıksın, normal kural değilsin. İstisna olabilirsin fakat istisna yalnızca kuralı kanıtlar. Sen sensin, biz biziz; biz yolumuza devam edeceğiz. Senin gelmiş olman çok iyi -sana çok saygı duyuyoruz- fakat bizi rahatsız etme. Buda'yı pazara gelmesine gerek kalmasın diye tapınağın içine koyduk yoksa sorun çıkaracak.

Korku yüzünden diğerlerini takip edersin. Korku yüzünden birey haline gelemezsin. Bu yüzden eğer gerçekten boğanın arayışındaysan korkuyu bırak çünkü arayış öyledir ki tehlike içinde hareket edeceksin, risk alıyor olacaksın. Toplum ve kalabalık iyi hissetmeyecek. Ve toplum geri gelip tekrar normale dönebilmen için her türlü sorunu yaratacak.

Sana insanla ilgili söylediğim ilk şey, onun resimlere gerçeklikten daha fazla ilgi göstermesidir, aynalarla gerçeklikten daha çok ilgilenmesi, kendinden çok imajıyla ilgilenmesidir. Ve hatırlanması gereken ikinci temel şey: İnsan dik duran, iki arka bacağı üzerinde yürüyen tek hayvandır. Bu, insan için çok eşsiz bir durum yaratmıştır.

Hayvanlar dört ayak üzerinde yürür. Onlar tek yöne bakabilir. İnsan iki bacağı üzerinde durur, aynı anda bütün yönlere bakabilir. Bütün bedeniyle dönmesine gerek yoktur, yalnızca başını çevirerek bütün yönlere bakabilir. Bu imkân yüzünden insan her şeyden kaçar hale geldi. Her tehlike anında, savaşmak yerine, tehlikeyle karşı karşıya gelmek yerine, o kaçar. Hayvanın düşmanla yüz yüze gelmek zorunda kalacağı aynı koşulda, insan kaçmaya çalışır. Bütün yönler hazırdır. Düşman kuzeyden geliyor -aslan orada duruyor- şimdi, insan için tüm yönler mevcuttur; o uzaklaşıp kaçabilir.

İnsan kaçan tek hayvandır. Hayvanlarla savaşmak söz konusu olduğu sürece onda yanlış bir şey yok ve insan uzun süre yabani hayatın içinde olmuştur. Hâlâ aslan ve kaplandan kaçmaya devam eder, geçmişte büyük deneyim yaşamış olmalı. Fakat bu kaçış insanda köklenmiş derin bir mekanizmaya dönüşmüştür. Aynısını psikolojik durumlarda yapmaya devam eder.

Eğer korku varsa, onunla yüzleşmek yerine başka yöne gider, yardım etmesi için Tanrı'ya dua eder. Yoksulluk hissettiğinde, içsel yoksulluk, onunla yüzleşmek yerine servet toplamaya devam eder ki böylece içeride fakir olduğunu unutabilsin. Kendini bilmediğini gördüğünde, bu cehaletle yüzleşmek yerine bilgi toplamaya devam eder, bir papağan gibi bilgili hale gelir ve ödünç alınmış şeyleri tekrarlamaya devam eder.

Bunların tümü kaçıştır. Kendinle gerçekten yüzleşmek istiyorsan, nasıl kaçmaman gerektiğini öğrenmen gerekecek. Öfke orada, ondan kaçma. Ne zaman öfkeli hissetsen, seni meşgul edecek bir şey yapmaya başlarsın. Elbette enerjin başka bir yöne hareket ederse öfken bastırılır. Senden hiçbir enerji alamaz, bilinçaltına geri itilir. Fakat intikam alacaktır, er ya da geç tekrar bir fırsat bulacak ve uygun koşulda bütün yönleriyle ortaya çıkacaktır.

Eğer sende seks ortaya çıkarsa başka bir şey yapmaya başlarsın, mantra söylemeye başlarsın. Fakat bunların tamamı kaçıştır. Ve hatırla: Din bir kaçış değildir. Senin bildiğin dinlerin tamamı kaçıştır fakat benim bahsettiğim din bir kaçış değil o bir yüz yüze gelmedir. Hayatla karşı karşıya gelinmek zorundadır. Önünde gelen her şeyin içine derinlemesine bakman gerekiyor çünkü o aynı derinlik senin kendini bilmen haline dönüşecektir.

Öfkenin arkasında boğanın ayak izleri saklıdır. Seksin arkasında boğanın ayak izleri vardır. Eğer seksten, öfkeden, açgözlülükten, ondan ve bundan kaçarsan, boğanın ayak izlerinden kaçıyor olacaksın ve o zaman kim olduğunu bilmek imkânsız olacaktır.

Bu iki şey ki insan kurgulara daha fazla ilgilidir... Sinemada film izleyen insanları gördün mü hiç, orada ne kadar farklılar? Ağlarlar, eğer ekranda bir şey olursa gözlerinden yaşlar akar. Gerçek hayatta onları çok nazik, çok merhametli bulmazsın. Onlar gerçek hayatta çok sert olabilirler. Fakat bir resme bakarak -ve orada ekranda hiçbir şey yok; sadece ışık ve gölge, bir oyun, bir rüya- ağlayıp gözyaşı dökerler, gülerler ve heyecanlanırlar. Filmi seyretmek yerine seyirciyi izlersen daha değerli olacaktır. Ne oluyor bu insanlara?

İnsan gerçeklikten çok illüzyonlara ilgi duyuyor gibidir. Ve birini illüzyonundan uyandırmaya çalışırsan kızar, seni asla affetmeyecektir. Öç alacaktır, onu rahatsız ettin. Zihnin bu kurguları ve sürekli bir kaçmaya hazır oluşu yüzleşilmesi gereken iki problemdir.

Şunu duydum.

Bir anne cumartesi öğle sonrasını şehir merkezinde geçirmek istedi ve bir istatistikçi olan baba golf oyununu bırakmayı ve çocuklarla evde oturmayı isteksizce kabul etti. Anne döndüğünde, baba öğleden sonranın raporunu sundu:

"Gözyaşları kurutuldu, dokuz kez. Ayakkabıları bağlandı, on üç kez. Oyuncak balon satın alındı, her çocuğa üç tane. Balonun ortalama ömrü, on üç saniye. Çocuklar caddeden karşıya geçmemeleri için ikaz edildi, yirmi bir kez. Bunu tekrarlayacağım cumartesi günlerinin sayısı, sıfır."

İstatistikçi istatistikçidir. Zihin çok matematikseldir, bu sebeple zihin çok güçlenir. Bu yüzden zihinden kurtulmak çok zordur. Ona çok fazla yatırım yapıldı; senin bütün yeteneğin, tüm kapasiten, tüm kariyerin; her şey zihne bağlıdır. Ve meditasyonda sen onun dışına çıkmak zorundasın. Bu yüzden çoğu zaman çıkmaya karar verirsin fakat derinlerde tutunmaya devam edersin.

Zihin birçok açıdan bedel öder. Özellikle yeryüzünde, eğer zihinsiz olarak bulunursan rekabet edemeyeceksin, öldüresiye mücadele edemeyeceksin; durmadan devam eden acımasız hengâmenin bir parçası olamazsın. Bu çılgın insan kalabalığında, katılımcı olamayacaksın. Caddenin kenarından aşağı yürüyecek, kendine ait bir kaldırım bulacaksın.

Elbette zengin, çok zengin olacaksın ancak toplum onu zenginlikten saymayacak. Güzel, çok güzel olacaksın ama güzelliğin toplumun oluşturduğu vasat zihinlere anlaşılmaz gelecek. Çok, çok mutlu, saadet dolu, sessiz olacaksın fakat insanlar senin delirmiş olduğunu düşünecek çünkü ıstırap onlar için insan zihninin normal bir halidir. Perişan olmak doğru olarak görülür ama mutlu olmak bir çeşit delilik gibi görülür. Deli olmadan mutlu olan bir insanı kim duymuştur ki? Bu olmaz.

Bu yüzden eğer boğayı gerçekten arıyorsan kitlenin dışına çıkma riskini alman gerekecek. Ve ancak zihnin dışına çıkabilirsen kitlenin dışına çıkabilirsin çünkü senin zihnini kitle yaratmıştır.

Zihin içsel kitledir. Toplum senin içinde bir mekanizma yaratmıştır, sen oradan kontrol edilirsin. Toplum belli şeylere inanır, bu inançları toplum sana aşılar. Derinlerde, sen neredeyse tamamen uykudayken, seni belli bir rolün içine hapsetti. Eğer ona karşı bir şey yaparsan, vicdan anında hayır diyecektir. O vicdan gerçekten vicdan değildir; o bir temsilci, sosyal bir tuzak, politikadır. Toplum zihninin içinde belli kurallar yaratmıştır ve eğer onlara karşı gelirsen içinden derhal toplumun sesi gelir: Onu yapma. O yanlış. O günah. Toplum suçlu hissetmen için içeriden seni zorlayacaktır.

Sözde vicdandan kurtulmak istiyorsan ve gerçek, özgün bir vicdana ulaşmak istiyorsan o zaman büyük bir çaba gerekir. Ve tüm çaba bu olacaktır: Bilincin zihinden zihinsizliğe, vicdandan bilince değişimi.

Vicdan toplum tarafından verilmiştir, bilinç senin içinde ortaya çıkar. Vicdan ödünç alınmıştır, bayattır, çürümüştür; vicdan artık var olmayan geçmişten gelir ve yaşam tamamen değişmiştir. Bilinç senden gelir. Bilinç daima şimdiden ortaya çıkar, daima yenidir. Bilinç seni bütünleştirecektir, bilinç bütünlüktür.

'Integrity' bütünlük kelimesi Latin bir kelimedir; o iki kökten gelir –'in' ve 'tangere'–. Tangere saf, bütün, geçmiş tarafından bozulmamış, bakire anlamına gelir. Bütün bir insan tamdır, çok değil, bir. Bütün bir insan saf, geçmiş tarafından bozulmamış, bakiredir. Ve bakirelikten bizim din adını verdiğimiz güzel ve hoş koku ortaya çıkar.

Ahlak din değildir. Ahlak sosyal bir tuzaktır. Din bireysel bir keşiftir, dini keşfetmek zorundasın. Ahlak verilebilir; din asla.

Şimdi sutralara gelelim:

Üçüncü sutra: Boğayı Seziş

Bülbülün şarkısını duymaktayım.
Güneş ılık, rüzgâr hafif, söğütler kıyı boyunca yeşil.
Burada hiçbir boğa saklanamaz!
Hangi artist çizebilir o büyük kafayı, o haşmetli boynuzları?

Dördüncü sutra: Boğayı Yakalayış

Onu müthiş bir mücadele ile yakaladım.
Onun büyük iradesi ve gücü tükenmezmiş!
Sis bulutların üzerindeki yüksek platoya çıkar,
ya da içerine girilmesi imkânsız bir vadide durur.

Üçüncü sutra duyarlılık hakkındadır.

Bülbülün şarkısını duymaktayım.
Güneş ılık, rüzgâr hafif, söğütler kıyı boyunca yeşil.

Sen duyarlı hale geldiğinde, etrafında olan her şeye karşı duyarlı –BÜLBÜLÜN ŞARKISI– seni çevreleyen ve sana olan her şeye karşı duyarlı olduğunda, o zaman GÜNEŞ ILIK, RÜZGÂR HAFİF, SÖĞÜTLER KIYI BOYUNCA YEŞİL.

Dinsel arayış bilimsel arayıştan farklıdır. Bilimsel bir arayışta, sorgulamada, tüm dünyayı unutacak kadar yoğunlaşmak zorundasın. Şöyle olaylar olmuştur; bir bilim insanı laboratuvarında çalışmaktaydı ve evinde yangın çıktı ama o bunun farkında değildi. Evinden çıkarılmak zorunda kaldı. O kadar yoğunlaşmıştı ki... Bilinç o kadar daraltılmış bir hale gelir ki diğer her şey dışarıda bırakılır, parantez içine alınır; yalnızca tek nesne, bir hedef gibi.

Hindistan'da Mahabharat denilen harika bir epik şiirimiz vardır. Bhagavad Gita onun sadece bir parçasıdır. Pandavalar ve Kauravalar, kuzen-kardeşler usta bir okçu olan Dronacharya tarafından eğitilir. Bir gün ağacı hedef almıştır ve her müridine ne gördüğünü sorar. Biri der ki "Ağacı, gökyüzünü ve güneşin doğuşunu görüyorum." Diğeri, "Ağacı, dalları ve ağaç üzerindeki kuşları görüyorum," der. Ve bu şekilde devam eder.

Ve ardından baş müridi, Arjuna'ya gelir ve sorar, "Ne görüyorsun?"

Arjuna, "Hiçbir şey göremiyorum, yalnızca hedef" der.

Ve Dronacharya der ki: "Sadece sen büyük bir okçu olabilirsin."

Konsantrasyon bilincin daralmasıdır. Konsantre bir zihin diğer her şeye karşı çok, çok duyarsızlaşır.

Meditasyon budur: Olan her şeyin farkında olmak, bir seçim yapmadan, sadece seçimsizlikle farkında olmak.

Bülbülün şarkısını duymaktayım.
Güneş ılık, rüzgâr hafif, söğütler kıyı boyunca yeşil.
Burada hiçbir boğa saklanamaz!

Böyle bir hassasiyetle, boğa nasıl saklanabilir ki? Boğa eğer bir yöne yoğunlaşmış olursan saklanabilir; o zaman boğanın saklanabileceği çok fazla yön vardır. Fakat hiçbir yöne konsantre olmadığında, yalnızca bütün yönlere açıldığında, boğa nasıl saklanabilir? Çok güzel bir sutra! Şimdi ihtimal yok çünkü bilincinin dışında olan tek bir köşe yok. Saklanacak hiçbir yer yok.

Konsantrasyonla sakınabilirsin. Başka bin bir türlü şey pahasına bir şey üzerinde yoğunlaşırsın. Meditasyonda paranteze almaksızın basitçe farkında olursun. Hiçbir şeyi köşeye koymazsın. Sen sadece mevcutsun. Bülbül şarkı söylerse, sen mevcutsun. Eğer güneş hissedilirse, bedenine dokunur ve sen sıcaklığı hissedersen, mevcutsun. Rüzgâr yanından geçerse, sen onu hissedersen, mevcutsun. Bir çocuk ağlar, bir köpek havlar; sen basitçe farkında olursun. Hiçbir itirazın olmaz.

Konsantrasyon nesneldir. Meditasyonun nesnesi yoktur. Ve bu seçimsiz farkındalık içinde, zihin kaybolur çünkü zihin yalnızca bilinç sınırlıysa olduğu gibi kalabilir. Eğer bilinç açık, ardına kadar açıksa, zihin var olamaz. Zihin yalnızca seçimle var olabilir.

Şunu dersin: Bülbülün ötüşü çok güzel. Tam o anda, diğer her şey dışarıda bırakılır, zihin içeri girmiştir.

Sana şu şekilde anlatayım: Zihin bilincin bir daralma durumudur, bilinç çok dar bir kesimden, bir tünel yoluyla akmaktadır.

Meditasyon açık gökyüzünde durmaktır, her şey için mevcutsundur.

Burada hiçbir boğa saklanamaz!
Hangi artist çizebilir o büyük kafayı, o haşmetli boynuzları?

Ve birden boğa görülür! Büyük duyarlılık içinde, birden sen enerjinin, saf enerji, saf sevincin farkına varırsın.

Hangi artist çizebilir o büyük kafayı, o haşmetli boynuzları?

Hayır, hiçbir artist onu çizemez. O gerçek boğadır, bir resim değil.

Düzyazı yorumu:

Kişi sesi duyduğunda, kaynağını da hissedebilir.
Altı duyu 'bir' olunca, kapıdan geçilmiş demektir.

Duyarlılık tamamen bununla ilgilidir, senin bütün duyuların duyarlılık içinde birleşir. Sen göz, kulak ve burun olduğundan değil; hayır, sen gözkulakburun hepsi berabersin. Hiçbir boşluk yok. Sen görür ve duyar ve dokunur ve koklar ve tadarsın hepsi beraber, aynı anda. Özellikle belli bir duyuyu seçmemişsindir.

Çoğunlukla, hepimiz seçeriz. Birçok insan göz odaklıdır: Onlar sadece görürler, çok iyi duyamazlar, onlar ses körüdür. Harika bir müzik çalıyorsa basitçe rahatsız hissederler: Dinleyecek ne var ki? Eğer görülmesi gereken bir şey varsa onlar hazırdır. Dansın tadını çıkarabilirler ancak şarkı söylemekten zevk almayacaklardır.

Sesten ve şarkı söylemekten zevk alan kulak odaklı insanlar vardır fakat onların gözleri donuktur. Ve diğer duyularla aynı şeydir. Her insan enerjisini bir duyuya yöneltmiştir ve o baskın, diktatör bir faktör haline gelmiştir. Özellikle gözler çok önemli olmuştur ve enerjinin yüzde sekseni göz odaklıdır. Diğer duyular fena halde acı çeker çünkü diğer tüm duyular için geriye sadece yüzde yirmi kalır. Göz bir Adolf Hitler olmuştur. Duyularının eşitliği kayıptır.

Bu yüzden ne zaman kör bir adam görsen ona sağır bir adamdan daha çok şefkat duyarsın. Aslında, senin şefkatin sağır adam için daha çok gereklidir çünkü sağır bir adam toplumdan tamamen soyutlanır. Çünkü insan toplumu dil temellidir, tüm iletişim kopar. Kör bir adam toplumdan çok kopuk değildir. Sağır bir adam daha zor bir durumdadır fakat hiç kimse ona kör bir adama hissettikleri kadar merhamet hissetmez. Neden? Çünkü gözler medeniyetimizin yüzde seksenini oluşturur.

Bu sebeple, eğer biri gerçeğe ulaşırsa onun büyük bir kâhin olduğunu söyleriz. Neden kâhin? Hakikat duyulabilir, hakikat tadılabilir, hakikat koklanabilir. Neden ona sadece büyük bir kâhin diyoruz? Gözler yüzünden. Bizler göz odaklıyız. Ve bu çok dengesiz bir durumdur. Her bir duyuya bütün özgürlüğünün verilmesi gerekir ve bütün duyular farkındalığın, duyarlılığın tek büyük akıntısında birleşmelidir.

Gerçek bir anlayış insanı bütün duyularıyla yaşar, onun dokunuşu tamdır. Eğer gerçek bir anlayış insanı sana dokunursa, derhal enerji akışını hissedeceksin. Aniden içinde bir şeyin uyanmış olduğunu hissedeceksin, onun enerjisi senin uyuyan enerjine dokunmuştur. Sende bir şey ortaya çıkar.

Bir anlayış insanının sesini duyarsan, onun rahatlığı dikkate değerdir fakat onun sesi bile anlamlıdır. Bir şey kalbine dokunur, bir şey seni yatıştırır. Onun sesi seni sıcak bir battaniye gibi sarar; onun sesinin sıcaklığı vardır, soğuk değildir. Sesinde bir şarkı söyleme kalitesi, bir şiir kalitesi vardır.

Sutra der ki:

Kişi sesi duyduğunda, kaynağını da hissedebilir. Altı duyu 'bir' olunca, kapıdan geçilmiş demektir.

Zen burada muhteşemdir. Başka hiçbir din, başka hiçbir gelişim bu kadar derinlemesine doğru yola dokunmamıştır. Duyular canlı kalmalıdır, sadece bu da değil: Duyuların derin bir içsel ritme, uyuma girmeliler, onlar bir orkestra haline gelmeliler. Ancak o zaman hakikat bilinebilir, ancak o zaman boğayı yakalayabilirsin.

Kişi nereden girerse girsin boğanın kafasını görür!

Ve sonra, duyuların tamamen canlı olup birleştiğinde, sen bir enerji havuzuna dönüşürsün, KİŞİ NEREDEN GİRERSE GİRSİN BOĞANIN KAFASINI GÖRÜR!

Bu birlik sudaki tuz gibidir...

Farkındalığın sudaki tuz gibi bütün duyuların aracılığıyla hareket eder.

... boyadaki renk gibidir. en ufak şey özden ayrı değildir.

Ve bu duyarlılığın bütünlüğünden öz ortaya çıkar; ruh, otantik özün. Bir ritim yarat, bir uyum yarat, varlığının orkestrasını yarat. O zaman boğa hiçbir yerde saklanamaz.

Onu müthiş bir mücadele ile yakaladım.

Mücadele orada olacak çünkü zihin gücünü kolayca kaybetmeyecek. Zihin çok uzun zamandır bir diktatör olmuştur;

şimdi diktatörün tahttan inmesini istiyorsun, bu imkânsız. Zihin sana zorbalık ve patronluk yapmaya alışmıştır. Seninle zorlu bir mücadeleye girecektir. Seni izlemeye devam edecek ve üzerinde yeniden hâkimiyet kurabileceği zayıf anlar bulmaya devam edecektir.

Çok güzel bir anekdot duymuştum:

Aile akşam yemeğinde bir araya gelmişti. En büyük oğlan kapı komşuları olan kızla evleneceğini duyurdu.

"Fakat ailesi kıza hiçbir şey bırakmadı," diye itiraz etti baba.

"Ve maaşının tamamını harcıyor," diye ekledi anne.

"Futbol hakkında ne biliyor?" diye sordu erkek kardeşi.

"O kadar çok çilli bir kız gördün mü hiç?" diye sordu kız kardeşi.

"Yaptığı tek şey kitap okumak," diyerek söylendi dayısı.

"Zevkli denecek kadar güzel giyinmiyor," diye çıkıştı teyze.

"Ama boyanıp pudralanmayı ihmal etmez," diye araya girdi büyükanne.

"Evet," dedi oğlan, "ancak hepimizden büyük bir avantaja sahip."

"Nedir o?" diye koro halinde ses geldi.

"Ailesi yok!" cevabını yapıştırdı oğlan.

Aile her zaman karşı çıkar. Şimdi çocuk evlenecektir; bu başka bir kadın, bir yabancının onun hayatında en önemli insan olacağı anlamına gelir. Aile sarsılmış hisseder. Hiçbir aile çoğunlukla, normalde böyle bir durumu kabul etmez, mücadele verir.

Hindistan'da aşka izin verilmez. Evlilik aile tarafından ayarlanmak zorunda. Baba onun üzerinde düşünmek zorunda, amca düşünmek zorunda, kardeşler, anne; evlenecek olan, ilgili kişi dışında herkes. Sanki o bunun bir parçası değilmiş gibi ona sorulmaması gerekir. Evlenecek olduğu bu kadınla o yaşayacak ancak ona sorulmuyor bile. O zaman aile tehdit altında hissetmez, bu onların seçimidir.

Ancak bir oğlan gelir ve, "Ben âşık oldum," derse tüm aile düşmanca hisseder. Bu düşmanlık; şimdi yabancı biri çok, çok önemli olacağındandır. Anne geliniyle asla rahat hissetmez. Devamlı bir çekişme ve kavga olacaktır çünkü anne şimdiye kadar üstündü ve birden tahtından indirildi. Şimdi başka kadın, bu çocuk için hiçbir şey yapmamış olan bir yabancı en tepede olmuştur. Bir çatışma ortaya çıkar.

Aynısı içsel arayışta meydana gelir, senin zihnin içsel ailendir. Ne zaman yeni bir şey yapmak istesen, ne zaman bilinmezliğin içine doğru hareket etmek istesen zihin karşı çıkar, der ki: "Hayır, bu iyi değil." Zihin bin bir tane mantıklı açıklama bulacak ve sana karşı zor bir mücadele verecektir. Bu doğal, bu yüzden onun hakkında endişelenme, öyle olmak zorunda. Fakat azimle sürdürürsen, usta olacaksın. Sadece sabır, azim gereklidir.

Onu müthiş bir mücadele ile yakaladım.

Fakat bir kez boğayı, varlığının enerjisini gördüğünde onu yakalayabilirsin. Elbette bu bir mücadele olacaktır çünkü çok uzun zamandır iktidarda kalmıştır:

Onun büyük iradesi ve gücü tükenmezmiş!
Sis bulutların üzerindeki yüksek platoya çıkar,
ya da içerine girilmesi imkânsız bir vadide durur.

Ve bu enerji, bu boğa tükenmezdir. Bazen bir tepenin zirvesinde durmaktadır, deneyimin zirvesinde. Bazen de bir vadi içinde, derin bir hendekte.

Etrafındaki dünyaya duyarlı hale geldiğinde, o zaman duyarlılığın içe, içsel evine doğru yönelebilir. O; bir bülbülün ötüşünü duyduğun, güneşin sıcaklığını hissettiğin, bir çiçeğin hoş kokusunu duyduğun hisle aynı duyarlılıktır. O şimdi içeriye doğru yönlendirilmesi gereken aynı hassasiyettir. Aynı hassasiyetle sen kendini tadacak, kendini koklayacak, kendini görecek, kendine dokunacaksın.

Dünyayı duyarlılık için eğitim olarak kullan. Daima hatırla: Gitgide duyarlı olabilirsen, her şey tamamıyla doğru olacaktır. Donuk olma. Bütün duyularının keskin, tınılarının keskin, canlı ve enerji dolu olmasına izin ver. Ve yaşamdan korkma. Eğer yaşamdan korkarsan o zaman duyarsızlaşırsın böylece kimse seni incitemez.

Birçok insan bana gelir ve birine âşık olmak istediklerini söylerler ama olamazlar çünkü reddedilme ihtimalinden korkarlar. Biri onlara yaklaşsa kendilerini korkuyla kapatırlar: Kim bilir, diğeri birtakım sorunlar yaratabilir. Kim bilir, diğeriyle bazı problemler ortaya çıkabilir. Biriyle mutlu olmaktansa yalnız ve üzgün olmak daha iyidir çünkü o mutluluk tehlikeler yaratabilir.

Sana bir hikâye anlatayım:

Nişanlı kalmaktan yorulduğu için, adam diplomatik bir şekilde onu bitirme kararı aldı.

"Sevgilim," dedi adam bir gün, "biz hiçbir zaman eş olmadık. Mizaçlarımız çok farklı. Sadece didişip kavga ediyor olacağız."

"Tatlım," dedi kadın, "yanlış düşünüyorsun. Birbirimizi kumrular gibi seviyoruz."

"Ciddiyim, sevgilim, asla anlaşamayacağız ve aramızda daima sürtüşme olacak."

"Hayır, Romeo ve Juliet gibi olacak. Ben mükemmel bir eş olacağım ve asla kavga etmeyeceğiz."

"Sevgilim, aramızda tartışmaktan başka bir şey olmayacağını sana söylüyorum."

"Ama tatlım, diyorum ki..."

"Görüyor musun," diye bağırdı, "Sana ne söyledim? Çoktan kavgaya başladık!"

İnsanlar korkuyor. Eğer herhangi bir ilişki içine girerlerse reddedilme ihtimalleri var. Eğer herhangi bir ilişki içine girerlerse yeterliliklerini kanıtlayamayabilirler. Eğer herhangi bir ilişki içine girerlerse o zaman onların gerçekliği ortaya çıkacak ve maskeleri düşecektir. Korkuyorlar çünkü diğeri bir gün terk edebilir, bu yüzden içeri girmemek daha iyidir; aksi takdirde bu çok can yakıcı olacaktır. Bu durumda onlar duyarsızlaşır. Hayatta gözleri bağlı hareket ederler ve o zaman onlar şunu sorar: Tanrı nerede? Tanrı her yerde. Duyarlı olman gerekiyor ve boğayı her yerde görebilirsin.

Her ağacın arkasında ve her kayanın arkasında boğa saklanmaktadır. Sevgiyle dokun ve kaya bile cevap verir ve orada boğayı hissedebilirsin. Yıldızlara sevgiyle bak ve yıldızlar cevap verir, boğa orada gizlidir.

Boğa bütünün enerjisidir. Sen onun parçasısın. Eğer canlı ve duyarlıysan, bütünü hissedebilirsin.

Düzyazı yorumu:

Uzun bir süre ormanda yaşadı ama bugün onu yakaladım! Doğal güzelliklere olan tutkunluğu onun istikametini engeller. Daha tatlı çimenlerin özlemiyle, o uzaklaşır. Zihni hâlâ inatçı ve gem vurulmamıştır. Eğer boyun eğmesini istiyorsam, kırbacımı yukarı kaldırmalıyım.

Şimdi kırbaç kelimesinde bir sorun var. Normalde zihin; sen şiddet dolu olmak zorundaymışsın, kırbacı eline almak zorundaymışsın gibi ilişkilendirir. Ancak Budizm'de kırbaç baskılayıcı bir sembol, şiddet değildir. Kırbaç sadece farkındalıktır.

Örneğin: Eğer biri seni öldürmek için aniden kılıçla gelirse, ne olur? O anda zihin durur. Kılıç gözlerinde parlar ve zihin durur. An o kadar tehlikeli ki düşünme lüksün olmaz. Birden bir kırılma olur, zihin artık orada değildir ve zihinsizlik ortaya çıkar.

Tehlikeli durumlarda, meditasyon bir an için kendiliğinden gerçekleşir. Tekrar geri döneceksin ama o birden gerçekleşir. Araba kullanıyorsun ve bir kaza olacak ve bir an, sadece bir saniye öncesinde bir kaza meydana geleceğinin farkına varırsın fren çalışmıyor ya da araba patinaj yapıyordur. O anda bütün düşünceler durur. Aniden meditasyon halindesindir; uyanık, tetikte. Kırbaç bu anlama gelir.

Zen manastırlarında, öğrenciler meditasyon yapar ve üstat bir sopayla, elinde asası ile dolaşır. Ve ne zaman birinin düştüğünü, uykuya daldığını görse, başının üzerine sertçe vurur. Ani bir sarsıntı... Enerji uyanık hale gelir, anlık bir parıltı. Bazen satori bu şekilde gerçekleşir. Usta sertçe vurur, neredeyse uykuya dalıyordun... Bunu anlamaya çalış. Uykuya dalıyorken eşiktesindir. Bu eşikten iki kapı açılır; bir kapı uykuya girer, diğer kapı ise samadhiye. O an gebedir. Çoğunlukla sen uykuya dalacaksındır, eski rutinine. Fakat eşiğin üzerindesin ve eğer o anda dikkatli ve farkında olman sağlanabilirse, yaşamın satorinin bir anlık parıltısına, samadhiye sahip olabilir.

Patanjali, Yoga Sutralarında, derin uykunun da samadhiye benzediğini söyler. Yalnızca bir farkla, farkındalık orada değildir. Samadhide sen normal uykuda olduğu gibi derin uykudasın, fakat tetiktesin. Tüm mekanizma uykudadır; beden, zihin- her ikisi de uyumakta. Fakat sen tetiktesin. Bu yüzden ara sıra usta tarafından başına vurulan bir adama olmuş ve o aydınlanmıştır. Bu Zen'in kırbacıdır.

Eğer boyun eğmesini istiyorsam, kırbacımı yukarı kaldırmalıyım.

Mücadele zor olacaktır. Kişi en başından onun farkında olmalı ki böylece yolculuğunda cesaretin kırılmaz. O zor olacak. Zihnin içsel arayışınla ilgili çok negatif bir tutumu vardır, ona karşıdır. Ve bir şeyin yanında olmaktansa ona karşı olmak çok daha kolaydır. Evet demektense hayır demek daha kolaydır, zihin bir hayırcıdır.

Bir yasa uzmanı, Clarence Darrow hakkında duymuştum. Dünyaca ünlü, tanınmış bir ceza avukatıydı.

Gençliğinden beri kendini tartışmaların muhalif tarafında bulmuştu. Ve şimdi başka dava vekiliyle müzakere etmek üzereydi.

"Konuya aşina mısın?" diye sordu Darrow'a.

"Hayır," diye itiraf etti Darrow.

"O zaman müzakereyi nasıl başlatabileceksin?"

"Çok kolay," dedi Darrow. "Karşı tarafı tutacağım. Her şeye karşı tartışabilirim."

Herhangi bir şeye karşı çıkmak çok, çok kolaydır. Hayır demek zihne kolay gelir. Bir kez evet dediğinde işler zorlaşır. Hayır, basitçe her şeyi kesip atar, daha ileri gitmenin gereği yoktur. Örneğin sana şunu dersem: "Bak, bu ağaçlar çok güzel," ve sen evet dersen ve ben neden diye sorarsam –'Neden bunların güzel olduğunu düşünüyorsun?'– onu kanıtlamak çok zor olacaktır. Binlerce yıldır filozoflar güzelliğin ne olduğu hakkında düşünüyorlar ve hiç kimse henüz onu tanımlamamıştır. Bu yüzden neden diye sorarsam zorlanacaksın. Fakat eğer hayır demiş olsaydın o zaman hiçbir problem olmayacaktı çünkü şimdi benim için, onların güzel olduğunu kanıtlamak problem olacak. Sen sadece hayır de.

Hayır, çok ekonomiktir. Evet tehlikelidir. Ama hatırla bir kez hayır dediğinde daha az canlı olursun. Hayır, hayır, hayır demeye devam eden bir adam gitgide duyarsızlaşır. Hayır, bir zehirdir, dikkatli ol. Daha çok evet demeyi dene, zor olsa bile çünkü evetle zihin senin üzerinde tutunmasını kaybedecektir. Hayır ile tutunma gitgide güçlü hale gelecektir.

Zihin seni sonuna kadar izleyecektir. Sadece en sonunda, Tanrı'nın tapınağına giden adımlarda, zihin seni terk eder, asla ondan önce değil. Seni takip etmeye devam eder.

Bir işadamı öldü ve cehenneme gitti. İçten bir el, sırtına vurduğu zaman anca ısınmıştı. Hayattayken kafasını ütüleyen ısrarcı bir satıcının yüksek sesi kulağında çınladı.

"Pekâlâ," diyerek güldü satıcı, "Randevu için buradayım."

"Ne randevusu?"

"Hatırlamıyor musun?" diye sordu satıcı. "Dünyada iken seni her ziyaret edişimde beni burada göreceğini söylemiştin!"

Onlar şimdi cehennemde... Zihin bıkıp usanmadan seni sonuna kadar takip edecektir. O sadece son anda bırakır. Bu yüzden mücadele zordur ama imkânsız değil. Zor fakat mümkün.

Ve zihinsizliğe ulaştığında, ardından yapmış olduğun her şeyin sahip olduğun şeyle kıyaslandığında hiçbir şey olduğunu görebilirsin. Hiçbir şey yapmamış gibi hissedeceksin;

kendi enerjini, yaşam enerjini bulmanın en içteki deneyimi çok değerlidir.

Son şey ise: Boğa seni her zaman bekler. O boğa senin dışında bir yerlerde değildir. Boğa senin en içteki özündür. Boğa ile aranızda düşüncelerin, zihnin büyük bir duvarı vardır. Düşünceler tuğlalardır, cam yapımı saydam tuğlalar. Bu yüzden onlar vasıtasıyla görebilir ve gerçeklik ile senin aranda bir duvar olduğunun farkına bile varamayabilirsin.

Bir gün bir balığın okyanustaki kraliçe balığa şunu sorduğunu duydum: "Okyanus hakkında çok şey, çok fazla konuşma duyuyorum ama bu okyanus nerede?"

Ve kraliçe balık güldü ve dedi ki: "Sen bu okyanusta doğarsın, okyanustan doğarsın, bu okyanusun içinde yaşarsın. Tam şu anda sen onun içindesin ve o senin içinde. Ve bir gün tekrar okyanusun içinde kaybolacaksın."

Fakat soru amaca uygun görünür çünkü balık nasıl bilebilir ki? Çünkü okyanus her zaman oradaydı, bir an için bile kaybolmadı. O açıkça oradadır, öyle doğal bir biçimde orada ve öyle gözle görülebilecek şekilde oradadır. Bir şey kesindir: Balığın, bir balığın zihninin okyanus hakkında bir şey bilecek son şey olacağı. O kadar yakın, bu yüzden o kadar uzak. O kadar açık, bu yüzden o kadar gizli. O kadar mevcut, bu yüzden kişi onun farkında değil.

İnsan da bir enerji okyanusunda yaşar; içeride aynı enerji, dışarıda aynı enerji. Sen ondan doğarsın, onun içinde yaşarsın, onun içinde erirsin. Ve eğer kaçırıyorsan, uzaklarda olduğundan değil, çok yakın olduğu için kaçırıyorsun. Onu kaçırıyorsun çünkü hiçbir zaman kaçırmadın. O her zaman orada oldu. Sadece biraz daha duyarlı ol.

Bülbülleri daha derin dinle. Ağaçları, seni çevreleyen müziği dinle. Her şeyi dinle, her şeye bak, her şeye o denli yoğunlukla ve o denli hassasiyetle dokun ki bir şeye baktığında göz ol, bir şey duyduğunda kulak ol, bir şeye dokun ve sen dokunuş ol. Ve sen hiçbir duyuya saplanmış değilsin, duyuların hepsi bir olur. Bütün duyular bir hassasiyete dönüşür... Ve birden her zaman Tanrı'da olduğunu keşfedersin, daima Tanrı ile olmuşsundur.

Bana göre bütün eğitim gitgide nasıl daha duyarlı olacağınla ilgilidir. Diğer dinler senin duyarsız olmanı, duyarlılığını mahvedip öldürmeni söylemişlerdir. Ben sana hayatı mümkün olduğu kadar yoğun yaşamanı söylüyorum çünkü nihayetinde Tanrı yaşamdan ayrı değildir. Hayata canlı olmak Tanrı'ya canlı olmaktır. Ve bu tek duadır; diğer bütün dualar ev yapımı, insan yapımıdır. Hassasiyet Tanrı vergisi olan tek duadır.

Tetikte, farkında ol. Bülbülün şarkısını duy. Güneşin sana dokunmasına izin ver ve sıcaklığı hisset. Esintinin sadece yanından geçmesine değil, sana nüfuz etmesine izin ver, böylelikle kalbini arındırmaya devam eder. Bak! GÜNEŞ ILIK, RÜZGÂR HAFİF, SÖĞÜTLER KIYI BOYUNCA YEŞİL. Tanrı için saklanmak imkânsızdır. Tanrı gizli değildir, yalnızca sen göz bandı ile yaşıyorsun. Sen kör değilsin! Tanrı saklanmaz! Sadece göz bandı gözlerinde... Bu göz bantları düşünceler, arzular, hayal gücü, rüyalar, kurgular; bütün kurgulardır.

Eğer kurguları bırakabilirsen, kurgulardan vazgeçebilirsen, birden gerçekliğin içindesindir. Bu yüzden senden dünyadan vazgeçmeni istemiyorum, hayallerden vazgeçmeni istiyorum; hepsi bu. Yalnızca sahip olmadığın şeyden vazgeç. Yalnızca gerçekten elinde bulunmayan şeyi bırak, öylece onun orada olduğunu hayal ediyorsun. Hayalleri bırak ve gerçek hazırdır.

Mücadele biraz zor olacak çünkü zihin o kadar kolayca ikna olmayacaktır çünkü o zihnin ölümü olacaktır. Bu yüzden de zihnin direnmesi doğaldır. Zihnin ölümü senin yaşamındır. Ve zihnin yaşamı senin ölümündür. Eğer zihni seçersen, özün söz konusu olduğu sürece intihar edersin. Eğer özünü seçersen, zihni bırakmak zorunda kalacaksın.

Ve meditasyon tamamen budur.

Bugünlük bu kadar yeter.

BÖLÜM 5

Mutluluk Yarını Bilmez

Tanrı'ya milyonlarca yol gider.
Aslında gidecek başka bir yer yoktur.
Her nereye gitsen, Tanrı'ya doğru gidiyorsundur.
Bütün yollar ona çıkar.

İlk soru:

Sevgili Osho,
Zihnin özünün hafıza ve bilgi olduğunu söylüyorsun. O halde okumak zihni büyütür ve ona güç verir mi?

Duruma göre değişir. O sana bağlı. Okumayı ego için bir besin olarak kullanabilirsin. O çok kurnazdır. Sen bilgili olabilirsin, o zaman o tehlikeli ve zararlıdır. Bu durumda kendini zehirliyorsun çünkü bilgi bilmek değil, bilgi bilgelik değildir. Bilgeliğin bilgi ile alakası yoktur. Bilgelik tam cehalette de var olabilir. Eğer okumayı zihin için, hafızanı güçlendirmek için bir besin olarak kullanırsan o zaman yanlış yöndesin. Fakat okumak farklı bir yönde kullanılabilir, bu durumda okumak hayattaki herhangi bir şey kadar güzeldir.

Eğer Gita'yı bilgi toplamak için değil, kutsallığın şarkısını dinlemek için okursan -kelimeler içinde olmayan fakat kelimeler arasında olan, satırlarda olmayan fakat satırlar arasında olan- Bhagavad Gita'yı ilahi bir şarkı olarak okursan, onun müziğini dinlersen, o zaman muazzam bir güzellik vardır ve o yardımcı olabilir. Derin özümsemenin belli anlarında tanrısallıkla bir olacaksın.

Bu bir kuşun ötüşünü dinliyorken de gerçekleşebilir, bu yüzden soru Gita ya da İncil ile ilgili değil, temel soru dinleyiciyle alakalıdır. Nasıl dinliyorsun? Sadece daha fazla bilmeye mi açsın? O halde Gita, İncil hepsi seni zehirleyecektir. Eğer hırs yoksa onu yalnızca güzel bir şiir olarak okuyacaksın, onun içinde muazzam güzellik vardır. Onunla hafızanı doldurmaya çalışmıyorsun fakat yalnızca farkına varıyorsun; okuyarak, izleyerek, gözlemleyerek, mümkün olduğunca ona yönelerek fakat aynı zamanda kayıtsız kalarak; tepelerde bir izleyici olarak kalarak. Etkilenmemen gerekiyor çünkü tüm etkiler ayna üzerinde biriken toz gibidirler. Eğer etkilenmezsen, ilham almayı kastetmiyorum, o tamamen farklı. İlham, etkilenmekten tamamen farklıdır. Herkes etkilenebilir ama ilham almak için büyük zekâya, anlayışa ihtiyacın var.

İlham belli bir kutsal yazıtla uyumlanmak, onunla meditatif olmaktır, zihin aracılığıyla değil ama bütünlük aracılığıyla. Gita'yı bu şekilde okursan, Gita'yı kanınla, cesaretinle, kalbinle, zihninle, bedeninle okuyor olursun. Sahip olduğun her şey, bütünlüğün ordadır. Basitçe bilgiyi topladığında, kafandan başka bir şey orada değildir. O zaman izlenimleri toplarsın ve kaçırmışsındır.

Beni dinleyerek de aynı şey mümkün. Benim kelimelerimi dinleyebilirsin, beni dinleyebilirsin. Sadece kelimeler yoluyla dinlersen, buraya geldiğinden biraz daha fazla bilgili ayrılacaksın; yükün hafiflemeyecek. Kölelikte derinleşeceksin, özgürleşmeyeceksin çünkü her ne söylüyorsam, onlar kelimeler değildir. Onların içindeki sessizliği dinle. Onlar aracılığıyla konuşan kişiyi dinle. Benimle ol! Kelimelerimi unutursan, hiçbir şey yitirilmez. Fakat yalnızca kelimelerimi taşıyıp beni unutursan, her şey kayıptır.

Dinlemek yalnızca kafayla olmamalı, bütünlüğünle olmalıdır. Sen bir bütünlüksün. Her şey birlikte bütünleşiyor. Beni dinlediğinde, kalbinle dinle, ayaklarınla, ellerinle dinle; bütünüyle bir dinleyiciye dönüş, sadece kafa değil. Eğer kafa dinlerse, önceden bildiğin her şeyle karşılaştırmaya devam eder. Yorum yapmayı sürdürür ve tabii ki yorumların sana aittir bana değil.

Her kim kafadan dinliyorsa, edinilmiş bilgiden dinleyecektir, önceden ulaşılmış bazı sonuçlardan. Bu durumda o saf, bozulmamış değildir. O zaman o bozulmuş bir zihinden dinliyordur ve yorumladığın her şey senin yorumun olacaktır.

Bir anekdot okuyordum, küçük bir okulda meydana geldi:

Öğretmen öğrencilerine Amerika'nın keşfini -Kolomb'u, onun yolculuğu ve keşfini- anlatıyordu. Küçük bir çocuk çok, çok heyecanlıydı, çok dikkatle, sabırla dinliyordu. Böylece öğretmen ondan Amerika'nın keşfine dair bir deneme yazmasını istedi. Bu parlak öğrencinin yazdığı şey şu:

"Kolomb hiçbirini kırmadan üst üste yumurtaları koyabilen bir adamdı. Bir gün İspanya Kralı yanına çağırtıp sordu: "Amerika'yı keşfedebilir misin?"

"Evet" diye cevapladı Kolomb, "eğer bana bir bot verirsen."

Botu aldı ve Amerika olarak bildiği yöne yelken açtı. Denizciler başkaldırdı ve Amerika gibi bir yerin olmadığına yemin ettiler fakat sonunda dümenci Kolomb'a geldi ve dedi ki: "Kaptan kara göründü."

Bot kıyıya yanaştığında Kolomb bir grup yerli gördü. "Bu Amerika mı?" diye onlara sordu. "Evet," cevabını verdiler.

"Sanırım siz Kızılderili'siniz?" diye devam etti Kolomb.

"Evet" dedi reis "ve sanıyorum siz Kristof Kolomb'sunuz?"

"Öyleyim," dedi Kolomb.

Kızılderili reis ardından yabani hemcinslerine döndü ve dedi ki: "Oyun bitti. Nihayet keşfediliyoruz."

Bir çocuk çocukça bir zihinle, kendi yorumlarıyla dinler. Herkes kendi zihniyle dinler, o zaman sen duyuyorsun fakat dinlemiyorsundur.

Hindistan'da, biri sıradan bir kitap okuyorsa ona "okuma" denir fakat biri ne zaman Gita'yı okusa onun için kullanılan özel bir terimimiz vardır: Ona yol deriz. Tamamen çevrildiğinde "ders" anlamına gelecektir. Sıradan okuma sadece okumadır, mekanik fakat çok derinlemesine özümseyerek okuduğunda işte o okuma bir ders olur, o zaman o okuma varlığının derinine iner ve şimdi yalnızca hafızanın parçası değil varlığının da parçası olmuştur. Onu özümsemişsindir, onunla sarhoş olursun. Fazla kelimelerle mesajı taşımazsın ancak içindeki öze sahipsindir. İşte o öz senin varlığına hareket etmiştir. Biz ona "yol" deriz.

Bir kitap okumada, sen onu bir kez okuduğunda kitap biter. İki kez okumak anlamsız olacaktır, üç kez basitçe aptallık olacaktır. Fakat yolda sen aynı kitabı her gün okumak zorundasın. Gitalarını her gün yıllar boyunca –elli, altmış yıl– tüm hayatları süresince okumakta olan insanlar var. Şimdi bu okumak değil çünkü bu onun içinde yazılmış olan şeyi biliyor olma meselesi değildir, onu bilirler, onu binlerce kez okumuşlardır. O zaman onlar ne yapıyorlar? Onlar bilinçlerini, sanki Krishna ya da İsa onlardan önce yaşıyorlarmış gibi, her defasında aynı uyuma getiriyorlar. Onlar artık kitabı okumuyorlar; kendilerini farklı bir mekâna, farklı bir zamana, farklı bir dünyaya taşıyorlar.

Gita'yı oku, şarkısını söyle, onunla dans et ve mümkün olduğunca içeri girmesine izin ver. Çok geçmeden kelimeler geride bırakılır ancak müzik derinlere iner. Daha sonra müzik geride bırakılsa bile yalnızca ritim yankılanır. Ve ardından o bile gitmiştir. Tüm gereksiz şeyler gider, yalnızca öz dışında... Ve o öz açıklanamaz. O söylenemez, kişinin onu tecrübe etmesi gerekir.

Bu yüzden onu okursan, okumanın özgürleşmene yardım edip etmeyeceği ya da seni büyük bir köle haline getirip getirmeyeceği sana bağlıdır. Onun bir özgürlüğe ya da bir hapishaneye dönüşüp dönüşmeyeceği sana bağlıdır.

Bir müzik öğretmeni müzikal değerlerinin artması umuduyla sınıfını bir konsere götürdü. Programın ardından onları dışarı yemeğe götürdü ve pasta, dondurma ve diğer şekerlemelerden aldılar.

Eve gitmeye hazırlanıyorlardı ki öğretmen içlerinde en genç olanına sordu: "Pekâlâ, konser hoşuna gitti mi?"

"Oh evet," cevabını verdi mutlulukla, "müzik dışında her şey."

Eğer Gita'yı ya da İncil'i yalnızca kafadan okursan müzik dışında her şeyden keyif alıyor olacaksın ve müzik en gerçek şeydir. Bu yüzden ona Bhagavad Gita adını verdik, kutsallığın şarkısı. Her şey onun en içteki uyumluluğunun içindedir. O şiirdir, düzyazı değil. Ve şiir düzyazıdan tamamen farklı şekilde anlaşılmalıdır.

Düzyazı mantıklı, şiir mantıksızdır. Düzyazı çizgiseldir, düz bir çizgide ilerler. Şiir çizgisel değildir, daireseldir, daire içinde hareket eder. Düzyazı sıradan şeyler ve sıradan deneyimler içindir. Düzyazıda açıklanamayan deneyimler vardır. Bu deneyimlerin şiire ihtiyacı vardır. Şiir daha akışkan bir form demektir. Şiir daha çok şarkı söyleyen, dans eden, kutlayan form anlamına gelir. Büyük kutsal kitapların tamamı şiirdir, düzyazıyla yazılmış olsalar bile onlar şiirdir. Şiir düzyazıyla yazılabilir ve düzyazı şiirle yazılabilir. Bu yüzden o yalnızca dilbilimsel biçim meselesi değildir, en içteki öz meselesidir.

Bu yüzden İncil'i okuduğunda, onu okuma, şarkısını söyle! Yoksa kaçıracaksın, her şeyi kaçıracaksın ve her şeyi anlamış olduğunu sanacaksın çünkü bütün şey müziğin içindedir. İncil ya da Gita'dan ortaya çıkan müzik seni sararsa ve sen dans etmek istersen, enerjin tam bir keyif içinde, coşkun, gözyaşlarıyla, kahkaha içinde, dans içindedir; yeni bir meltem varlığına girmiş gibi hissedersen, o zaman toz biriktirmezsin.

Bilmek için okumak kuşkusuz bir sanattır. O derin sempatiyle buluşmaktır. Bir çeşit katılıma girmektir. Bu, meditasyonda büyük bir deneyimdir. Fakat Gita'yı romanı okuduğun gibi okursan onu kaçıracaksın. Onun derinliğinin katmanları var. Bu yüzden yolu, kişi her gün tekrar etmek zorundadır. O bir yineleme değildir; onu nasıl tekrar edeceğini bilirsen, o bir yineleme olmaz. Eğer bilmiyorsan, o zaman bir yinelemedir.

Üç ay boyunca sadece bunu dene. Aynı kitabı oku -herhangi küçük bir kitap seçebilirsin- her gün. Ve okumak için dününü bugüne getirme: Tıpkı sabah güneşin doğması gibi yeniden taze çiçeklerin bu sabah açması gibi yeniden taze, yeniden taze. Sadece Gita'yı coşkulu, heyecanlı bir şekilde yeniden aç. Onu yeniden oku, yeniden şarkısını söyle ve gör. Sana yeni bir anlam kazandıracak.

Sen okurken bunun dün ve ondan önceki dünlerle hiçbir alakası yoktur. Bugün o sana belli bir anlam verir, bu an fakat dünlerini yanında getirirsen, o zaman yeni anlamı okuyamayacaksın. Zihnin zaten anlamlarla dolu. Zaten bildiğini sanıyorsun. Bu kitabı tekrar ve tekrar okuduğunu sanıyorsun, öyleyse ne gereği var? O zaman mekanik bir şey gibi okumaya devam edebilirsin ve bin bir tane başka düşünceleri düşünmeye devam edebilirsin. O zaman yararsızdır. O zaman sadece sıkıcıdır. O zaman sen onunla yenilenmeyeceksin. Donuklaşacaksın. Bu yüzden yüz dinci insandan doksan dokuzu donuktur. Zekâları keskin değildir, hemen hemen aptaldırlar. Dinci ve aptal olmayan bir insan bulmak çok zordur çünkü onlar her gün aynı ritüeli tekrarlıyorlar fakat yanlış onların zihinlerinde, ritüellerinde değil. Sen aynı şeyi tamamen yeni hale getirebilirsin, onu tekrarlamaya gerek yoktur.

Sen bir kadını seversin, o zaman kadın her gün yenidir. Gita'yı ya da İncil'i okumak bir aşk ilişkisi gibidir: Her gün yeni. Belki kelimeler aynıdır fakat aynı kelimeler farklı anlamlar taşıyabilirler. Aynı kelimeler farklı kapılardan varlığının içine nüfuz edebilirler. Aynı kelimeler belli bir anda başka hiçbir bağlamda sahip olmayacakları belli bir öneme sahip olabilirler. Anlam sana bağlıdır, okuduğun kelimelere değil. Gita'ya ya da İncil'e anlamı sen verirsin, aksi olmaz.

Elbette yirmi dört saatin ardından daha deneyimli olursun. Yirmi dört saat daha yaşamış olursun. Aslında aynı kişi değilsindir. Gita aynıdır, sen aynı insan değilsin. Yirmi dört saat sonra, Ganj nehrinde ne kadar su akmıştır?

Bir gün aşk havasındasın. Başka gün hüzün havasında. Bir gün coşuyorsun, diğer gün bir cimrisin. Ruh hallerinin farklı renkler ve tonları, farklı renkler ve tonlarda aynı kitabı okuyor olacaksın. Tekrar tekrar ve Gita milyonlarca kapıya dönüşür. Birçok yoldan, birçok kapıdan oraya girebilirsin ve anlam getirirsin. Anlam sana aittir.

Bir gün zihnin tamamen işleyişini durdurduğunda ve sen sadece bir akış olduğunda –zihnin işleyişini tamamen durdurduğunu söylediğimde, geçmişi taşımadığını kastediyorum; zihin geçmiştir– eğer geçmişi taşımaz ve okuyabilir, dinleyebilirsen; okuman meditasyona dönüşmüştür. Evet okuma yardımcı olabilir fakat normalde zararlı olduğu kanıtlanmıştır çünkü kitaplarla davranışın senin için zararlıdır. Sen basitçe toplarsın, ölü gerçekleri toplamaya devam edersin. Bir hurdalık haline gelirsin; belki bir ansiklopedi fakat içsel uyumunu, içsel müziğini, içsel ahengini kaybedersin. Bir kalabalık olursun; çok fazla ses, birlik yok. Bu bütünleşmek değildir, bu parçalanmadır.

Bu yüzden her ne yaparsan yap –o sadece okuma, dinleme mevzusu değildir– yaptığın her şey sana bağlıdır.

İkinci soru:

Sevgili osho, brahmacharya ve diğer kitaplarını okuduktan sonra rıshıkesh'ın swamı shıvanand'dan isim aldım.
Birkaç yıl sonra, kutsallığa bütünsel yaklaşımından dolayı srı ramana maharshı ve ardından srı aurobındo ilgimi çekti. 1959'Dan itibaren ve sonraları srı aurobındo ve annesi tarafından gösterilen çizgide meditasyon yapıyordum.
Daha sonra j. Krıshnamurtı'nın yaklaşımı hoşuma gitti, şimdi ise seninki.
Srı aurobındo'nun çalışmalarını her okuduğumda; hayatı dolu yaşamaya, bütünleyici kutsallığın farkındalığına ve fiziksel dönüşüme vurgu yaptığı için keyif alıyor ve mutlu hissediyorum.
Siz de aynı şekilde hayatı reddetmemeyi ancak dolu bir şekilde yaşamak gerektiğini vurguluyorsunuz ve arayışçı olmaya yeni bir anlam kazandırmışsınız.
Bu yüzden bunu da kucaklamak için buradayım.
Doğru yolda mıyım yoksa sürükleniyor muyum bunu merak ediyorum?
Bendeki bu çeşitliliğe doğru çekim nedir?
Eğer sürükleniyorsam doğru bir yol için bana yardımcı olabilir misiniz?

İlk şeyin anlaşılması gerekiyor: Kişi doğru kapıya gelmeden önce, birçok kapıyı çalmak zorunda. Yaşam cesaretin, cüret etmenin macerasıdır ve temelde deneme ve yanılmadır. Kişi doğru yola gelmek için birçok kez yoldan çıkmak zorunda. Ve ben doğru yol dediğimde Sri Ramana'nın yolunun doğru olmadığını kastetmiyorum fakat sorgulayanlar için doğru olmak zorunda değil, aksi takdirde gerek yoktur.

Doğru yolu bulduğunda... Ve her zaman bireyle ilgilidir, Ramana, Aurobindo ya da benimle bir ilgisi yoktur; seninle ilgisi var. Eğer bana gelmişsen ve evde hissediyorsan, o zaman yolculuğun tamamlanmıştır. Şimdi daha fazla sürüklenmenin gereği yoktur, şimdi yerleşebilir ve çalışmaya başlayabilirsin çünkü sürüklenirken çalışmak imkânsızdır.

Bu, bir evi inşa etmeye başlayıp tam ortasında başka şeye çekilerek onu bırakman ve başka bir ev inşa etmeye başlamana benzer ve tam ortasında tekrar başka bir şeye çekileceksin. O zaman bir avare gibi yaşayacaksın. Ev asla tamamlanmayacak. Kişi bir yere yerleşmek zorunda, bir yerde kalmak zorunda, hayati kararı almak zorundadır. Fakat o zor değildir. Cesursan, olur.

Kişi birçok kaynağa açık olmak zorunda. Shivanand, Ramana, Aurobindo'da bulunmuş olman iyidir. O senin arıyor olduğunu gösterir fakat o hiçbir yerde evde hissedemediğini de gösterir. Böylece yolculuk devam eder. Yolculuk: Evet, ulaştım diyebildiğin noktaya gelene kadar devam etmek zorunda. Şimdi daha fazla harekete geçmeye gerek yoktur. Ve rahatlayabilirsin. O zaman gerçek çalışma başlar.

Yaptığın her şey bir yerden başka bir yere taşınmaktır. Yolculuk heyecan verici, ancak hedef değildir. Kişi yolculukla zenginleşir. Birçok kaynağa açılarak zenginleşmiş olmalısın, çok şeyler öğrenmiş olmalısın fakat yolculuk daha devam eder. O zaman tekrar tekrar araman gerekecek.

Şimdi sen buradasın. Görmeye ve anlamaya çalış: Bana uyuyor musun ya da ben sana uyuyor muyum? Bazen tek bir şey öğrenmiş olabilirsin; tekrar tekrar nasıl sürükleneceğini, tekrar tekrar nasıl uzaklaşacağını. O mekanik bir alışkanlığa dönüşebilir. O zaman buradan da gideceksin. Bu yüzden mekanik alışkanlıklarının seni yönetmesine izin verme. Eğer bana uymuyorsan gitmende hiçbir sorun yok çünkü o zaman varlığın burada tamamen bir zaman kaybı olacaktır. Ama eğer uyarsan, o zaman cesaretlen ve teşebbüs et çünkü ancak teşebbüs ettikten sonra gerçek çalışma başlar, onun öncesinde değil.

Shivanand'ın yanında bulunduğunu sanıyor ve onunla inisiye edildiğini düşünüyorsun fakat inisiyasyon henüz başlamadı aksi takdirde burada olmazdın. İnisiyasyon bir teşebbüs demektir ki şimdi kişi tüm çevresine bakmıştır, buraya yerleşecektir. Shivanand seni inisiye etmiş olabilir fakat sen onu henüz almadın. Yalnızca bir ziyaretçi oldun. Herhangi bir büyüme sistemiyle yakın ilişki kurmadın.

O, bitkinin bir yerden başka bir yere tekrar tekrar taşınması gibidir. Bitki gelişemez, bitki bir yere yerleşme ihtiyacı duyar ki böylece kökleri derine inebilsin. Sen bitkiyi tekrar tekrar yerinden sökmeye devam edersen, kökler asla büyümeyecek ve kökler derine inemezse, bitki yükseklere çıkamaz.

Teşebbüs bu yüzdendir. Teşebbüs şu anlama gelir: Bu benim için doğru toprak ve ben yerleşmeye hazırım. Bu risklidir çünkü kim bilir belki daha iyi bir toprak başka bir yerde mevcuttur. Bu yüzden risk oradadır ancak kişi bugün ya da yarın o riski almak zorunda. Daha iyi bir şey için sadece beklemeye devam edersen, zaman kaybedebilirsin ve ulaşıncaya dek ölmüş olacaksın.

Gerçek olan çalışmaktır. Gezinmek, bakınmak, birçok yer gezmek, birçok insan iyi ama bunu alışkanlık haline getirme. O alışkanlık tehlikelidir. Köklenmene izin vermeyecek. Ve eğer kökler yoksa ağaç canlı olamaz, çiçekler mümkün değildir; hoş ve güzel koku senden yayılmayacaktır, yaşamın boş kalacaktır.

Bu yüzden ilk şey: Geçmişini gelecekte tekrarlanacak bir kalıba dönüştürme. Şimdi buradasın: Shivanand, Ramana,

Aurobindo'ya yapmış olduğun şeyin aynısını bana yapma. Ne yaptığını bilmiyorsun.

Şu olmuştu:

Büyük bir ressam, James McNeill Whistler'a, Mark Twain'a henüz tamamlanmış bir resmin sergilenmesi için haber verilir. Whistler sabırsızca jüri kararını beklerken Mark çeşitli yön ve mesafelerden resmi analiz ediyordu.

Sonunda, Mark öne doğru eğildi ve eliyle bir silme hareketi yaparak dedi ki: "Yerinde olsam şu bulutu silerdim."

Whistler acı içinde bağırdı: "Dikkat et! Resim hâlâ ıslak!"

"Problem yok," dedi Mark havalı bir şekilde, "Eldivenleri takıyorum."

Eldivenleri takıyor olmalısın. Shivanand tarafından inisiye edildiğini sanıyorsun fakat öyle olmadı. Eldivenlerin ona izin vermeyecektir. Bir kapsül içinde yaşıyor olmalısın, kapalı. Akıllı, mantıklı, kurnaz olmalısın. Hiçbir yere derin bağlanmamak için tetiktesindir. Bu yüzden, teşebbüs gerçekleşmeden önce harekete geçersin.

Diyorsun ki: "Brahmacharya ve diğer kitaplarını okuduktan sonra Rishikesh'in Swami Shivanand'dan isim aldım."

Şimdi, Brahmacharya üzerine yazılmış bir kitaptan etkileniyorsan, o seninle ilgili birçok şey kanıtlar. Seksi ilgilendiren bir şeyle problemin olmalı. Bunun Brahmacharya ya da Shivanand ile bir ilgisi yoktur. Bir şekilde sekse takıntılı olmalısın, Brahmacharya bu yüzden çekici gelir. Seksi bastırmış olmalısın. Seks hakkında yanlış fikirlerle yetiştirilmiş olmalısın, bu nedenle bekârlık üzerine olan Shivanand'ın kitabından etkilenirsin.

Shivanand'dan etkilendiğin için değil sen hâlâ kendi zihnini takip ediyorsun. Ona teslim olamadın. İnisiyasyon adını verdiğin olay entelektüeldi; kitapları okumak aracılığıyla, üstadın huzurunda olarak değil. Bir entelektüel olmalısın; hesaplayan, teorileştiren. Bu senin derin bir ilişkiye girmene izin vermeyecektir ve bir üstat ile bir öğrenci arasındaki ilişki çok derindir, bir âşık ve sevgili arasındaki ilişkiden daha derindir.

Shivanand'ın yazdığı şeyden etkilenmiş olabilirsin fakat derinlerde tekrar tekrar onu ararsın. Etkilendiğin, üzerinde intiba bırakan Shivanand değildir. Kafanda belli fikirlere sahipsin, nerede bu fikirlerin takdir edildiğini görsen kendini iyi hissedersin. Benimle tehlikeli olacaktır. Senin hiçbir fikrini takdir etmeyeceğim, onların hepsi çöptür. Bunu, fikirlerinin ne olduklarını bilmeden söylüyorum çünkü buna gerek yok. Farkında olmadığın sürece, düşüncelerinin hepsi çöptür. Yani, bu fikir çöptür ve bu iyidir deme meselesi değildir. Bana göre bütün düşünceler çöptür, sadece farkındalık değerlidir. Ve farkındalık içinde hiçbir fikre sahip değildir. O bilincin sade, saf bir ışığıdır.

Bu yüzden benimle zor olacak. Şimdi seni sarsan ve şok eden adama gelmiş olabilirsin. Shivanand ile, onunla beraber olduğunu düşündün, fakat esasen, derinde, Shivanand'ın seninle birlikte olduğunu hissediyordun; bu yüzden orada bir süre daha oyalandın. Burada benimle öyle olmayacaktır. Ben seninle olmayacağım, hatırla; sen benimle olmak zorundasın. Ben seninle olmayacağım, tekrar ediyorum, sen benimle olmak zorundasın.

Bu yüzden hiçbir suretle senin beklentilerini karşılamayacağım. Eğer teorilerin varsa, ne olduklarını bilmeden çoktan onlara karşıyım çünkü ben zihne karşıyım ve benim tüm vurgum nasıl zihinsiz olunacağı üzerinedir.

Fakat soran kişi çok fazla kafada gibi görünüyor: Bu yüzden o Sri Aurobindo'ya ilgi gösterdi "çünkü o dolu bir hayat yaşamayı ve bütünleyici kutsallığın farkındalığını vurguluyor." Birtakım sabit fikirlerin var, fikirlerine uyuyor gibi görünen herkesten etkileniyorsun. Aslında, yalnızca kendi egondan etkilenmiş olarak kalıyorsun. Bir ego oyunu oynuyorsun. Bir ego yolculuğundasın, bu yüzden Shivanand, Ramana, Aurobindo hiç kimse sana yardım edemez.

Bildiğim kadarıyla, eğer biri Ramana'dan ayrılırsa o zaman bir şeyler çok derinden yanlış olmalıdır. Shivanand ile çok problem olmaz, Aurobindo ile de çok fazla sorun yaşanmaz. Shivanand yalnızca sıradandır. Aurobindo ise büyük bir entelektüeldir, bir mahapundit, büyük bir âlim. Bu sebeple biri onlardan ayrılırsa hiçbir şey yitirilmez, çok fazla kaybın olmamıştır çünkü en başta kazanılacak hiçbir şey yoktu. Fakat eğer Ramana'dan ayrılmışsan ruhunda kansere benzer derin bir şeyin olduğunu gösterir çünkü Ramana gibi kişiler çok seyrek bulunur; binlerce yıl geçer, sonra bazen bu nitelikte bir varlık ortaya çıkar. Ramana bir Buda, bir İsa ya da bir Krishna gibidir, çok nadir bir fenomen. Fakat Ramana ile neden uyum sağlayamadığını biliyorum, senin Shivanandların ve Aurobindoların yüzünden. Ramana ile uyumlu hale gelmek egonu tamamen bırakmak demektir. Büyük cesarete ihtiyaç vardır.

Şimdi buradasın. Eğer gerçek bir arayansan o zaman cesaretini topla, egoyu ve geçmişi bırak. Geçmişi unut, o kâbustan başka bir şey değil. Ve onu tekrarlamaya devam etme, yoksa bir kişiden diğerine değişerek sonsuza dek tekrarlamayı sürdürebilirsin. Bu bir alışkanlığa dönüşebilir, bu senin basitçe huzursuzluğunu gösterir. Yoksa Krishnamurti'den dönmek neredeyse imkânsız olurdu. Gereği yoktur.

Bu yüzden şimdi temel sorununun farkına var; içinde bir şey senin tüm çabana ihanet ediyor; içinde bir şey zekânın etrafında devamlı olarak bulutların olmasına neden oluyor. Farkındalığın keskin değil.

Şu olmuştu:

Küçük kız bir gece bir arkadaşının evine akşam yemeğine davet edildi. Ev sahibesi çocukların çoğunun ıspanak sevmediğini bildiği için kıza onu sevip sevmediğini sordu.

"Oh evet," cevabını verdi küçük kız. "Çok seviyorum."

Servis tabağı uzatıldığında, her nedense, almayı reddetti.

"Ama tatlım," dedi ev sahibi, " Ispanağı sevdiğini söylediğini düşünüyordum."

"Oh, seviyorum," açıklamasını yaptı çocuk, "ama yiyecek kadar değil."

Shivanand, Aurobindo, Ramana, Krishnamurti'ye giderek ve sen bu insanlardan hoşlandığına, onları sevdiğine dair birtakım fikirlere sahipsin, ancak senin hoşlanman yeterli değildir. Yeterince sevmiyorsun yoksa sen onları yemiş olurdun ve onlar seni dönüştürürdü.

Uyanık ol! Bu halde zaten uzun bir zaman kaybettin. Bu kapıdan da eli boş dönebilirsin fakat hatırla, sorumluluk senindir. Eğer cesaret edersen ne verilebiliyorsa onu sana vermeye hazırım. Fakat ziyaretçiler için hiçbir şey verilemez ve verilse bile anlayamayacaklardır.

Eğer bir yerden başka yere, bir kişiden başka birine gitmekten yorulduysan, eğer gerçekten yorgunsan, o zaman neyi arıyorsan onu sana vermeye hazırım fakat bir koşulu yerine getirmek zorunda kalacaksın ve o da şu: Tam bir adanma. Ailemin parçası olmadığın sürece, sana hiçbir şey verilemez. Bütün bunlara rağmen sana vermek isterim fakat onu alamayacaksın ya da onu alsan bile onun hiçbir şey olduğunu düşüneceksin çünkü zihnin sürekli kafanı karıştıracak. Anlamana izin vermeyecek, doğrudan görmene izin vermeyecek. Kendinle nasıl bir oyun oynuyor olduğunu görmene izin vermeyecektir.

Şimdiye kadar o bir sürüklenmeydi. Ne kadar çok vakit kaybettiğinin farkında ol. Birçok olasılık mevcuttu fakat onları kaçırdın. Şimdi bu fırsatı kaçırma! Ama biliyorum: Zihin rutine bağlar, bir kalıba dönüşür. Defalarca aynı şeyi tekrarlamaya devam edersin çünkü onu tekrarlamakta çok yeteneklisin. Şimdi bu kısır döngüden kurtul. Eğer yardımımı almaya hazırsan yardımcı olmaya hazırım. Ve böyle bir yardım sana dayatılamaz. Onu ya almak zorundasın ya da almaman gerekir. Senin özgürlüğün ona karar verecek, bu senin seçimin.

Ve şunu sorma: Doğru yol nedir? Bütün yollar doğru ve yanlıştır. Söz konusu hangi yolun doğru olduğuna karar vermek değil. Karar verilmesi gereken tek şey hangi yolun sana uyduğudur. Elbette Ramana'nın kesin bir yolu vardır; çok basit, kesinlikle entelektüel olmayan. O yolda kafaya gerek yoktu, kafa bırakılmalıydı. Ona izin vermiş olsaydın, onun tarafından kafan koparılmış olurdu. Kafa Ramana'nın yolunun parçası değildi. O kalbin bir yoludur.

Tam tersi ise Krishnamurti'nin yoludur. Yol kesinlikle doğru fakat kafanın kullanılması ve onun daha üstün olması gerekiyor, bırakılması değil. Bu yüzden Krishnamurti entelektüelleri muazzam derecede cezp eder, onun kalple ilgisi yoktur; her şey analiz etme, parçalara ayırıp incelemedir. O büyük bir cerrahtır, parçalara ayırıp incelemeye devam eder. Sen ona bir problem verirsin, o aslında onu cevaplamaz; onu basitçe parçalara ayırıp inceler. Ve eğer sen derin bir katılımla, sempatiyle dinliyorsan, parçalara ayırıp incelemesiyle sana bir bakış açısı kazandırması mümkün olacaktır –cevap değil sadece içgörü– ve o senin içgöründür. O basitçe problemleri parçalara ayırıp inceler. Seyrek bulunan entelektüel bir adamdır, aklın ötesine geçmiştir fakat onu araştırmıştır. Ramana aklı es geçer, asla aklı kullanmaz; onun yolu kalbin yoludur. Krishnamurti'nin yolu aklın, kafanın, anlayışın, parçalara bölüp incelemenin, analizin yoludur.

Shivanand henüz aydınlanmış biri değildir. Onun yolu yoktur, karanlıkta el yordamıyla aramaktadır. Geleneksel bir adamdır, seni bilgili yapabilir fakat nihai anlayışa götüremez. İyi bir adam, çok iyi bir adam fakat yalnızca iyi bir adam, henüz bir İsa ya da bir Buda değil, henüz bir Krishnamurti ya da Ramana değil, basit bir adamdır. Bir yaşamında bir gün aydınlanırsa Ramana gibi olacaktır, onun yolu kafanın yolu olmayacaktır. Fakat o bunun henüz farkına varmış değildir.

Ve sonra Aurobindo var: Onun yolu henüz aydınlanmamış kişinin yoluna benzer, oraya doğru ilerler ama hâlâ karanlıktadır. Sabah çok uzak değil fakat henüz olmamıştır. Eğer bir gün olursa o zaman Krishnamurti gibi bir adam olacak; kafanın yolundan gidecektir, büyük bir âlim, daha çok kılı kırk yaran kişileri cezp edecektir.

Ve şimdi ben buradayım: Tüm yollar benim ve hiçbir yol benim değil. Ben daha çok bireylerle ilgileniyorum. Bana geldiğinde sana verecek kesin bir yolum yok. Senin için hangi yolun uygun olacağını bulmak için bakarım. Sabit hiçbir yolum yoktur, tüm patikalar üzerinde dolaştım ve bütün patikalar doğrudur. Eğer uyarsa o zaman herhangi bir yol seni en son noktaya götürebilir. Eğer uymazsa, o zaman mücadele vermeye, dövüşmeye devam edebilirsin fakat hiçbir şey olmayacak; bir duvarın içinden geçmeye çalışıyorsundur. İncinecek, yara alacaksın, hepsi bu; hiçbir şey olmayacak.

Ben hiçbir yola ait değilim, bu yüzden bütün yollar bana aittir. Ve ben daha çok bireysel arayışçılarla ilgileniyorum. Eğer o adanmanın, ibadetin, duanın, sana yardımcı olacağını görürsem onu sana öğretirim. Meditasyonun sana yardımcı olacağını görürsem onu öğretirim. Sadece anlayışın, saf farkındalığın yardımcı olacağını görürsem onu öğretirim. Eğer farkındalığın seni gergin yapacağını hissedersem, sana uymazsa o zaman sana içinde tamamen kaybolman gereken, içinde tamamen çözülmüş olman gereken bir şeyi öğretirim. Dans ederken onun içine öyle gir ki dansa dönüş ve onu izleyen hiç kimse olmasın; aranızda hiçbir sınır ve ayrım yaratma, eyleme dönüş.

Bu yüzden çok ama çok çelişkili olacağım çünkü bir kişiye bir şey, başkasına başka bir şey diyeceğim, bazen sadece tersini, bütünüyle zıddını söyleyeceğim. Bu yüzden sana her ne söylediysem, biri gelip sana diyebilir ki: "Osho bana başka bir şey söyledi." Hiç kimseyi dinleme. Söylediğim her şeyi sana söylemişimdir. Aksi takdirde kafan karışacak.

Milyonlarca yol Tanrı'ya gider. Aslında gidecek hiçbir yer yoktur. Her nereye gidiyorsan Tanrı'ya gidiyorsun. Bütün yollar ona götürür. Fakat sen arıyor olduğunda seni yalnızca bir yol götürebilir. Büyün yolları birlikte yürümeye başlarsan kaybolacaksın. Kişi bir yol seçmek zorunda. Bu yüzden lütfen eski kalıbını tekrarlama.

Şimdi bu zor olacaktır. Egonu kasten incitiyorum çünkü Aurobindo'nun aydınlanmış olmadığını söylediğimde, sana ne olduğunu hemen hissedebiliyorum. Konu Aurobindo'nun aydınlanmış ya da aydınlanmamış olması değildir, kimin umurunda? Bu onun problemi; benim problemim değil, senin problemin değil. Ancak sen Aurobindo'yu takip ediyorsan ve ben sana onun henüz aydınlanmamış olduğunu söylüyorsam egon incinir. Sen ve aydınlanmamış birini takip etmek? Asla, bu mümkün değil!

Shivanand'ın iyi fakat sıradan, vasat olduğunu söylediğimde tabii ki de incinmiş hissedeceksin çünkü Shivanand ile başladın ve bu nasıl mümkün olabilir? Çok zeki olan sen, vasat bir adam tarafından insiye oldun? Hayır, bu incitecek fakat kasten yapıyorum.

Senin için her türlü sorun yaratacağım ki eğer kalırsan, gerçekten kalırsın. Kalmaya karar verirsen, benimle kalmak gerçek bir karar olacaktır. Sert olacağım. Shivanand, Ramana, Krishnamurti, Aurobindo, sana karşı çok şefkatli davranmış görünüyor; bu yüzden sürüklenebilirsin.

Uzaklaşabilmen için her çabayı göstereceğim. Senin içinde bir mücadele, bir sürtüşme yaratacağım çünkü şimdi tek yolu budur; aksi takdirde eski alışkanlığın işlemeye devam edecek. Eğer gelir ve benden isim istersen, onu sana kolaylıkla vermeyeceğim... Çünkü bir şeyleri çok kolayca aldın. Bu ismi almak zor olacak.

Üçüncü soru:

Sevgili osho,
Egonun şu anda bırakılabileceğini gördüğüm bir noktaya geldim ama sonra onu bırakmak istemediğimi görmek zorunda kaldım.
Fakat istemek istiyorum.
Bu alana ışık getirebilir misin?

Sana birkaç anekdot anlatayım:

Bir adam devlet dairesinde yüksek bir pozisyona terfi edildikten sonra doğduğu kasabayı ziyaret etti.

"Buradaki arkadaşlar bana verilen onur ödülünü duydular sanırım?" diye eski okul arkadaşına sordu.

"Evet," şeklinde tatminkâr cevap geldi.

"Ve bu konuda ne diyorlar?"

"Hiçbir şey söylemiyorlar," dedi, "Sadece gülüyorlar."

Egonun değerli bir şey olduğunu mu sanıyorsun? İnsanlar basitçe ona gülerler. Sen hariç herkes senin egona karşıdır.

Senin dışında herkes onun komik olduğunu bilir; senin egon, onların egosu hakkında konuşmuyorum.

Ego nedir? O çok anlamsız bir görüş noktasıdır. Ego der ki: "Ben evrenin merkeziyim. Ego der ki: "Evren benim için var olur." Komik görüş noktaları! Yalnızca küçük bir anlayış yeterli olacaktır, fazla ışığa gerek yok. Sadece az bir ışık yeterli olacak. Sen dünyanın merkezi değilsin çünkü sen orada değilken dünya oradaydı ve dünya sen olmadığında da orada olacak. Merkez olamazsın. Sen merkez değilsin.

Eğer bir Tanrı varsa, o halde yalnızca Tanrı, "Ben'" diyebilir, başka hiç kimse. Resmi bir ifade olarak tamamdır fakat yalnızca Tanrı, "Ben" diyebilir çünkü o dünyanın merkezidir. Fakat o bunun gibi şeyler asla demez, sessizliğini sürdürür. İnsan, "Ben" demeye devam eder. Neden? Çünkü senin dünyanın merkezi olmadığını, dünyanın sonu ve amacı olmadığını, bütün dünyanın senden bir şey beklemediğini, sen olmadan da dünyanın var olabildiğini hissetmek çok, çok kafa karıştırıcıdır. O çok kafa karıştırır. Eğer bunu hissedersen, sarsılmış hissedersin, sanki dünya ayaklarının altından alınmıştır ve sen dipsiz bir uçurumda sallanıyor gibisindir.

Ego sana dayanacağın bir kaya verir fakat kaya hayalidir, o sadece bir rüyadır. Ego bir, "Ben diğerlerinden ayrıyım, ağaçlardan ayrıyım, gökyüzünden ayrıyım, denizden ayrıyım, başkalarından ayrıyım," beyanıdır. Fakat öyle misin? Gerçekten diğerlerinden ayrı mısın? Milyonlarca yoldan diğer her şeyle birleşiyorsun.

Annenle birleşiyorsun, babanla birleşiyorsun ve baban anne ve babasıyla birleşiyor, vb. Bu böyle devam eder. Her an havayla birleşiyorsun. Eğer nefes almazsan, öleceksin. Güneş ışınlarıyla birleşiyorsun; güneş basitçe bir gün sabah doğmayı unutsa, on dakika içinde ölürsün. Suya bağımlısın, yiyeceğe bağımlısın. Ağaçlarla birleşmediğini nasıl söyleyebilirsin ki? Her şeyle derinden bağlantılıyız, ekolojinin anlamı budur. O bir sistemdir.

"Ben" demek basitçe saçmalıktır. Bağımsız olamazsın, tamamen bağımsız olamazsın; o zaman nasıl "ben" diyebilirsin ki? Sadece benin saçmalığına bak. Onu bırakmanı söylemiyorum çünkü öncelikle o orada değil bu yüzden onu bırakmanı söyleyemem. Sana "Bırak onu!" demek, orada olduğunu kabul ediyorum anlamına gelir. O orda değil; o sadece saçma bir inanç, özü olmayan bir fikirdir. O, rüyalarla aynı maddeden yapılmıştır. Bu yüzden şunu diyemem ki: "Onu bırak!" Sadece şunu söyleyebilirim: "Uyan! Uyanık ol!" Seni yalnızca şoke edebilirim ki böylece gözlerini açıp onun orada olmadığını görebilirsin. Farkındalığa ihtiyaç var, ben egosuz olmayı öğretmiyorum, hayır.

Asırlardır dinci insanlar egosuzluğu öğretmekteler. İşe yarıyor gibi görünmüyor. Bu durumda insanlar tevazularıyla ilgili egoist olurlar. O zaman onlar der ki: "Hiç kimse benden daha dindar değil ve benden daha inançlı değil." Sözde dindar insanlara bak. Başka hiçbir yerde bu kadar keskin egoya asla rastlamayacaksın. Onlar kelimelerin, ritüellerin, duaların arkasına saklanmayı sürdürür fakat ego ordadır.

Walter Kaufmann yeni bir kelime icat etmiştir, ona "alçakgönüllülük ve hırs" adını verir. Alçakgönüllülük ve hırsı birleştirmiştir: "alçakgönüllülük ve hırs". Ve "alçakgönüllülük ve hırsın" çok iyi bir şey olduğunu söyler. Fakat "alçakgönüllülük ve hırs" mümkün değil, o imkânsızdır. Birbirine tamamen zıt iki şeyden bir kelime yaratabilirsin ancak onlar birleşemezler. Alçakgönüllü bir adam hırslı olamaz ve hırslı bir adam alçakgönüllü olamaz. Ancak insanlar nasıl saklanacağının birtakım yollarını bulmaya çabalamayı sürdürürler, şimdi "alçakgönüllülük ve hırs": Ben alçakgönüllüyüm ama hırslıyım. Bu imkânsız! Alçakgönüllü bir adam hırslı olmayan, egoist olmayan kişidir.

Bu yüzden sana mütevazı ya da alçakgönüllü ve hırslı olmanı söylemeyeceğim. Sana yalnızca tutunuyor olduğun egonun en baştan orada olmadığını işaret etmek istiyorum. Bu sadece bir fikir. Ve senin diğerlerinin egolarını bildiğin gibi herkes bunun egonla ilgili olduğunu biliyor fakat aptallık şu ki kimse kendi saçmalığının farkında değil.

Soru şu: "Egonun şu anda bırakılabileceğini gördüğüm noktaya geldim." Sen o noktaya gelmedin çünkü eğer o noktaya geldiysen, egonun kendiliğinden düşmesini durdurmanın hiçbir yolu yoktur... Anlayış noktasına gelmen, şimdi egoyu bırakabileceğini anlaman demek değildir. Eğer o noktaya gelirsen, aniden bırakılacak ya da taşınacak bir egonun olmadığını görürsün. Sadece gülmeye başlarsın. Şu sona gelinir, sonunda Amerika keşfedildi! Anlayışın ardından onu bırakman gerekmez, tam anlayışla birlikte o düşer.

Bu tıpkı sabah uyandığın ana benzer: Hayallerini bırakıyor musun? "Sabahleyin eğer istersem rüyalarımı bırakabileceğimin tamamen açıklığa kavuştuğu bir uyanıklık anı geldi," diyebilir misin? Hayır, bu mümkün değil. Eğer uyanıksan, rüyalar artık orda değildir; onları bırakman gerektiğinden değil, onlar bırakılır! Farkındalığın tam eylemi onu bırakır. Onları ayrı ayrı bırakmaya gerek yoktur. Burada anlayış doğar, orada ego kaybolur. O eş zamanlıdır, boş tek bir an bile yoktur.

"Ama sonra onu bırakmak istemediğimi görmek zorunda kaldım." Kaçırdın. Her şeyden önce anlayış orada değildir. İkinci kısım bu yüzdendir, onu bırakmak istemediğini hissettin. Fakat eğer anlayış doğarsa onu bırakacak ya da bırakmayacak kimse yoktur, bırakılması gereken ya da bırakılmaması gereken hiçbir şey yoktur.

Ne zaman anlayışın doğacağını düşünsen, orda olman gerektiğini ve anlayışın o zaman ortaya çıkacağını sanıyorsun.

Hayır, sen orda olmayacaksın. Anlayışta sen kaybolursun, tıpkı güneş doğduğu zaman çimen üzerindeki çiğ taneciğinin kaybolup buharlaşması gibidir.

Sen egosun. Kimin hakkında konuşuyorsun?

Sen egodan ayrıymışsın ve ego bırakabileceğin ya da taşıyabileceğin bir şeymiş gibi konuşuyorsun. Ego bırakıldığında o zaman sen kimsin? Sen onun içinde bırakıldın.

Yirmi yıldır iyi uyuyamadığını iddia eden bir film yıldızını duymuştum. Himalayalarda bir arkadaşının evinde tatil yapıyordu. Bir sabah arkadaşı film yıldızının normalden biraz daha uykusuz ve yorgun göründüğünü fark etti.

" Hiç uyuyabildin mi?" diye sordu.

"Evet, uyudum," cevabını verdi, "Ama rüyamda iyi uyuyamadığımı gördüm."

İnsanlar kendileriyle saklambaç oynamaya devam ederler. Bir anlayışa erdiğini düşünüyorsun ve sonra onu bırakmamaya karar verdin ve şimdi bana soruyorsun çünkü onu bırakmak istemeyi istiyorsun. Anlayışın kendisi yeterlidir, onu bırakmak istemeyi istemene gerek yok. Bu anlayış halinde, anlayış içinde olduğunda o kendisi bırakır.

Bu yüzden egon hakkında endişelenmiyorum. Onu unut! O bir gölge olgudur, neden endişe edesin ki? Bunun yerine, gitgide daha farkında ve anlayışlı hale gel. Gittikçe farkında olmaya devam edersin ve bir gün bana gelip şunu söylersin: "Şimdi farkındayım, egonun nerede olduğunu bulmaya çalıştım ve onu bulamıyorum."

Bodhidharma Çin'e gitti. İmparator dedi ki: "İçeride derin bir sarsıntı yaşıyorum. Çok hırslıyım. Dünyadaki en büyük imparatorlukların birine sahip olmama rağmen ego hâlâ mutsuz hissediyor."

Bodhidharma güldü ve dedi ki: "Doğru kişiye gelmişsin. Bir şey yap: sabahleyin erkenden saat dörtte gel. Fakat egonu birlikte getirmeyi unutma, yoksa onu getirmezsen hiçbir şey yapamam."

İmparator biraz kafası karışık hissetti: "Ne demek istiyor?" Yeniden sordu: "Ne demek istiyorsun?"

Bodhidharma dedi ki: "Tamamen kastettiğim şeyi söylüyorum. Egonu birlikte getir ve onu sonsuza dek yok edeceğim. Fakat yalnız gel, yanında bir koruma ya da birini getirme."

Gece yarısı saat dörtte? Bu adam çok acımasız görünüyor ve hiç kimse onun ne yapacağını bilmiyor. İmparator uyuyamadı. Her şeyi unutup gitmemeyi denedi ancak aynı zamanda çekim de vardı: "Belki bu adam bir şey biliyordur ve kendinden çok emin duruyor." Birçok büyük aziz görmüştü, onu bunu ve hiç kimse çok kolay bir şekilde, "Onu getir ve onu sonsuza dek yok edeceğim!" dememişti.

Böylece sonunda gitmeye karar verdi. Oraya gitti. Bodhidharma elinde büyük bir asa ile oturuyordu. İmparator titreyerek yaklaştı.

Bodhidharma dedi ki: "Yalnız mı geldin? Egon nerede?"

İmparator dedi ki: "O getirebileceğim bir şey değil. Her zaman içimde duruyor."

Bodhidharma dedi ki: "O zaman sorun yok. Otur ve gözlerini kapat ve içinde nerede gizlendiğini bul. Onu yakaladığında, bana söyle."

Titrer vaziyette, kasabanın dışında o tapınakta bir başına, imparator hayatında ilk kez meditasyon yapmak için gözlerini kapattı ve etrafına bakınmaya başladı: "Ego nerede?" Bir saat geçti, diğer bir saat geçti. Güneş doğuyor ve imparator kutsanmış bir halde oturuyordu. Bodhidharma onu sarstı ve dedi ki: "Şimdi bu yeter, iki saat geçti! Nerede peki?"

İmparator gülmeye başladı. Diz çöküp Bodhidharma'nın ayaklarına dokundu ve "Onu bulamıyorum," dedi.

Bodhidharma gülerek şunu söyledi: "Görüyorsun! Onu yok ettim. Şimdi ne zaman bu ego düşüncesi gelse, diğer insanlara onu nasıl bırakacağını sormak için gitme. Sadece gözlerini kapat ve onun nerede olduğunu bulmaya çalış."

Ulaşmak için içeriye girenler onu asla orda bulmadılar. Bu aynı, eline bir fener verip sana odaya girmeni ve karanlığın nerede saklanıyor olduğunu bulmanı söylememe benzer. Feneri alırsın, odaya girersin ama karanlık yoktur. Eğer feneri yanına alırsan, karanlık orda olmaz. Feneri yanına almazsan, o zaman ordadır. Karanlık ışığın yokluğudur. Ego farkındalığın yokluğudur. Eğer varlığına farkındalık getirirsen, birden ego yoktur.

Bu yüzden onu bırakmanı söylemiyorum ve her kim diyorsa hiçbir şey anlamamıştır.

Her kim vaaz veriyorsa: "Egonu bırak!" şeklinde, ego hakkında hiçbir şey anlamamıştır, o orda değil. Onu bırakamazsın, onu taşıyamazsın. O basitçe anlamsızdır.

Son soru:

Osho, hain insan engel olduğunda nasıl teslim olabilirim ki?

Hiç kimse, hiçbir hain engel değildir fakat zihnin kendi sorumluluğunu birine ya da bir başkasına atma eğilimi var. Zihin günah keçileri aramaya devam eder. Ve bu zihnin kendisini koruması, savunması için bir tuzaktır.

Senin dışında engel olan hiç kimse yoktur, yolu yalnızca sen engelliyorsun. Ona isimler verme. Hain deme; Şeytan, Satanist, Beelzebub deme; hiç kimse yoluna engel olmuyor.

Fakat birinin engelliyor olduğunu düşündüğün zaman, rahatlarsın. Böylece engel olan sen değilsin, ne yapabilirsin ki? Başka biri yola engel oluyor. Fakat ben hiç kimsenin engel olmadığını söylüyorum.

Dindar insanlar, sözde dindar insanlar her zaman böyle şeyler yaratmışlardır. Bir şeytan yarattılar, böylece ne zaman günah işlesen seni kışkırtan, şeytandır. Kişi rahatlamış hisseder: Sonuçta o benim yüzümden değil, şeytanın yüzünden. Hindular şeytan hakkında konuşmazlar, kendi mitolojileri var: Geçmiş yaşamda yanlış karma işlediğin mitoloji. Bu karmalar seni şimdi yanlış karmalar yapmaya zorluyor. Tekrar rahatlıyorsun, bu yüzden ne yapabilirsin ki? Geçmiş yaşam şimdi değiştirilemez. Ve sen bu Hindulara sorarsan: "Geçmişte nasıl oldu da yanlış karmalar işledim?" O zaman onlar şunu söylerler: "Başka yaşamda yanlış şeyler yapmıştın."

Fakat her şeyden önce, ta en başından, günah nasıl başladı? O zaman onlar sinirlenirler. Onlar şunu söyler: "Böyle sorular sorma, inanmak zorundasın." Aynı soru şeytana inanan insanlara sorulabilir. Ve Tanrı'ya inanan insandan çok şeytana inanan daha çok insan var çünkü Tanrı fazla önemsenmez, şeytan çok önemsenir. Tanrı, aslında biraz rahatsız edicidir. Tanrı varsa, o zaman bir rahatsızlık duyarsın fakat eğer şeytan varsa, yükten kurtulmuş hissedersin, tüm sorumluluğunu şeytanın üzerine atabilirsin. Cinayet işlersin, şeytan seni kışkırtmıştır. Çaresiz bir kurban olarak ne yapabilirsin ki?

Hatırla, bu sana yardım etmeyecek. Kendine bu kadar acıma ve bir kurban gibi görünmek için çabalama. Bu zihnin bir tuzağıdır. Senin haricinde, hiç kimse yolu engellemiyor. Ve senin dışında, kimse sana yardım etmeyecek. Bu yüzden sorumlulukları bir kenara atma. Orada olan tüm sorumluluğu al çünkü yalnızca onları kabul ederek olgunlaşacaksın.

Fakat insanlar araçlar kullanmaya devam ederler ve onların araçları çok mantıklı görünür. Elbette, kızgın olduğunda ve neredeyse deliye döndüğünde, ilerleyen zamanlarda pişmanlık duyar, kendini suçlu hissedersin. Şimdi onu mantıklı bir şekilde idare edersin? Devamında şunu dersin: "Onu hiçbir zaman yapmak istemedim." Ardından dersin ki: "O bana rağmen gerçekleşti." Ardından imajını yeniden değiştirirsin. Delirmişsindir ve kendinle ilgili her zaman dünyadaki en akıllı ve zeki insanlardan biri olduğunu düşünüyorsundur. Şimdi imaj bozuldu. Ne yapmak gerek? Şeytanı, Haini getir; her şey olur. Onu sen yapmamışsın, biri seni onu yapmaya zorlamıştır.

Hikâyede, Âdem Eden'in bahçesinden kovulduğunda, aynı şey başlar. Âdem sorumluluğu kadının üzerine Havva'ya atar. O der ki: "Havva meyveyi yemem için beni kışkırttı." Şüphesiz, Havva der ki: "Ben hiçbir şey yapmadım, şeytan..." Ve şeytan hiçbir şey diyemez, böylece konu kapanır! Bu yüzden şeytanla her şey yolundadır. Zavallı şeytan!

Herkes sorumluluğu başkasına yüklemek için uğraşıyor. Eğer şeytan konuşabilse o derdi ki: "Tanrı, o beni yarattı ve bu şekilde yarattı ki bunu yapmak zorunda kaldım."

Mantık yollar ve anlamlar bulmaya devam eder ve o çok mantıklı görünür. Fakat ben mantıktan daha mantıksız bir şeye rastlamadım.

Sana bir anekdot anlatayım:

Küçük bir kasabada demirci olan yaşlı bir adam, arkadaşına gençliğinde annesinin onun bir dişçi olmasını istediğini ve babasının onu bir demirci olmaya zorladığını anlatıyordu.

"Bilirsin işte," dedi yaşlı adam, "babamın kendi yoluna sahip olması bir şans çünkü dişçi olsaydım açlıktan ölmüş olurdum."

"Bunu nerden biliyorsun ki?" diye sordu arkadaşı.

"Şey," dedi demirci, "Bunu kanıtlayabilirim. Otuz yılı aşkın bu dükkânda tam burada duruyorum ve birçok nalbantlık işi yapıyorum fakat bir kere bile yaşayan bir ruh benden bir diş çekmemi istemedi."

Mantıklı görünüyor. Mantık, mantıklı görünür, o mantıklı değildir. Ve küçük şeylerde mantıklı görünebilir ancak hayatın temel, derin sorularına ulaştığında, mantık en mantıksız şeydir. Küçük şeyleri ayarlamada, küçük şeyleri düzenlemede o iyidir ama hayat mantıktan daha büyüktür. Mantık yalnızca küçük bir parça, yaşamın çok küçük bir parçasıdır.

Hayatı dinle. Gözlerini kapat ve kendi içinde daha fazla meditasyon yap. Gözlerini kapat ve daha çok meditasyon yap, kimin yolunu engellediğini gör. Hain? Senin dışında hiç kimse yok. Eğer yanlış bir şey yapıyorsan, sorumluluğunu üzerine al çünkü bir gün bunun ötesine geçmenin tek yolu budur. Onu yapıyorsan o zaman imkânlar açıktır; yapmak istemiyorsan, yapmayabilirsin. Ancak başka biri seni onu yapmaya zorluyorsa, bu durumda imkânlar kaybolur, özgürlük mümkün değildir.

Özgürlük ve sorumluluk beraber gider, onlar aynı madalyonun iki yüzüdür. Özgürlük istiyorsan eğer, yaptığın her şeyden sorumlu olmak zorundasın. Eğer sorumluluk istemiyorsan, o zaman özgürlüğünü de kaybedersin.

Herkes özgür olmak ister ve hiç kimse sorumluluk almak istemez. Sorumluluğu atmaya devam ederiz. Ve sorumluluğu başkalarının omuzlarına attığında, bütün özgürlük ihtimallerini de atıyor olursun. Sorumlu ol! Sinirliysen, sinirlisindir. Elimde olmadan deme. Haini sorumlu tutma. Şunu deme: "Başka biri, bazı başka güçler beni ele geçirdi." Hayır, hiç kimse seni ele geçirmiyor.

Her ne oluyorsa, o senin seçimin. Sen o yolu seçmişsindir. Onu nasıl seçmiş olduğunun hiç farkında olmayabilirsin çünkü bazen sen bir şey istersin ve başka bir şeyi seçersin, bu problem yaratır. Bir şey istediğini düşünürsün ve diğerini seçersin. Ya da başka bir şey istedin, aynı şeyi de seçtin fakat sonuç farklı.

Örneğin; insanlara hükmetmeye çalışırsın, bu senin seçimin. İnsanlara hükmetmek istersin fakat hükmettiğinde onlar savaşır çünkü onlar da aynı şeyi istiyordur. Sana hükmetmeye çalışacaklardır ve şimdi bundan hoşlanmazsın; mücadele, kıskançlık ve onun etrafında yaratılan cehennem. Ve sen dersin ki: "Bunu hiç istememiştim. Ama sen insanlara hükmetmek istedin, bu tohumdur."

Her zaman nedeni ara. Eğer etki oradaysa, sebep orada olmak zorundadır. Ve her şeyden önce sebebi seçmemişsen sonuç olamaz, mümkün değildir. İnsanlar sonuca meydan okumak isterler ancak sebebi değiştirmek istemezler. Bu sıradan zihindir, aptal olan zihin.

Akıllı zihin tamamen farklı bir nitelikten ortaya çıkar. Ne zaman bir sonucu istemezse sebebin daha derinine iner ve sebebi bırakır, o zaman hiçbir problem olmaz!

İnsanların seni sevmelerini istiyorsun ve öfkeli, nefret dolu oluyorsun, insanlara her türlü şeyi yapıyorsun ve onlardan seni sevmeleri istiyorsun ve onlar sevmediğinde, tabii senden nefret ederler ve hatta sana öfkelenirler, şunu diyorsun: "Bunlar başıma geliyor ve orada olmalarını asla ben seçmedim." Onları sen seçtin. Başka bir şey istedin fakat seçimin yanlış. Sebebe bir bak.

Birkaç gün önce bir arayışçı geldi ve burada hiç kimsenin onu sevmediğini söyledi, o herkesi seviyor ve hiç kimse onu sevmiyor. Çok kızgındı. Ondan, onun sevdiği ve onu sevmeyen birkaç tanık getirmesini istedim ve onlara ne dediklerini soracaktım. Aynı şeyi söylerlerdi, onlar seviyor ve hiç kimse sevgilerine karşılık vermiyor. O, bir tanık getirmeye hazır değildi.

Herkes insanları sevdiğini ve hiç kimsenin sevgiye karşılık vermediğini düşünmeye devam eder fakat asla bu şekilde olmamıştır. Bu kurallara aykırıdır; toplumsal adalete, yaşamın temel kuralına aykırıdır. Eğer seversen, sevgi geri gelir. Eğer gelmiyorsa, derinlere in; bir yerlerde sevgi adına başka şeyler yapmışsındır.

Bir adam bir gün patronuna, 30 Ekim tarihinde çiftçi arabasını ödünç alıp alamayacağını sordu. Tarih yaklaşık bir ay ilerdeydi.

"Elbette," dedi çiftçi olan patronu. "Arabayı ödünç alabilirsin. Ondan sonra ne olacak?"

"O gün evleniyorum."

"Güzel!" dedi çiftçi, "Şanslı kız kim peki?"

"Şey, henüz onu seçmedim," cevabını verdi. "Önce arabayı alacağımdan emin olmak istedim."

Önemsiz şeyler. Önce onlardan emin olmak istersin ve esas olan onu izleyecek diye düşünürsün. Bu davranışı değiştir: Önce esas şeyi düşün, esas olmayan takip eder. Önce esas olanı düşün! Esas olan nedir? Etki esas değildir, sebep öyledir. Diğeri esas değildir, sen öylesin.

Bugün her ne olmaktaysa bir şekilde üstesinden gelmişsindir; farkında olmadan, bilinçsizce ancak onun tohumunu ekmişsindir; şimdi ürünü toplamak zorundasın. İnsanlar önemsiz olanın üstesinden gelirlerse, esas olan gelecektir diye düşünmeye devam ederler.

Örneğin insanlar yeterli para kazanırlarsa mutlu olacaklarını düşünürler. Öyle değildir. Eğer mutluysan zengin olacaksın; bu doğru, zengin olacaksındır. Eğer mutluysan zengin olacaksın. Mutlu bir insan aksi olamaz. Büyük saraylara sahip olmayabilir ancak o hâlâ zengin olacaktır. O sokaktaki bir dilenci olabilir fakat hâlâ zengin olacak. Ama sen öncelikle çok varlığa sahip olmak için çabalarsın ardından mutlu olacağını düşünürsün. O asla bu şekilde gerçekleşmez çünkü zenginlik mutluluğun bir sebebi olamaz. Mutluluk daima zenginliğin bir sebebidir.

Esas şeylerin geleceğini düşünürsün: Önce önemsiz şeyleri halledeyim. Önemsiz şeyleri hallederek bir durum yaratacağım. İlk önce güç, prestij, zenginlik; önemsiz olan her şey.

Varlığının içine derinden bakmaya çalış ve önemli olan şeyi düşün. Mutlu ol! Tam şu anda mutlu olabilirsin. Yola hiç kimse engel olmuyor. Ve tam şu anda mutlu olmazsan, asla mutlu olamazsın. Mutluluğun gelecekle bir ilgisi yoktur. Mutluluk yarını bilmez çünkü mutluluk her şeyden bağımsızdır. Bu sadece bir yaklaşımdır. Şimdi olduğun halinle mutlu olabilirsin.

Hiç sebepsiz mutlu olmayı dene ve şaşıracaksın! Hiçbir sebep yokken mutlu olabilirsin çünkü mutluluk birçok şey için sebeptir, o temel bir nedendir. Mutlu olabilirsin, dene bunu. Diğer yolu deniyordun, şimdi onu temel nedeninden dene. Öncelikle nedenin olsun –mutlu ol– ve ardından etkiler kendiliğinden takip edecektir. Ve her zaman günah keçileri bulmamayı hatırla, bu hayatı kaçırmanın kesin yoludur.

Bugünlük bu kadar yeter.

BÖLÜM 6

Boğayı Evcilleştirme

Bir kez yaşamın ne olduğunu bilirsen,
Varlığında muazzam bir güzellik ortaya çıkar.
Her şey ışıldar, Tanrı ile aydınlanmıştır.
Her taş bir söylev haline gelir.
Her sessizlik bir şarkı haline gelir.

5. Boğayı evcilleştirme

Kırbaç ve ip gereklidir,
Yoksa tozlu yollara sapabilir.
İyi eğitilerek, doğal olarak uysal hale gelir.
Sonra dizginsiz itaat eder ustasına.

Yorum

Bir düşünce ortaya çıktığında, başka bir düşünce takip eder. İlk düşünce aydınlanmadan kaynaklandığında, sonradan gelen tüm düşünceler doğrudur. Yanılsama aracılığıyla kişi her şeyi yanlış yapar. Yanılsama tarafsızlıktan kaynaklanmaz, o öznelliğin sonucudur. Burun halkasını sıkıca tut ve bir şüpheye dahi izin verme.

6. Boğayı eve sürme

Boğaya binerek, yavaşça eve doğru dönerim.
Flütümün sesi akşam boyunca ton verir.
Titreşen harmoniyi el vuruşlarıyla ölçerek, sonsuz ritmi yönlendiririm.
Bu melodiyi her kim duyarsa bana eşlik edecek.

Yorum

Bu mücadele sona erer, kazanç ve kayıp benzeşir. Köydeki oduncunun şarkısını söylerim ve çocukların ezgisini çalarım. Boğaya biner, yukarıdaki bulutları gözlerim. Kim beni geri çağırmak isterse istesin, ileriye giderim.

Hakikat sadece özgürleştirir. Başka her şey bir esaret, bir yük yaratır. Ve hakikat entelektüel çabayla bulunamaz çünkü hakikat bir teori değildir, o bir deneyimdir. Bilmek için onu yaşamak zorundasın ve milyonlarca insanın yanıldığı yer burasıdır. Onlar eğer bir inanca tutunabilirlerse, tutunmanın hakikati bulmak için onlara yardımcı olacağını düşünürler. Onlar gitgide inançla uzlaşırlar ve inanç hakikat değildir. O hakikat hakkında bir teoridir: Sanki biri sadece kelimeler, kutsal kitaplar, doktrinler, dogmalarla yolu ile çözmüş gibidir, kör bir adamın ışığın var olduğuna inanmaya başlaması gibi ya da aç bir adamın yemek yapma üzerine kitap okuması gibi, bu şekilde, fakat o her zaman aç kalır. O açlığı yatıştırmanın yolu değildir.

Hakikat bir yemektir. Kişinin onu sindirmesi, özümsemesi gerekir; kişi onun kanında dolaşmasına, kalbinde atmasına izin vermek zorundadır. Hakikat senin organik bütünlüğün içinde özümsenmelidir. İnanç asla özümsenmez, alakasız bir olgu olarak kalır.

Sen bir Hindu olabilirsin ancak Hinduizm yalnızca entelektüel bir kavram olarak kalır. Sen bir Hıristiyan olabilirsin fakat o senin varlığının organik bir parçası değildir. Derinlerde, şüphe devam eder.

Bir hikâye duymuştum:

Rus kozmonot, Titov, uzaydan döndü ve ona Nikita Khrushchev tarafından özel olarak orada bir kimseyi görüp görmediği soruldu. Hikâye şöyle devam etti: Titov, "Evet, Tanrı'yı gerçekten gördüm," dedi, Khrushchev bunu, "Onu zaten biliyorum fakat politikamızı biliyorsun, bu yüzden lütfen hiç kimseye söyleme," şeklinde yanıtladı.

Sonraları Titov Rus Ortodoks Kilisesi'nin başpapazı ile birlikteydi. Başpapaz ona uzayda birini görüp görmediğini sordu. Titov, talimata sadık kalarak yanıt verdi: "Hayır, kimse yoktu."

Kilise lideri "Onu zaten biliyorum," dedi "fakat politikamızı biliyorsun, bu yüzden lütfen hiç kimseye söyleme."

İnançlarının altında, inanç ne olursa olsun şüphe devam eder. Şüphe merkezdedir ve inanç yüzeyde. Bu yüzden temelde yaşamın şüphelerin tarafından belirlenir, inançlarınla değil. Sen bir komünist olabilirsin ve hâlâ derinlerde şüphe devam eder. Bir Katolik olabilirsin, bir Hıristiyan, bir teist ancak derinde şüphe devam eder.

Farklı inançlara, mezheplere ait olan birçok insanı inceledim ancak derinlere inildiğinde aynı şüphe var. Ve şüphe ne Hindu ne Hıristiyandır. Şüphe ne komünist ne de antikomünisttir. Şüphe saftır, sadece şüphedir. Bu saf şüphe için saf güvene ihtiyacın vardır.

Hiçbir sıfata sahip olmayan -Hindu, Hıristiyan...- bu saf şüphe, Hindu, Hıristiyan... vb. kavramları, inançları, teorileri, felsefeleri tarafından yok edilemez. Bu şüpheyle ilgili ne yapmak gerekir?

Gerçek bir arayışçı kendini avutmak için herhangi bir inancı aramıyordur. Bunun yerine, kendisinin içinde şüphenin ötesine giden daha derin bir merkez bulmaya çalışıyordur. Bunun anlaşılması gerekir. Şüphenin çeperde geride bırakıldığı öylesi bir canlılık noktası için kendi varlığının içine derinlemesine girmelisin. Bunu yapmak yerine, insanlar çeperdeki inançlara tutunmaya devam ederler ve şüphe derinlerde kalır. Durum tam tersi olmak zorundadır.

Varlığının derinlerine in. Şüphe hakkında endişelenme, onun yanından geç. Orada olmasına izin ver! Kendini bir inancın içine saklamaya çalışma. Bir deve kuşu olma. Şüpheyle yüzleş ve onun ötesine geç. Şüpheden de daha derine in. O zaman varlığının içinde bir an gelir... Çünkü en derin özde, en merkezde yalnızca yaşam vardır. Kendi içindeki o derin öze bir kez dokunduğunda, şüphe yalnızca uzaktaki çevresel bir şey olarak kalır. O çok kolayca bırakılabilir.

Ve bırakmak için hiçbir inanca tutunmaya gerek yok. Sen basitçe onun aptallığını görüyorsun. Sen basitçe onun saçmalığını görüyorsun. Şüphenin tüm yaşamına karşı nasıl yıkıcı olduğunu, şüphenin varlığını hiç durmadan nasıl kemirdiğini, nasıl zehirli olduğunu basitçe görüyorsun. Şüphenin zehirli olduğu gerçeğini gördüğün için ve senin kutlamana izin vermediği için, büyük bir fırsat kaçırılır. Onu öylece bırakırsın. Şüphenin yerine bir inanca tutunduğundan değil.

Gerçekten güvenen bir insanın inancı yoktur, o basitçe güvenir çünkü yaşamın ne kadar güzel olduğunu bilir. Ve yaşamın ne kadar sonsuz, zamansız olduğunu bilir. İçinde Tanrı'nın krallığının bulunduğunu bilir. O bir kral olur ve kelimenin sıradan anlamında bir kral değil çünkü dışarıdan gelen krallık yanlış bir krallıktır, düş krallığıdır.

Mısır kralı Şah Faruk hakkında şunu duydum: Bir keresinde ona yirmi beş yıl sonra dünyada kaç tane kralın olacağı soruldu.

Tereddütsüz beş tane kral olacağı yanıtını verdi ve ardından şu açıklamayı yaptı: "İngiltere kralı, kalpler kralı, elmaslar kralı, kulüpler kralı ve maça kralı."

Dışarıdan gelen krallık sadece düşlerin krallığıdır. Sen bir kral olabilirsin ama bir oyun kartı kralı ya da en çok İngiltere kralı olacaksındır. Fazla bir değeri yoktur, değersizdir, hiçbir anlamı olmayan sahte bir semboldür.

Gerçek krallık içeridedir. Ve en şaşırtıcı şey ise şudur: Hiç farkında olmadan onu içinde taşımayı sürdürürsün, ne gibi hazinelere sahip olduğunu bilmeden ve ne gibi hazinelere sahip olduğunu sadece iddia ederek.

Din herhangi bir inanç arayışı değildir. Din, varlığının en alt kaya tabakasına dokunmak için varlığının en temelini bilme çabasıdır. Varlığının o en alt tabakası deneyimi, hakikat kelimesini kullandığımızda kastettiğimiz anlamdır. O varoluşsaldır. O bir deneyimdir.

Bu yüzden inançlara çok fazla aldanma. Uyanık ol, onlar aldatmacadır. Ve bu inançlar yüzünden insanlar aramazlar çünkü bir kere bildiğini düşündüğünde, biliyor olduğuna inanırsın, aramanın ne anlamı vardır? Onlar arayıştan kaçınmak için araçtır çünkü arayış çaba gerektirir, arayış zordur. Birçok hayal yıkılacak, birçok görüntü yıkılacak ve çok, çok fazla acıdan geçmek zorunda kalacaksın. O acı gereklidir; o arıtır, sana dayanıklılık, bütünlük verir; seni olgunlaştırır. Bu acılar doğum sancılarına benzer çünkü sen onlar sayesinde yeniden doğacaksın.

İnanç ucuzdur, hiçbir değeri yoktur. Sadece başını sallayarak bir Hıristiyan, bir Hindu olursun. O çok ucuzdur. Hakikat o kadar ucuz olamaz. El üstünde tutulan birçok hayali feda etmek zorunda kalacaksın. Hayali görüntünü feda etmek zorunda kalacaksın. Cehaletinde çok fazla değer verdiğin birçok şeyi feda etmek zorunda kalacaksın. Şu anda içinde bulunduğun bulanık halden çıkman gerekecek. Onun üzerine yükselmen gerekecek. Ve kesinlikle, bir dağa tırmanmak zordur ve senden daha büyük başka hiçbir dağ yoktur.

Sen içinde en büyük zirveyi, Everest'i taşıyorsun. Ve tabii ki tırmanmak zor olacaktır. Fakat zorluk bedel öder, muazzam bir şekilde öder. Bir kere zirveye ulaştığında, sadece çaba, zorluklar, meydan okuma, tırmanmanın zorluğu ve içinde bir şey kristalleşmeye devam eder. Zirveye vardığın an, ulaşmış olduğun yalnızca bir zirve değildir; sen zirve olmuşsundur. Daha önce hiç bilmediğin bir yüksekliğe erişmişsindir. Karanlık bir vadinin içinde yaşıyordun, şimdi güneş ışığıyla yaşıyorsun.

Bu yüzden arayışçı için ilk şey, inançların birer bariyer olduğunun farkında olmaktır. Eğer bana bir Hıristiyan olarak gelirsen, bana gelemezsin çünkü senin Hinduizmin, Jainizmin seninle aramızda bir mesafe yaratacak. Ve neye inandığının benim için bir farkı yok. Bütün inançlar -koşulsuz bir şekilde, tüm inançlar- bariyerdir.

Bir başkentte meydana geldi:

İştirakçi grev hattı, birkaç yoldaşa dava açılmış olan adliyenin önünde yürüyorlardı. Düzeni sağlamaya çalışan bir polis, bir seyirciyi itti.

"Beni itme!" diye şikâyet etti seyirci. "Ben anti-komünistim."

Polis memuru ters ters baktı. "İlerlemeye devam et!" diye emretti. "Ne çeşit bir komünist olduğun umurumda değil!"

Bu hiçbir fark yaratmaz: Komünist komünisttir, anti-komünist de bir komünisttir çünkü Marx'a, Musa'ya, Manu'ya ya da Mahavira'ya inanman hiçbir fark yaratmaz. Sen inanırsın; ya Srimad Bhagavad Gita'ya ya Das Kapital'e ya da İncil'e, hiçbir fark yoktur çünkü inananın zihni yanlış zihindir.

İnancı bırak ki şüphen ile yüzleşebilesin. Şüpheyle yüzleşerek, şüpheyle karşı karşıya gelerek güven ortaya çıkar. Eğer şüphenin orada olmasına izin verirsen ve başka yere saklanmazsan, yalınlığı içinde onunla yüzleşirsen tam karşılaşma ve aniden içinde ortaya çıkan yeni bir şey olacak, o güvendir. Güven şüpheyle yüzleşerek ortaya çıkar, ondan kaçarak değil; inanç bir kaçıştır. Ve inanç sahte bir para, güven için sahte bir yedektir; güven gibi görünür, o güven değildir. İnançta, şüphe gizli bir akıntı olarak içten içe devam eder.

Güvende şüphe yoktur. Güven asla şüphe bilmez, güven asla şüphe ile yüz yüze gelmemiştir. O tıpkı ışığın karanlıkla hiç karşılaşmaması gibidir: Işık geldiği an, karanlık dağılır, kaybolur. Fakat yalnızca ışığa inanırsan, bunun yardımı olmayacaktır. Sen karanlık içinde yaşarsın ve ışığa inanmayı sürdürürsün fakat karanlıkta yaşarsın! Ve senin ışığa olan inancın bir yardım değil, o bir engeldir çünkü ışığa hiç inanmamış olsaydın, ışığı arardın. Işığa inanarak, onun gerçekleşeceğini sanıyorsun. O orda. Günün birinde, Tanrı'nın rahmetiyle, o gerçekleşecek. Sen karanlıkta yaşamaya devam edersin, bu yüzden inanç kendisini korumak için karanlığın bir tuzağıdır. İnanç, doğru olmayanın kendisini koruması için bir tuzaktır. Tetikte ol.

İnanmak, hastalığın gerçek olması için belirti göstermen gibidir. Bir hekime gidersin, hastalığını teşhis eder. Bulgular arar, ancak bulgular hastalık değildir. Bulgular yalnızca derinlerde bir yerde bir şeylerin yanlış gittiğinin göstergesidir. Şüphe bir belirtidir, tıpkı ateşinin çıkması gibi -yüz iki, yüz üç derece- fakat ateşin kendisi hastalık değildir.

Bu yüzden birinin yüksek ateşi varsa, ona soğuk bir duş aldırmaya başlama. Şu mantıklıdır: Eğer ateşin kendisinin hastalık olduğunu düşünürsen, o zaman bedeni serinletirsin. Beden gittikçe sıcaklıyor, serinlet onu; buz gibi suya sok. Bulgularla savaşıyorsun, hastayı öldürebilirsin. Bu şekilde olmaz. Hastalık derinde bir yerlerdedir, ateş sadece içerde bir şeylerin yanlış gittiğinin göstergesidir. İçerde yanlış giden şeyi tedavi et ve sıcaklık kendi normal ayarına düşecektir.

Şüphe bir semptomdur, o hastalık değildir. Bir inanca tutunmaya devam ettiğinde, şüpheyi bir hastalık olarak görürsün. Bu yüzden şöyle düşünürsün: Eğer inanırsam, şüphe kaybolacak. Hayır, kaybolmayacak, sadece yeraltına inecek. Bilinçsiz olacaktır. Bilinçte Tanrı'ya inanacaksın, bilinçaltında onu reddetmeye devam edeceksin.

Şüpheden korkma. Şüphe düşman değildir, şüphe arkadaştır. Şüphe sadece sana içeride aramadığını söylüyor, bu yüzden şüphe orada. Kendi gerçekliğine bakmamışsın, bu yüzden şüphe orada. Kendi gerçekliğine bak ve şüphe karanlık gibi oradan kaybolur. Işığı getir...

Büyük bir Hıristiyan rahip, Henry Ward Beecher hakkında duymuştum. Kilisesinde her zaman ya çok hızlı ya da çok yavaş ilerleyen bir saat bulunuyordu ve insanlar her zaman saat hakkında şikâyet ediyorlardı. Bu her gün problemdi. Kim gelirse gelsin, Beecher ile konuşur ve derdi ki: "Saat doğru değil."

Bir gün Beecher bunların hepsinden yoruldu ve saatin üzerine bir işaret koydu: "Ellerimi suçlamayın!" diyordu. "Sorun derinlerde yatıyor."

Sorun daima derinlerde yatar. Sorun yüzeyde değildir. Sorun bir saatin ellerinde değil, mekanizmanın içinde derindedir. Bu yüzden zihnini şüpheden inanca doğru değiştirmeye çalışma, o yardım etmeyecek. Mevzu zihin değildir; sorun derinlerde, zihninden de daha derinlerde yatar ve sen içinin derinliklerine yönelmek zorundasın.

Boğayı arayışın tüm anlamı budur. Boğa yaşam enerjisidir, dinamizmdir, canlılıktır.

Beşinci sutra:

Kırbaç ve ip gereklidir,
yoksa tozlu yollara sapabilir.
İyi eğitilerek, doğal olarak uysal hale gelir.
Sonra dizginsiz itaat eder ustasına.

Altıncı sutra:

Boğaya binerek, yavaşça eve doğru dönerim.
Flütüm akşam boyunca ses verir.
Titreşen harmoniyi el vuruşlarıyla ölçerek sonsuz ritmi yönlendiririm.
Bu melodiyi her kim duyarsa bana eşlik edecek.

Her kelimeyi mümkün olduğunca dikkatli dinle:

Kırbaç ve ip gereklidir...

Kırbaç farkındalığın bir sembolüdür ve ip içsel disiplin için bir semboldür. Farkındalık ve disiplin bir arayışçı için en temel şeylerdir. Eğer farkındalık olmadan kendini disiplin edersen, ikiyüzlü olacaksın. Kendini farkındalık olmadan disiplin edersen bir robota, bir zombiye dönüşeceksin. Kimseye zarar vermeyebilirsin, iyi bir adam olarak hatta bir aziz olarak tanınabilirsin fakat gerçek hayatını yaşayamayacaksın, onu kutlayamayacaksın. Onun içinde hiçbir haz olmayacak. Çok ciddi olacaksın, oyunculuk ebediyen gitmiş olacak. Ve ciddiyet bir hastalıktır.

Eğer farkındalık olmadan disiplin varsa, o zaman onu zorlayacaksın ve o bir şiddet, kendi varlığına bir tecavüz olacak. Sana özgürlük vermeyecek; daha fazla, daha büyük hapislik yaratacak. Disiplin farkındalık üzerine kuruluysa doğrudur.

Disiplin farkındalık olmadan körü körüne, inanan bir zihinle yapılırsa tamamen kötü sonuçlanır, zehirli hale gelir.

Bu nedenle gerekli olan ilk şey kırbaçtır, farkındalık. Ve ikinci şey ise iptir, disiplin. Disiplinin ne gereği vardır? Eğer farkındaysan, farkındalık yeterli görünür. En sonunda yeterlidir fakat başlangıçta değil çünkü zihnin derin kalıpları var ve enerjinin eski alışkanlıklar, eski kalıplardan ilerlemeye eğilimi vardır. Yeni kanalların yaratılması gerekir.

Farkında olmuş olabilirsin fakat onun kendisi başlangıçta yeterli olmayacak çünkü zihin eski kalıpların içine doğru ilerleme fırsatını bulduğunda hemen kaçar, bir anda. Öfkeli olmak zaman almaz. Sen farkına varana kadar, öfke çoktan ortaya çıkmıştır. Daha sonra farkındalığın bütün olduğunda, farkındalığın seninle mutlak hale geldiğinde, bir şey meydana gelmeden önce bir öncül olarak farkındalık daima oradadır; eğer öfke gelirse, öfkeden önce farkındalık oradadır; cinsellik seni ele geçirirse, ondan önce farkındalık ordadır; farkındalık doğal, anlık bir şey olduğunda, nefes almak gibi, uykunda bile o oradadır; o zaman disiplin gözden çıkarılabilir. Fakat başlangıçta, hayır. Başlangıçta farkındalık yerleşirken, disiplin yardımcı olacaktır.

Disiplin basitçe enerjinin hareket etmesi için yeni bir yol yaratma çabasıdır, bu yüzden eski yol üzerinden ilerlemesine gerek yoktur.

Birçok yaşamdır sürekli öfkeli oldun, kök yerleşti. Enerjin olduğunda, o otomatik olarak öfkeye doğru hareket eder. Bu yüzden birçok din oruç tutmayı emreder. Eğer oruç tutuyorsan –şu anlama gelir, eğer sen kendini aç bırakıyorsan– yeterli enerjiye sahip olmazsın. Yiyecek enerji yaratır. Yeterli enerjin yoksa o zaman öfkeli olamazsın. Fakat zayıflık bir dönüşüm değildir, o tekrar bir aldanmadır.

Birçok din oruç tutmayla ilgili vaaz verir ki bu şekilde seksin üstesinden gelebilesin. Şüphesiz eğer çok oruç tutarsan ve bedenin açlık çekerse, cinselliğin içine yönelecek yeterli enerjin olmayacak. Cinselliğin içine doğru yönelmek için taşkın enerjiye ihtiyacın var çünkü seks bir zevktir. Eğer sende çok fazla varsa ancak o zaman gerçekleşir. Sende çok fazla olmadığında, kendiliğinden kaybolur fakat bu doğru Brahmacharya değildir. Kendini kandırıyorsun. Enerji taşkın olmalıdır fakat farklı bir boyut içinde hareket etmelidir, sevgi boyutuna doğru. Fakat bunun için bir disiplin yaratmak zorunda kalacaksın, böylece enerji ortaya çıktığında sevginin içinde hareket eder, seksin içinde değil; şefkatin içinde hareket eder tutkunun içinde değil; paylaşma içinde hareket eder açgözlülük içinde değil.

Disiplinin yeni yollar yaratması gerekir. Bu yüzden farkındalık ve disiplin birlikte hareket etmelidir. Yalnızca farkındalığın işe yarayacağında ısrar eden insanlar var. Bir açıdan onlar haklılar; ancak farkındalığın yeterli olduğu, onun kendisinin bir disiplin olduğu noktaya ulaşmak çok, çok zordur. Bu çok nadir gerçekleşir.

Krishnamurti yalnızca farkındalığın yeterli olduğunu, hiçbir disipline gerek olmadığını söylemeye devam eder. O mantıksal açıdan haklıdır! Fakat o bu şekilde gerçekleşmez. Yaşam çok mantıksızdır, o mantığı dinlemez. Bu yüzden insanlar kırk yıldır Krishnamurti'yi dinliyorlar ve hiçbir şey olmadı çünkü yalnızca farkındalığın işe yarayacağını sanıyorlar. Fakat o farkındalığa ulaşmak için muazzam çabaya ihtiyaç vardır ve onların gücü buna yetemez. Aslında Krishnamurti bu insanlar için bir kaçış olmuştur böylece disiplinden kaçabilir ve yalnızca farkındalığın halledeceğini düşünmeye devam edebilirler. Ve onlar karanlığın içinde yaşamaya devam ederler, zirve hiçbir zaman gerçekleşmez.

Ayrıca farkındalığa gerek olmadığını, disiplinin yeterli olduğunu söylemeye devam eden diğerleri vardır. Onlar da diğer uç noktayı konuşuyorlar. Disiplin tek başına yeterli değildir. O zaman kendisini disipline zorlamaya devam eden insan, gitgide mekanik bir robota dönüşür.

Ölen bir aziz hakkında hikâye duymuştum ancak o cehenneme gitmeye zorlanmıştı. Buna inanamadı. Tanrı'yı görmek istediğini ve ne yanlış yaptığını ona sormak istediğini söyledi çünkü tüm hayatı boyunca en masum insanlardan biriydi. Ve Tanrı ona dedi ki: "Asla kötü bir şey yapmadın, bu doğru ama hiçbir zaman iyi bir şey de yapmadın çünkü her şeyden önce, asla orada değildin. Sadece bir robot gibiydin."

Mekanizm bir şey yapmaya devam eder, o ne iyidir ne de kötü. Mekanizmanın ruhu yoktur, içinde ruh yoktur. O basitçe tekrarlamaya devam eder. Tekrar ölüdür. Tekrar yardım etmeyecektir. Gidip her gün dua edebilirsin fakat sadece zihnin mekanizması onu tekrarlıyor olacaktır. Onun içinde olmayacaksın.

İnsanlara hizmet etmeyi, onlara yardım etmeyi sürdürebilirsin –fakir ve hastalara– fakat yalnızca bir robot gibi hareket ediyorsan, her şey disiplinse ve içinde farkındalık yoksa o zaman bir bilgisayara benzersin. Harika bir yeteneğin olabilir ama orda olmazsın.

Çoğu dinler yalnızca disiplini, ahlakı, iyi amel ve sevapları öğretir; bunun dünyaya yardımı olmadı. İnsanlar onun aracılığıyla canlı, uyanık olmadılar. Her iki zıt da yarı yarıyadır. Zen, hem farkındalığın hem disiplinin birlikte hareket etmek zorunda olduğunu söyler. Bu iki zıt arasında bir ritim yaratmak gerekir. Kişi kırbaçla başlamalı ve iple bitirmelidir.

Kırbaç ve ip gereklidir,
yoksa tozlu yollara sapabilir.

Boğa tozlu yolların çoğuna aşinadır ve eğer kırbaç ve ip kullanılmazsa, boğayı tekrar yakalama ihtimali kaybolacaktır.

İyi eğitilerek, doğal olarak uysal hale gelir.
Sonra dizginsiz itaat eder ustasına.

Daha sonra disipline gerek kalmaz. O zaman bir usta olmuşsundur.

İyi eğitilerek, doğal olarak uysal hale gelir.

Eğitime gereksinim vardır ancak eğitim hedef değildir. Eğitim sadece bir araçtır. Sonunda kişi eğitimden çıkmalıdır, bütün disiplini unutmak zorundadır. Eğer disiplininde devam etmen gerekiyorsa, bu basitçe disiplinin henüz doğal olmadığını gösterir.

Başlangıçta uyanık kalırsın, zihninin enerjisi için yeni yollar yaratırsın. Çok geçmeden, ona ihtiyaç kalmaz, yavaş yavaş uyanık kalmaya bile ihtiyaç kalmaz. Kişi basitçe uyanıktır; uyanık kalmaya çalıştığından değil. Uyanıklık doğal olduğunda, meditasyon yapılmadığında ama basitçe gerçekleşmeye devam ettiğinde, ancak o zaman çiçeklenme olur. O senin iklimin olmuştur, onun içinde yaşarsın. Sen osundur.

Sonra, dizginsiz, itaat eder ustasına.

Altıncı sutra:

Boğaya binerek, yavaşça eve doğru dönerim.

Eğer usta değilsen, o zaman evinden çok uzaklara gidersin. Eğer ustaysan, orijinal kaynağına dönmeye başlarsın. Eğer usta değilsen, enerji senden uzağa hareket eder; şeylere, kişilere, güce, prestije, şöhrete doğru. Enerji çepere doğru, senden uzaklaşmaya devam eder. Bir kez usta olduğunda, enerji içeriye hareket etmeye başlar.

Büyük Hintli mistiklerden biri olan Kabir dedi ki: "Aydınlandığım gün, Ganj nehri akıntısının yukarı doğru, kaynağa aktığını gördüm." O haklı: Ganj nehri bir daha artık okyanusa doğru gitmez, Himalayalar'da ortaya çıkan kaynağa, Gangotri'ye geri döner.

Eğer sen ustaysan, zihin seni bir gölge gibi izler. Sen eğer bir usta değilsen sen zihni bir gölge gibi izlemek zorunda kalırsın. Ve zihin dışadönük enerji demektir ve meditasyon içe dönük enerji anlamına gelir, aynı enerji. Sadece yönü farklıdır.

Boğaya binerek, yavaşça eve doğru dönerim.
Flütümün akşam boyunca ses verir.

Ve bunu hatırla: Eğer arayışın seni gitgide şarkı söyleyip dans edebildiğin saadetli hallere yönlendirmiyorsa, o zaman bir şeyler yanlıştır, o zaman bir şeyler kesinlikle yanlıştır. O zaman birtakım yanlış izler üzerindesindir. Senin mutluluğun, senin şarkı söylemen ve dans etmen işarettir. Dışadönük olmasına gerek yok; diğerleri duyabilsin diye şarkı söylemene gerek yok, ancak sen, şarkı söylemenin içinde hiç durmadan devam ettiğini duyacaksın. Eğer hoşuna gidiyorsa şarkı söyleyebilir, paylaşabilirsin ama senin içinde bir dans olacaktır. Ne kadar çok evine yaklaşırsan, o kadar mutlu hissedersin. Mutluluk eve geri dönen enerjinin kalitesidir.

Flütüm akşam boyunca ses verir.
Titreşen harmoniyi el vuruşlarıyla ölçerek,
sonsuz ritmi yönlendiririm.
Bu melodiyi her kim duyarsa bana eşlik edecek.

Bu şekilde milyonlar Buda'ya, İsa'ya, Krishna'ya katılmıştır; onların şarkısı, onların saadeti, onların coşkusu bulaşıcıdır. Duyduğun an, katılmaktan başka bir şey yapamazsın. Bu yüzden insanlar işitmekten korkarlar. İnsanlar onların yaşamını, yönünü değiştirebilen biriyle iletişim kurmaya korkarlar. Onlardan kaçarlar. Elde etmeye çalışacak bir şey olmadığına kendilerini ikna ederler. Ancak onların münakaşası gizlenmiş, derin bir korkunun rasyonelleşmesinden başka bir şey değildir.

İnsanlar kör ve sağır gibi davranırlar. Bu şunu söylemeye devam eden kurnaz zihindir: Bu yönde hareket etme, tehlike var. Zihin için tehlikeli elbette ama senin için değil. İlk kez varlığının ustası olacaksın ancak ondan sonra kalbine dokunmayı bilen ve ona bir ritim veren, uyumunu seninle paylaşabilen birine izin vermek zorundasın.

Doğuda biz ona satsang diyoruz. O bir üstadın huzurunda olmak, üstadın uyumu içinde olmak, onunla aynı doğrultuda olmak demektir. Üstat orada; sen hiçbir şey yapmadan, sadece onun etrafında oturursun. Fakat çok geçmeden ortamı, çevreyi içine çekersin. Yavaş yavaş üstadın enerjisi üzerine akmaya başlar ve sen ona açık hale gelirsin. Yavaş yavaş rahatlar ve direnmezsin, dövüşmezsin ve tadına bakmaya başlarsın, bilinmeyen bir şeyi koklamaya başlarsın; tadını, kokusunu. Sen daha çok tadına baktıkça, daha çok güven doğar.

Sadece aydınlanmış bir adamın huzurunda olarak, muazzam olasılıklar açılır, potansiyelin işlev görmeye, çalışmaya başlar. Uğultuyu, sana doğru gelen yeniliğin uğultulu sesini duyabilirsin. Ancak o bir şarkının, bir dansın, bir kutlamanın paylaşımıdır.

Bunu hatırla, bunun kriter olmasına izin ver: Eğer burada benimleysen ve üzgün, asık suratlı ve ciddiysen, o halde bir şeyler yanlıştır; beni yanlış anlamışsın, zihnin beni yanlış yorumlamıştır. Eğer gerçekten buradaysan, bana karşı savunmasız, açıksan o zaman çok geçmeden içinde bir şarkının dolup taştığını göreceksin. Yürümeyi artık bir yürüme olarak hissetmeyeceksin, o bir dans niteliği kazanmaktadır. Kalp sadece kan pompalamıyor, şimdi o bir uyumla atıyordur. İçinde yaşamın orkestrasını hissedeceksin. O zaman doğru yol üzerindesin. O zaman beni yanlış yorumlamamışsındır, beni özümsemişsindir.

Arayışçının anlamı budur: Mevcut olduğun kısımda basit bir jest, başka bir şey değil. Bana karşı daha fazla direnmiyor olduğun, benimle tartışmayacağın, vaktini kavga ederek harcamayacağın, tüm savunmaları bıraktığın basit bir jesttir. Arayışçının anlamı budur; satsang için hazırlanıyor olduğun, şimdi üzerine yağabileceğim ve almaya hazır olacağın anlamına gelir. O bir basitçe alma gücünü gösterir.

Flütüm akşam boyunca ses verir.
Titreşen harmoniyi el vuruşlarıyla ölçerek,
sonsuz ritmi yönlendiririm.
Bu melodiyi her kim duyarsa bana eşlik edecek.

Aynısını sana söylüyorum: Bu melodiyi duyan herkes bana eşlik edecek.

Şimdi gelelim düzyazı yorumuna. Beşinci sutra için:

Bir düşünce ortaya çıktığında, başka bir düşünce takip eder. İlk düşünce aydınlanmadan kaynaklandığında, sonradan gelen tüm düşünceler doğrudur. Yanılsama aracılığıyla kişi her şeyi yanlış yapar. Yanılsama tarafsızlıktan kaynaklanmaz, o öznelliğin sonucudur. Burun halkasını sıkıca tut ve bir şüpheye dahi izin verme.

Sen olduğun gibi hakikati bulamazsın. Olduğun halinle sadece gerçek olmayanı bulabilirsin çünkü bu arama ve araştırma meselesi değildir, mesele senin bilincindir. Eğer sen yanlışsan, hakikati nasıl bulabilirsin ki? Gerçek olduğunda hakikati bulursun. Hakikat, özgün biçimde gerçek kendileri olan insanların başına gelir. Eğer yanlışsan nereye gidersen git sahtelikle karşılaşacaksın çünkü aslında bu nesnel bir dünya meselesi değildir, bu senin kendi öznelliğin meselesidir. Sen kendi dünyanı yaratırsın. Sen kendi dünyansın. Bu yüzden eğer yanlışsan etrafında yanlış bir dünya yaratırsın. Eğer sahteysen o zaman çevrende bir yalanlar dünyası yaratırsın, kendi dünyanı yansıtırsın. Bu yüzden dünyaya öfke duyma. Sahip olduğun dünya her neyse, onu sen kazandın. Sen hak ettin. Dünya senin abartılmış zihninden başka bir şey değildir.

Bir düşünce ortaya çıktığında, başka bir düşünce takip eder. İlk düşünce aydınlanmadan kaynaklandığında, sonradan gelen tüm düşünceler doğrudur.

Bir zamanlar biri Buda'ya sordu "Hakikat nedir?" ve o dedi ki "Aydınlanmış bir insan her ne yapıyorsa doğrudur."

Biri Mahavira'ya sordu: "Gerçek aziz kimdir?" ve o dedi ki: "Her kim uyanmışsa."

Konu eylemler değil. Ne yaptığın önem taşımaz, o senin ne olduğundur. Çoğunlukla insanlar yanlış olsalar da hâlâ birkaç iyi şey yapabildiklerini düşünürler. Bu mümkün değil. Onlar cahil olduklarını biliyorlar fakat hâlâ bir şeyleri, yaşamın birkaç küçük parçasını dönüştürebildiklerini düşünürler; "En azından bu kadarını yapmalıyız." Fakat hiçbir şey mümkün değil. Birkaç tane iyi şey yapamazsın, o imkânsızdır. Konu senin ne yaptığın değil, konu senin varlığındır. Eğer yanlışsan yaptığın her şey yanlıştır. Görünüş her ne olursa olsun, yaptığın her şey yanlıştır. Her şeyden önce doğru değilsen doğru bir şey yapamazsın. Ve sen en başta doğruysan, görünüşü ne olursa olsun yanlış bir şey yapamazsın.

Eğer Krishna gider ve bir hırsız olursa, bu doğrudur. Doğu'ya özgü davranışları anlamak batılı zihin için çok zor olmuştur çünkü Doğu'ya özgü davranışların tümü varlığa dayanır ve Batı'ya özgü davranışların tamamı yapmaya dayanır. İyilik yapılması gereken bir şeydir; azizlik eylemlerle ilgilidir, Doğu'da öyle değildir çünkü iyi bir hareket sergileyebilirsin ve iyi olmayabilirsin, bu durumda iyi eylemin içinde birtakım kötü niyetler de olacaktır. Öyle olmak zorunda. Ve eğer sen uyanıksan yanlış bir şey yapmak imkânsızdır. Yanlış olarak görünse bile, toplum onun yanlış olduğuna karar verse bile, toplum hatalıdır çünkü uyanmış bir kalpten yanlış bir şeyin ortaya çıkabilmesi imkânsızdır.

Bir fakir yemeğe davet edildi. Fakir, bir adamın yanına oturtuldu ve akşam boyunca adama sordu: "Ne için yaşıyorsun?"

"Ben bir eczacıyım," cevabını verdi adam.

"Evet," dedi fakir. "Bu senin yaşamını sağlamak için yapıyor olduğun şey ancak ne için yaşıyorsun?"

Bir anlığına duraksama oldu. "Şey, bayım, bununla ilgili gerçekten düşünmedim," diye cevap verdi eczacı.

Batı'da ve özellikle Doğu'da ya da Batı'da olsun modern zihinler için yapmak gittikçe daha önemli hale gelmiştir. Ve yapmak daha önemli olduğunda, varlığınla tüm bağlantını kaybedersin, yaşamın kaynağıyla bütün bağlantıyı yitirirsin. Ondan sonra bin bir türlü şey yapmaya devam edersin, en önemli şey dışında. En önemli şey kişinin kendisini bilmesidir ve sen bütün bilincini yapmaktan olmaya yöneltmediğin sürece kendini tanıyamazsın.

Biri ne zaman şunu sorsa: "Sen kimsin?" Şunu dersin: "Ben bir öğretmenim ya da ben bir mühendisim ya da bir mimar, bunun gibi bir şey." Bu yanıtlar yanlıştır. Bu senin yapıyor olduğun şeydir, bu senin varlığın değildir. Sana, "Sen kimsin?" diye sorduğum zaman, sana bir doktor ya da bir mühendis olup olmadığını sormuyorum. O senin ne yaptığındır. Senin varlığın değildir. O hayatını kazanma şeklindir, o senin hayatın değildir.

Sen kimsin?

Eğer sen bir doktor, mühendis, profesör olma fikrini bırakırsan, o zaman aniden içinde belli bir boşluk fark edeceksin... Kim olduğunu bilmiyorsun. Ve bu nasıl bir hayattır ki kim olduğunun bile farkında değilsin?

Kişi içindeki bu boşluktan kaçmaya devam eder. Kişi her tarafında bulunan yamaları düzeltmeyi sürdürür, böylece hiçbir yerden bu içsel boşluğu göremezsin. Kişi eylemlere tutunmaya devam eder ve eylemler rüyalardan fazlası değildir, hem iyi hem kötü. İyi eylemler, iyi hayaller; kötü eylemler, kâbuslar. Fakat her ikisi de rüyadır ve Doğu'daki tüm çaba bu olmuştur: Düşleyeni bilmek.

Bu düşleyen kimdir? Üzerinde rüyaların geldiği, aktığı ve gittiği bu bilinç kimdir?

Yanılsama aracılığıyla kişi her şeyi yanlış yapar. Yanılsama tarafsızlıktan kaynaklanmaz, o öznelliğin sonucudur.

Buna dünya sebep olmuyor, buna sen sebep oluyorsun. Bu yüzden asla dünyayı suçlama. İnsanların söylemeye eğilimli olduğu gibi dünyanın illüzyon olduğunu, dünyanın maya olduğunu söyleme. Dünya maya değildir, dünya illüzyon değildir; o senin zihnindir, etrafında illüzyon, maya yaratmaya devam eden kendi öznelliğindir.

Örneğin; yürüyorsun, bir sabah yürüyüşüne çıkmışsın ve yolun kenarında bir elmas, parlayan güzel bir elmas görüyorsun. O senin için değerlidir; değer zihnin tarafından verilir, yoksa o diğerlerine benzeyen bir taştır. Yolun kenarındaki diğer taşlara sorarsan, sana basitçe güleceklerdir: "Belki parlayan bir taş, ancak bu ne gibi bir fark yaratır ki? Taş taştır." Eğer yoldan kimse geçmezse, o zaman elmas yoktur. Yoldan bir insan geçtiğinde, belli bir taş derhal onun zihninde kendisini dönüştürür ve bir elmas olur.

O elmaslık taşa zihin tarafından verilir, o asla orada olmadı. İnsanlık bu dünyadan kaybolduğunda, bir şeyler orada olacak fakat tamamen farklı bir şekilde. Bir gül herhangi bir çiçek kadar sıradan bir çiçek olacak, fark olmayacak. Ganj nehri kutsal bir nehir olmayacak, diğer nehirler gibi sıradan bir nehir olacaktır. Ve bir kilise ve tapınak arasında bir fark olmayacak, onların ikisi de aynı olacaktır.

Fark zihin tarafından yaratılır. Kategoriler zihin tarafından yaratılır. Beğenme ve ayıplama zihinden kaynaklanır. Zihin orda değilken, her şey hakikatte olduğu haliyledir. Hiçbir değerlendirme ortaya çıkmaz.

Eğer kişi yanlışsa her şeyi yanlış yapar. Kendini yansıtmaya devam edersin, diğer her şey bir ekran gibi işlev görür.

Yanılsama ile kişi her şeyi yanlış yapar. Yanılsama tarafsızlıktan kaynaklanmaz; o öznelliğin sonucudur. Burun halkasını sıkıca tut ve bir şüpheye dahi izin verme.

Başlangıçta disiplin sert olmak zorunda, BURUN HALKASINI SIKICA TUT VE BİR ŞÜPHEYE DAHİ İZİN VERME. Başlangıçta çalışma sert, zor olacak çünkü azıcık rahatladığın takdirde zihin derhal eski kalıba yönelir. Eski ıstırapları tekrar geri getirir. Tüm saçmalığı tekrar tekrar yaratır. Başlangıçta, gerçekten çok sert olmak zorundasın.

Buda aydınlandığı gece, ağacın altına oturdu ve dedi ki: "Eğer aydınlanmazsam hayatım boyunca bu ağacın altından kalkmayacağım. Bitti!" "Onunla işim bitti. Ben buraya oturacağım, bu ağaç benim ölümüm olacak," dedi. Net bir karar. Tam o anda karar verme korkusunu tamamıyla bıraktı, tam bir karar. Sadece bunun üzerine meditasyon yap! Ve tam o gece, sabahın gelişiyle aydınlandı.

Sufi bir mistik olan Baba Shaikh Farid hakkında bir hikâye duymuştum:

Genç bir adam bir keresinde Farid'e yaklaştı ve Farid Ganj nehrinde yıkanmaktaydı, adam ona Tanrı'yı nasıl bulabileceğini sordu. Baba Shaikh Farid adamı yakalayıp suya soktu ve yeteri kadar derine gittiklerinde, suyun altına zorla itti. Kutsal adam onu bırakmadan önce genç adam neredeyse boğuluyordu.

"Bunu neden yaptın?" şaşkınlık içinde yutkundu.

"Suyun altındayken havayı arzuladığın kadar Tanrı'yı arzuladığında," diye cevap verdi Baba Shaikh Farid, "onu bulacaksın."

Arzu o kadar yoğun olmalı ki sahip olduğun her şeyi riske atabilesin. Arama tutkusu o kadar bütün olmalı ki tek bir şüphe seni bocalatamasın. O yoğunluk hakikati getirecektir. O tek bir anda gerçekleşebilir! Sadece içsel ateşinin tam bir yoğunluğa dönüşmesine ihtiyacın var.

Karar tam olmalı. O zordur, tabii ki fakat herkes bir kere zorluğun içinden geçmek zorunda. Kişi hakikat için bedel ödemek zorunda ve onu ödemenin başka yolu yok. Uğruna tüm varlığını ortaya koymak zorundasın. Bu, yapılması gereken tek fedakârlıktır.

Burun halkasını sıkıca tut ve bir şüpheye dahi izin verme.

Altıncı sutranın düzyazı yorumu:

Bu mücadele sona erer, kazanç ve kayıp benzeşir. Köydeki oduncunun şarkısını söylerim ve çocukların ezgisini çalarım. Boğaya biner, yukarıdaki bulutları gözlerim. Kim beni geri çağırmak isterse istesin, ileriye giderim.

Eğer yoğunluk tam olursa, mücadele sona erer. Eğer boğayı aramakla gerçekten ilgileniyorsan, o zaman isteksizce çalışmaya devam etme. Ya ara ya da arama çünkü ilgisiz bir arayış yardımcı olmayacak, bütünüyle bir enerji kaybı olur. Eğer aramak istiyorsan, o zaman kendini tamamen ona ver. Eğer aramak istemiyorsan, bütün bunları unut. Bütünüyle dünyaya yönel. Başka bir gün arayışın başlaması için doğru zaman olacaktır.

Kendini tamamen, tüm kalbinle dahil olmak üzere arayışa adamaya hazır değilsen, bu basitçe dünyayla işinin henüz bitmemiş olduğunu gösterir. Dünya seni hâlâ cezp eder, arzular rahatsız etmeye devam eder. Hâlâ zengin bir adam, güçlü bir adam, bir başbakan ya da bunun gibi bir şey olmak istersin. Açgözlülük hâlâ içinde saklanıyordur. Sen, kişinin gerçek hazinesinin içeride olduğunu ve dışarıda olmadığını fark ettiği farkındalık noktasına henüz erişmemişsindir. O zaman dış dünyaya sığın. Yarım olma, bu en tehlikeli durumdur.

Yarı dindar yarı dünyevi olursan ikisini de kaçırırsın. Dünyayla başa çıkamayacaksın, dinin bir çatışmaya dönüşecek. Ve içsel arayışınla da baş edemeyeceksin, dünyevi arzuların devamlı dikkatini dağıtacak. Gerek yok! Dünya seni hâlâ cezp ederse, hâlâ ulaşılması gereken bir şey olduğunu hissedersen o zaman git, tamamen hüsrana uğra. Hayal kırıklığına uğrayacaksın. Bu senin biraz daha oyalanman, yoldan çıkman gerektiği anlamına gelir. Bunda yanlış bir şey yok, hızla git! Tamamen git, böylece çok geçmeden tükenirsin. O zaman hazırsındır. O zaman tüm enerjin içeriye yönelir. Dışarıdan hüsrana uğradığın için, enerji doğal olarak içeriye yönelir.

Ancak insanlar kurnazdır. Onlar her iki dünyaya sahip olmak isterler, hem keke sahip olup hem onu yemek isterler. Akıllı olmaya çalışırlar ve bu akıllılık onların aptallığını kanıtlayacaktır. Bu akıllılık zekâ değildir çünkü isteksizce hiçbir şeye erişilmez. Bütün ulaşım yoğunluk, tam yoğunluk gerektirir.

Tek bir anda mücadele bitebilir.

Bu mücadele sona erer; kazanç ve kayıp benzeşir.

Ve mücadele sona erdiği zaman, o zaman kişi her şeyin doğru olduğunu anlar. Kâr ve zarar, ikisi de özümsenir. Yoldan çıkmak, büyümenin de bir parçasıdır, dünyaya dahil olmak da Tanrı arayışının parçasıdır. O gereklidir! Bu yüzden dünyanın içine gir dediğimde, onu kınayıcı eğilimle söylemiyorum. Basitçe onun gerekli olduğunu söylüyorum. Onunla işini bitir! Henüz olgun değilsin ve içsel kaynağa ulaşmak için isteksizce çabalarsan, o bir bastırma olacaktır. Ve bastırma böler, seni hasta eder.

Bir anekdot duymuştum:

Çocuk, anne ve babasıyla birlikte teyzesine akşam yemeğine davet edilmişti. Teyze telaşlı bir tipti ve ailesi çocuğu uslu durması için uyardı. "Masada bir şeyler istemeye başlama veya bir şeylere uzanma," dendi çocuğa. "Sana sorulana dek sadece bekle."

Bir şekilde masada güzel şeyler servis edilirken çocuk göz ardı etti. Hiçbir şey demedi. Sonunda, azıcık öksürdü. Kimse dikkat etmedi.

Sonunda, konuşmalar sırasında kısa bir sessizlik olunca, çocuk yüksek ve net bir sesle, "Temiz tabak isteyen var mı?" diye sordu.

Bu bastırılmış insanın zihnidir; daima izleyen, bekleyen; daima özleyen, arzulayan. Ve zihin öksürmenin ya da "Temiz tabağa ihtiyacı olan var mı?" demenin bir yolunu bulacaktır.

Bastırılmış herhangi bir arzu kendini öne sürecektir, kendini öne sürmenin bir yolunu bulacaktır. Asla bir arzuyu bastırma. Anla fakat asla bastırma. Farkında ol ancak asla baskılama. Arzular harika derslerdir, eğer bastırırsan dersi kaçıracaksın. Onları yaşa. Bilinçli bir şekilde yaşa. Onların ne olduklarını, neden orda olduklarını anla. Ve onları anla dediğimde, anlayış yalnızca sen onları ayıplamadığın zaman mümkündür. Onları ayıplarsan, o zaman anlayamazsın. Nötr ol: Neyin yanlış neyin doğru olduğuna karar verme. Sadece izle.

Öfke ortaya çıktığında bu kötüdür deme. Aslında onun öfke olduğunu bile söyleme çünkü öfke kelimesinin kendisiyle bir ayıplama dahil olur. Sadece gözlerini kapat; X, Y, Z diye bir şey söyle, herhangi bir şey, X ortaya çıkıyor gibi bir şey. Öfke ortaya çıkıyor ve X ortaya çıkıyor dediğinde aradaki farkı sadece hisset. Aniden bir fark olacaktır. X ile lehte ve aleyhte olmayacaksın; X ile ne tarafında ne de karşısındasın, X ile tarafsızsın. Öfkenin kötü olduğu koşullanmasıyla asırlardır öfkeye önyargılısındır.

Sadece bak, gözlemle, izle. Öfke de bir enerjidir; belki doğru yönde hareket etmez fakat hâlâ enerji ordadır, boğanın parçasıdır. Onu izle. Onu gözlemle. Ve sadece izleyerek ve gözlemleyerek enerjinin dönüşüyor olduğunu göreceksin. Gözlem simyadır. O enerjiyi, onun kalitesini değiştirir. Ve çok geçmeden göreceksin, aynı enerji öfke olacakken şefkate dönüşür. Ağacın tohumun içinde saklı olması gibi şefkat öfkenin içinde gizlidir, sadece derin içgörüş gerekir.

Bu yüzden dünyanın içine gir, dünya ile işini bitir. Dünyadan korkma çünkü korkarsan olgunluğun yarısında kaçmaya çalışacaksın ve yarım olgunluk olabilecek en kötü haldir. Dünyanın ateşinin seni kusursuzca olgunlaştırmasına izin ver. O kadar çok hayal kırıklığına uğramış ve üzülmüşsündür ki şimdi başka alanların içine girmeye, başka bir yolculuğa devam etmeye hazırsındır.

Ve ardından güzel bir şey olur... Eğer baskılayıcı olursan, toplum tarafından ayıplanan bu şeyleri bastırmakla kalmaz, bastırılmaması gereken ve nötr olan her şeyi bastırmaya da başlarsın.

Fakat güzel bir şey olur. Örneğin, seks kaybolacaktır fakat bu sevginin kaybolacağı anlamına gelmez. Tamamen yeni enerji türü senin içinde ortaya çıkar. Sevgi güçlenmiş olacaktır, sevgi coşkulu olacaktır. Ve seks olursa, o sevginin parçası olacaktır, o tamamen farklı bir bağlamda olacaktır. Bu yüzden ona seks demek iyi olmaz.

Şu anda eğer sevgi meydana gelirse, o seksin parçası olarak ortaya çıkar. Seks temel şey olarak kalır. Sevgi sadece onun bir gölgesi olur. Seks kaybolduğunda, sevgi kaybolur. Diğer insanlara cinsel açıdan ilgi duyduğunda, öncesinde cinsel olarak bağlı olduğun kişiye sevgin kaybolur.

Seks enerjisi dönüştürüldüğünde daha yüksek alanlara hareket eder, sen urdhva-retus olursun; enerji aşağıya doğru değil, yukarı doğru hareket etmektedir ya da aynı şekilde dışarı değil içeri doğru hareket ediyordur. İçeri ve yukarı doğru olanlar aynı boyutlardır. Aşağı ve dışarı doğru olanlar yine aynı boyutlardır. Onlar farklı iki boyut değiller. Enerji yukarı ve içeri doğru hareket ettiğinde, seks sevginin bir gölgesi, bir parçası olur. Onun kendi içinde artık önemi yoktur.

Fakat sen bastırıyorsan ve farkına varmıyorsan, o zaman seksi bastıracak ve sevgiyi de bastıracaksın çünkü korkacaksın; ne zaman aklına sevgi gelse, onu derhal seks takip edecektir. Bu yüzden sevgiden de korkacaksın. Baskılayıcı bir kişi enerjinin kendisinden korkar.

Bir adamla ilgili şunu duymuştum: O bir kadına âşıktı ve kadına evlenme teklifi etti. Fakat kadın kabul etmeden önce şunu sordu: "Yalnızca bir şey, Harry. Sen karının gidip dışarıda çalışmasını isteyen türden bir adam mısın?"

Harry dedi ki: "Bak, Sybil. Benim karım asla dışarı çıkıp çalışmayacak; tabii ki de yemek, kıyafet ve lüks eşyalar istemediği sürece."

Şimdi yiyecek, kıyafetler lüks değildir fakat bastırırsan, o zaman her şeyden korkarsın. O zaman korku seni ele geçirir. Bastırılmış bir kişi her şeyden korkan, korkak bir kişidir.

Eğer gider ve Vinoba Bhave'ye biraz para sunarsan, ona dokunmayacaktır. O paraya dokunmaktan korkar. Bununla da kalmaz, görmemek için başını çevirecek ya da gözlerini kapatacaktır. Şimdi bu biraz fazla gibi görünüyor. Bu tıpkı cimri birinin elinden gelen her şeyi yapması gibi görünür, aynı tür zihin.

Cimri insan parayı hesaplamaya devam eder ve daha sonra bir gün, hayal kırıklığına uğrar, arzusunu bastırmaya başlar. Ardından o ters rotayı, zıt kutbu seçer. Parayı bile görmekten korkar. Şimdi para değersizse, o zaman onu görmekten duyulan korku nedir? Ve paraya derin bağlılığın yoksa, derin takıntın yoksa o zaman neden gözlerini kapatıyorsun? Gözlerini diğer şeylere kapatmıyorsun. Vinoba'ya sorarsan o, "Para kirlidir." der.

Onun müritlerinden biri bir keresinde yanıma geldi ve dedi ki: "Vinoba'ya sordum, paranın kirli olduğunu söylüyor."

"Eğer öyleyse," dedim, "geri dön ve ona de ki: "O zaman her kir gördüğünde, gözlerini kapat! Ve yere dokunma, yerde yürüme- kendini havaya as. Çünkü para kirliyse, o zaman kir paradır. Fakat sen farklı şekilde davranıyorsun, kirden korkmuyorsun! Paradan korkuyorsun."

Hayır. Ben paranın kirli olduğuna inanmıyorum. Para hâlâ paradır, kir ise kirdir. Ve paraya kir dersen, basitçe birtakım derin takıntılarını gösteriyorsun. Aksi takdirde, para niye kirli olsun ki? O kullanışlı bir araçtır. Onu kullan ama onun tarafından kullanılma! ki onu anlayabilirim. Onun tarafından kullanılma!

Yaşamda fonksiyonlarının farkında olan bir kişi böyledir. Fakat bastırırsan, o zaman zıt kutba hareket edersin. Bir cimri mümkün olan her şeyi yapar, dünyadan vazgeçen harika bir insan olur. Hatırla: Bastırmak işe yaramayacaktır.

Bu mücadele sona erer, kazanç ve kayıp benzeşir. Köydeki oduncunun şarkısını söylerim ve çocukların ezgisini çalarım.

Çok güzel! Kişi çocuk haline gelir; sade, masum, küçük şeylerle mutlu.

Köydeki oduncunun şarkısını söylerim ve çocukların ezgisini çalarım. Boğaya biner, yukarıdaki bulutları gözlerim. Kim beni geri çağırmak isterse istesin, ileriye giderim.

Eski dünya beni geri çağırıyor. Eski arzular beni geri çağırıyor. Eski kalıplar beni geri çağırıyor. Fakat şimdi bir önemi yok, gerçek hazinelere doğru hareket ediyorum. Bundan böyle hayaller beni cezp edemez ve her şey çok güzel; gökyüzündeki bulutlar, oduncunun şarkısı.

Gerçek aziz küçük bir çocuğa döner: Basit, nerdeyse bir salak gibi. Aziz Francis kendisine Tanrı'nın budalası derdi.

Lao Tzu der ki: "Benim dışımda bütün dünya akıllı. Ben aptalım."

Kişi küçük çocuk gibi olur, mantıksız; muazzam biçimde canlı fakat kafada takılmamış. Enerji bir akış olur; şimdi engeller yoktur, hiçbir şey donuk değildir ve sınırlar ortadan kalkar. O zaman kişi bütünden ayrı değildir fakat oduncular ve onların basit şarkısı gibi basittir. Yaşam basit bir şarkıya ve masumiyete dönüşür.

Bir kere hayatın ne olduğunu bilirsen, varlığında muazzam bir güzellik ortaya çıkar. Her şey berraklaşır, Tanrı ile aydınlatılır. Her taş bir nutuk olur. Her sessizlik bir şarkıya dönüşür. Kişi durmadan üzerine yağdırılan rahmeti hisseder.

Boğaya biner, yukarıdaki bulutları gözlerim. Kim beni geri çağırmak isterse istesin, ileriye giderim.

Bugünlük bu kadar yeter.

BÖLÜM 7

Kelimeleri Unut

Ulaşılacak hiçbir şey yok.
Yaşam bir ulaşım değildir, o bir hediyedir.
O zaten verilmiştir, ne için bekliyorsun?
Kapı açık ve ev sahibi seni çoktan davet etti.
İçeri gir!

Birinci soru:

Sevgili Osho,
Birkaç yıldır fikirlerimi, düşüncelerimi, duygularımı, boşlukları yazmak için günlük tutuyorum. Fakat son zamanlarda, kitabı açıyorum ve boş sayfaya uzun uzun bakıyorum ya da küçük resimler çiziyorum. Çok şey oluyor gibi görünüyor fakat hiçbir şey olmuyormuş gibi görünüyor. Kelimeler eskiden olduğu şekilde gelmiyor gibi.

Kelimelerin yerine sessizlik sana gelmeye başladıysa kişi mutlu hissetmeli, kutsanmış hissetmelidir. Bunlar boşluk, aralıklardır. Bu yüzden eskisi gibi gelmeyen kelimeler hakkında endişelenme. Son derece değerli olan başka bir şey sana geliyor. Onu henüz tanımadın. Saf alan sana geliyor. Boş alan sana geliyor. Hiçlik sana geliyor ve yalnızca bu hiçlikten Tanrı ortaya çıkar. Yalnızca bu hiçlikten, hakikat ile yüz yüze gelinir.

Kelimeleri unut. Sadece bekle! Boş sayfaya bak; boş bir sayfa, üstüne yazılmış sayfanın sahip olabileceğinden çok daha fazlasına sahiptir.

Sufi bir kitap var. Kitapların Kitabı. Tamamen boş. İçinde yazılı hiçbir şey yok. Bu kitabı satın alırsan, kandırılmış hissedeceksin. Fakat bu kitap gerçekten de kitapların kitabıdır. Onu okursan, onda nihai olanı okuyacaksın. Bu işarettir. O basitçe bir işarettir, kitap kadar boş hale gel.

Bu yüzden boş sayfa önünde olduğunda, resim bile çizme çünkü o seni meşgul tutacak ve sana yaklaşan muazzam hiçliği kaçıracaksın. Zihin korkar ve korkuda zihin kendisini meşgul tutacak bir şey yapmaya başlar.

Onu bir meditasyona dönüştür. Boşluğu önünde tut ve onu izle, sayfa kadar boş hale gel. İki boşluğun buluşmasına izin ver ve bu buluşmada sen kaybolacaksın ve öteden bir şey içine nüfuz edecek. Tekrar aynı olmayacaksın çünkü ölümsüz olan bir şeyin tadına bakmış olacaksın. Formsuz, bilinmeyen, açıklanamayan, ebediyen anlaşılmaz olanın tadına bakmış olacaksın.

Zihin kelimeleri büyütmeye devam eder. Bu kelimeler seni meşgul eder. Seni doldurur ve içine girecek başka bir şey için hiçbir alan vermez. Kelimeler seni engeller. O zaman senin akışın doğal, kendiliğinden değildir. O zaman etrafında çok fazla kaya vardır. Kelimeler çevrendeki kayalar gibi var olur.

Eğer şu gerçekleşirse, ardından fazlası olur: Kayalar artık orada değildir ve şimdi kutsal olanla uyum sağlar. Sadece hiçlik ilahi olanla uyumlu olabilir. Bu yüzden lütfen resim bile çizme çünkü bu yine zihnin bir tuzağıdır. Zihin kelimeleri getiremez; başka bir şey yapacaktır, resimler çizerek yapacaktır. Sadece boş sayfaya bak. Hatta duvara dönük oturmak ve boş duvara bakmak daha iyi olacaktır.

Bodhidharma'nın dokuz yıldır yapıyor olduğu şey buydu. Sadece duvara dönük bir şekilde aydınlandı. Bu onun mantrası ve meditasyonuydu. Yaptığı her şey buydu. O yapmak değildi. O hiçbir şey yapmadı, öylece duvara dönük oturdu. Sadece düşün! Dokuz yıl, duvara dönük oturursan, duvar kadar boş hale geleceksin. Düşünceler gitgide gelmiyor olacak, seni kovalamıyor olacaklar. Yavaş yavaş başka ev sahibi bulacaklar. Sen onlara karşı çok kayıtsızsındır.

Boşluk muazzam derecede değerlidir fakat biz hep kelimelerle dolu olmak üzere eğitildik. Bu yüzden bu olmaya başladığında, kişi biraz korkar. Hiçbir şey olmuyor gibi hissetmeye başlarsın. Evet, tamamen farklı bir algıda hiçbir şey olmuyor çünkü hiçbir şey var olan en büyük olmadır. Sana gelmekte olan bu büyük fırsatı kullan. Meditasyon tam anlamı ile budur: Boş olmak.

Fakat Batı'da –ve modern zihin nerde olursa olsun, Doğu'da veya Batı'da– boşluğun negatif bir şey olduğuna dair derin bir çağrışım bulunmaktadır. Üstelik boş olmakta bir ayıplama da söz konusudur. İnsanlar boş olmanın şeytanın işi olduğunu düşünürler. Öyle değildir. Boş olmak Tanrı için bir çalışma yeri olmaktır çünkü Tanrı yalnızca sen olmadığında işlev görebilir.

Hiçbir şekilde müdahale etmeyecek kadar, Tanrı ile aranıza girmeyecek kadar, hiçbir şekilde bir kargaşa yaratmayacak kadar artık orada olmadığında, yokmuşsun gibi, öylesi sessizleştiğinde Tanrı derhal içinde çalışmaya başlar. Çalışmayı bıraktığın an, Tanrı çalışmaya başlar.

Bu yüzden korkma. Bu boşluğu sev. O negatif değil. O dünyadaki en pozitif şey, kesinlikle en pozitif şeydir çünkü hiçlikten her şey doğar ve her şey yine hiçlikte kaybolur. Bütün bu evren hiçlikten ortaya çıkar ve tekrar hiçlikte kaybolur. Hiçlik kaynak ve tohumdur, başlangıç ve son, alfa ve omegadır.

Bunu hatırla, hiçliğe ne zaman yaklaşırsan, mutlu hisset, dans et ve kutla ki sende daha mevcut hale gelebilsin. Onu ne kadar hoş karşılarsan, o kadar fazlası sana gelecektir. Onu içeri buyur et, sevinç duy; kutsanmışsındır.

İkinci soru:

Sevgili Osho,
Neredeyse her konuşmada uyuyakalıyorum. Bu olduğunda bir şokla ya da daha ziyade tüm bedenimden geçen şokla uyanıyorum. Bu kırbaç mıdır?

Henüz değil! Sadece kırbacın gölgesidir. Fakat o da bir şey: Kırbacın gölgesi. Eğer bir anlayış insanıysan, kırbaca ihtiyacın olmayacaktır; onun gölgesi iş görecektir. Eğer bir anlayış insanı değilsen, o zaman er ya da geç kırbacın kendisi gerekecektir.

Buda sadece kırbacın gölgesinin yeterli olduğu tek tip insan olduğunu söylemiştir. Tıpkı çok, çok zeki atlar gibi: Sade kırbacın gölgesi yeterlidir. Bu durumda ikinci bir tür vardır: Kırbacın görüntüsüne ihtiyaç duyulur, gölge iş görmeyecektir, sıradan zihinde işe yaramayacaktır. Daha sonra kırbaç kullanılmadığı sürece, kırbacın görüntüsünün bile işe yaramayacağı daha alçak üçüncü tür vardır. Ve dördüncü tür de vardır, en düşük seviye. Ona kırbaçla vurmak, kırbaçlamak dahi yardım etmeyecektir. Bu dört tür, uykunun dört aşamasıdır.

Beni dinliyorken uykuya dalmak doğaldır. Bu, zihnin benden kaçınma şeklidir. Burada zihnini yok edecek bir şey gerçekleşiyor. Bütün çaba zihninin nasıl yıkılacağı üzerinedir ki böylece tekrar yenilenebilesin, yeniden doğabilesin; bütün çaba senin ölmene yardımcı olmak içindir ki yeniden dirilme mümkün olsun. Yalnızca ölümün içinden yaşam parlayacak, yaşam sana gelecektir.

Zihin onu hisseder! Beni dinlemek tehlikelidir. Zihin var olmak için her türlü bahaneyi yaratır. Bazen düşünmeye, sadece çeperde dinlemeye devam eder. Bazen tartışmayı sürdürür; söylediğim şey yanlıştır ya da doğrudur, sana katılır ya da katılmaz. O zaman da kişi kaçırıyordur. Ya da benimle yeterince uzun süre kalırsan tartışma sona erecektir, zihin yavaş yavaş uykuya dalmaya başlayacaktır. Bu en son tuzaktır, o zaman dinlemeye gerek yoktur!

Fakat bir şey iyidir, uykuya daldığının farkına varmış olman. Uyuyan ve bunu bilmeyen birçok kişi var. Ve sana gelen şok iyidir. Kullan onu! Onu kullanırsan, uyku yavaş yavaş kaybolacaktır. Uyku seninle benim aramda engel yaratmak için bir tuzaktır. Eğer mantık işe yaramazsa, o zaman uyku işe yarar.

Ve sana her ne söylüyorsam bir bakıma tekrar tekrar aynı hakikattir. Bu yüzden zihin sana şunu söyleyebilir: Dinlemenin ne gereği var ki? Biraz dinlenebilirsin. Zihin diyebilir ki: "Bu şeyler önceden çoğu kez söylendi. Fakat ben bunları sana tekrar tekrar söylüyorum çünkü henüz duymadın."

Biri Buda'ya sordu: "Neden aynı şeyleri defalarca tekrarlamayı sürdürüyorsun?"

"Senin yüzünden!" dedi.

Eğer beni duyarsan o zaman tekrarlamanın anlamı yok ancak onları bin bir kez tekrar ettiğimde bile beni duymuyorsun.

Zihin senin uyuyabileceğin, dinlenebileceğin fikrini yaratabilir. Hatta zihin sana bunun çok meditatif olduğunu, uykuya dalarak her şeyin sessizleştiğini söyleyebilir. Uyku yanlış değildir fakat uyumak için bir zaman vardır. Burada uyuyorsan o zaman bir şey kesindir: Uyuduğunda uyumuyorsundur.

Uyumanın ve uyanık olmanın bir zamanı vardır. Ve çalışmanın bir zamanı vardır, tembel olmanın ve çalışmamanın bir zamanı vardır. Yaşamın düzen içinde, içsel bir düzen içinde hareket etmelidir. Gece mümkün olduğunca derin uyu ki sabahleyin olabildiğince uyanık olabilesin. Gece iyi uyumuşsan, sabah uyanık olacaksın. Eğer iyi uyumamışsan, o zaman uykulu hissedeceksin. Sabahleyin uykulu hissetmek kötüdür çünkü bu basitçe enerjinin doğru bir şekilde, sağlıklı biçimde işlemediğini gösterir.

Geceni tekrar düşün ve gece uykunu yeniden düşün, rüyalar tarafından rahatsız edilmiş olmalı. Birtakım rahatsız ediciler orada olmalı, bu yüzden sabahleyin canlı değilsin, sabahleyin yorgun hissediyorsun. Veya geceleyin uykun tam olmaz ya da çok fazla uyuyor olabilirsin. Bu da tehlikelidir. Altı, yedi saat uyku yeterli. Eğer bundan fazla uyursan, o zaman uyku fayda sağlamıyordur; tam tersine, o seni tembelleştirmeye başlar.

Uykunun görevi seni dikkatli, enerjik ve canlı yapmaktır. Ancak gerektiğinden fazla uyursan, o tıpkı aşırı yediğinde yiyeceğin zehre dönüşmesine benzer. Beden için ihtiyaç duyulan bir miktar vardır, fazlası bedende bir yük yapar. O zaman bu yıkıcıdır, canlandırıcı değildir. İhtiyaç duyulan bir uyku miktarı vardır. Ondan fazlası seni tembelleştirir, o zaman tekerlek yanlış yöne doğru hareket eder.

Herkes kendisi için uyku ve yemeğin doğru miktarını bulmak zorundadır. Bu her arayışçı için bir temel olmalıdır çünkü fazlası ona bağımlı yapacaktır. Bu yüzden ya yeteri kadar uyumuyorsun ya da çok fazla uyuyorsun. Bu sebeple sabahleyin tembel ya da uykulu hissedersin. Ve beni dinliyorken tetikte ol, kendini olabildiğince farkında tut çünkü farkındalıkta bile, söylediğim şeyi kaçırırsan, hiçbir şey kaçırılmaz çünkü en azından farkındalık deneyimlenecektir. Ve temelinde farkındalık hedeftir.

Ve bu sadece bir karardır: Eğer uyanık, tetikte olmak istersen, olabilirsin. Kişi yalnızca bedene ve zihne kesin olarak söylemek zorundadır: Dikkatli ve uyanık olmak istiyorum.

Benliğinin efendisi olmaya başla. Bedenini dinlendir fakat bir köle haline getirme. Bedenin ihtiyaçlarını dinle fakat ehil kal, kontrollü kal, bir usta kal. Aksi takdirde beden içinde tembelliğe sahiptir ve zihin tekrarlayan, mekaniksel niteliğe sahiptir. O zaman o sadece günlük bir alışkanlığa dönüşebilir. Beni dinlemeye gelirsin, oturursun ve beden ile zihin uykuya doğru yönelmeye başlar. Kır onu! Onun dışına çık.

Üçüncü Soru:

Sevgili Osho,

Bana göre en güzel meditasyon köşede oturup aşramın çevresinde oynayan çocukları izlemek. Fakat zor durumdayım: bu gerçekten bir meditasyon mu?

İzlemek meditasyondur. İzlediğin şey konu dışıdır. Ağaçları izleyebilirsin, nehri izleyebilirsin, bulutları izleyebilirsin, çocukların etrafta oynamalarını izleyebilirsin. İzlemek meditasyondur. İzlediğin şeyin önemi yoktur, nesne önemli değildir. Gözlemlemenin kalitesi, dikkatli ve uyanık olmanın kalitesi; meditasyon budur.

Kusursuz bir biçimde güzel! Çocuklar çok güzeldir; etrafta dans eden saf enerji, etrafta koşan saf enerji. Ondan keyif al ve onu izle. Neden zorda hissediyor olduğunu anlamıyorum. Zihin sorun yaratmaya devam eder. Ne yaparsan yap, zihin sorun yaratmaya devam eder.

Şimdi zihin şunu der: "Bu gerçekten meditasyon mu?"

Bir şeyi hatırla: Meditasyon farkındalık demektir. Farkındalıkla yaptığın her şey meditasyondur. Söz konusu eylem değil, eylemine getirdiğin kalitedir. Tetikte olarak yürürsen yürümek bir meditasyon olabilir. Tetikte olarak oturursan oturmak bir meditasyon olabilir. Kuşları dinlemek, eğer farkındalıkla dinliyorsan bir meditasyon olabilir. Sadece zihninin içsel gürültüsünü dinlemek, eğer dikkatli ve uyanık olursan bir meditasyon olabilir. Bütün mesele şudur: Kişi uykuda hareket etmemeli. O zaman yaptığın her şey meditasyondur ve onun hakkında endişelenme!

Zihin devamlı olarak birtakım endişeler yaratır. Birçok kez insanlar bana gelirler. Çok iyi, muhteşem hissettiklerini söylerler fakat bu gerçek midir? Şimdi zihin yeni bir sorun yaratıyordur: Bu gerçek mi? Zihin bunu önceden asla sormamıştır. Başın ağrıdığında şunu sorar mısın: "Bu gerçek mi?" Istıraba çok fazla güvenirsin. Baş ağrısı mutlaka gerçektir ancak uçarsan ve mutluluğun zirvesinde gibi hissedersen, zihin kurnaz bir endişe yaratmaya başlar: Bu gerçek mi? Bir yanılsama, halüsinasyon, hayal içinde olabilirsin. Bir rüya görüyor olabilirsin. Ya da hiçbir şey bulamazsan, o zaman: Osho seni hipnoz etmiş olmalı. Hipnoz içinde olmalısın.

Saadetli olabileceğine, mutlu olabileceğine inanamazsın. Zihnin bu eğilimi yüzünden, zihin mutsuzluğa tutunur. Zihin daima cehennemi arar ve araştırır çünkü o yalnızca mutsuzlukta var olabilir, saadet içindeyken kaybolur. Sadece mutsuzlukta yaşam çarpıntısı vardır, sadece mutsuzlukta işi iyi gider. Ne zaman mutlu olsan, ona ihtiyaç yoktur; saadetli olduğunda, kim zihne ihtiyaç duyar ki? Onun ötesine zaten geçmişsindir. Zihin terk edilmiş, önemsenmemiş hisseder, dırdır etmeye başlar. O der ki: "Nereye gidiyorsun? Hipnotize mi edildin? Hangi illüzyonları görüyorsun? Bunların hepsi rüya!"

Bu eğilim yüzünden, milyonlarca insan yaşamlarında bir zaman meditatif bir noktaya gelmişlerdir ancak onlar kapıyı kaçırır. Kapı gelir fakat onlar buna inanamazlar. Meditasyon sevgi kadar doğal bir olgudur. O herkese olur! O varlığının parçasıdır ama sen ona inanamazsın. O gerçekleşse bile, bir şekilde dikkate almazsın. Ya da bir şeyler olduğunu hissetsen bile, diğerlerine bir şey olduğunu söyleyemezsin çünkü diğerlerinin senin delirmiş olduğunu düşüneceklerinden korkarsın. Senin kendi zihnin bunun mümkün olmadığını söylemeye devam eder, bu doğru olmak için aşırı iyidir. Bu yüzden onu unutursun.

Tekrar hatırla: Çocukluğunda ya da ilerleyen zamanlarda gençliğinde, birkaç an yaşamış olmalısın. Bu anların orda olmaması imkânsızdır, herkesin hayatında orda olmuştur. Sadece tekrar anımsamaya çalış ve hatırlayacaksın bir şeylerin açılıyor olduğu anlar vardı fakat sen korkup kapattın.

Bazen sessiz bir gecede yıldızlara bakarak oturuyorken bir şey olmak üzereydi ve sen çekindin; korkulu, kaygılıydın, başka bir şey yapmaya başladın. Gerçek olmak için aşırı iyiydi. Bir fırsatı kaçırdın. Bazen, derin sevgi içinde, sevgilinin yanında sadece oturuyorken, bir şey gerçekleşmek üzereydi; bilinmeyen bir yöne doğru hareket ediyordun. Korktun, kendini dünyaya geri çektin.

Bazen hiçbir sebep yokken, sadece nehirde yüzüyorken ya da sıcak güneşte etrafta koşuyorken veya sadece kumsalda uzanarak okyanusun vahşi gürlemesini dinliyorken, içinde bir şeyler olmaya başlar, bazı içsel simyalar değişir, sanki bedenin LSD yaratıyormuş gibi. İçinde bir şey... Ve sen tamamen bilinmeyen bir boyutta hareket etmekteydin, sanki kanatların varmış ve uçabilirmişsin gibi. Korktun, dünyaya tutunmaya başladın.

Bu birçok kez insanlar arayışçı olarak inisiye edilmek için geldiklerinde başlarına gelmiştir. Bazen hemen kavrayan, çok alıcı insanlar görürüm ve onların başına dokunurum, aniden korkarlar. Sadece birkaç gün önce çok ünlü film aktörlerinden biri olan Ashok Kumar'ın kızı isim aldı. Onun başına dokunduğum an ağlamaya başladı, "Dur, Osho! Dur! Dur!" Tüm bedeni titriyordu. Dünyaya tutunmaya başladı. Kapı çok, çok yakındı. Muazzam değerli bir şey olabilirdi fakat o korktu.

Her insanın hayatında birçok kez böyle anlar gelir fakat bu anlar saldırgan değildir, onlar seni hiçbir şeye zorlayamaz. Eğer hazırsan varoluşun en uzak sonuna hareket edebilir, onların içinde sürüklenebilir, onlara kapılabilir, onlarla yüzebilirsin. Eğer korkarsan kıyıya tutunursun ve botu kaçırırsın. Bot seni bekleyemez.

Bu yüzden zihinden rahatsız olma. Etrafta oynayan çocukları izlemek güzel bir meditasyon çünkü izlemek meditasyondur. Fakat hatırla, onunla ilgili düşünme. Eğer çocuklar dans ediyor, etrafta koşuyor, oynuyor, çığlık atıyor, atlıyor, koşuşturuyorlarsa düşünmeye başlama; sadece izle. Hiçbir düşünce olmadan izle. Farkında ol ama düşünme. Uyanık kal; sadece görerek, saf bir görüş, bir açıklık fakat onun hakkında düşünmeye başlama; yoksa çoktan uzaklaşmışsındır. Çocukları izleyerek, kendi çocukluğunu hatırlayabilirsin. O zaman kaçırırsın, o zaman bu çocukları izlemiyorsundur. Zihninde bazı anılar yüzüyordur. Bir film oynamaya başlar, o zaman rüyadasın. Basitçe izle!

Dördüncü soru:

Sevgili Osho,
Nihai arayış bireyseldir fakat tantrada sevgilinin bütünleyiciliği kısmını ve içsel benlik arayışımızı açıklayabilir misin?

Çok girift, karmaşık bir şeyin anlaşılması gerekiyor:
Eğer âşık değilsen, yalnızsındır.
Eğer âşıksan, gerçekten âşıksan, tek başına olursun.

Yalnızlık kederdir, tek başınalık keder değildir. Yalnızlık bir eksiklik duygusudur. Sen birine ihtiyaç duyarsın ve ihtiyaç duyulan kişi yoktur. Yalnızlık, içinde hiç ışık olmayan bir karanlıktır. Birinin gelip ışığı yakmasını devamlı bekleyen karanlık bir ev.

Tek başınalık yalnızlık değildir. Tek başınalık senin tam olduğun duygusudur. Kimseye ihtiyaç yoktur, sen yeterlisin. Ve bu aşkta gerçekleşir. Âşıklar tek başına olur, aşk aracılığıyla sen içsel bütünlüğüne dokunursun. Aşk seni tamamlar. Âşıklar birbirleriyle paylaşırlar fakat bu ihtiyaç değil, onların taşan enerjisidir.

Yalnız hisseden iki kişi bir anlaşma yapabilir, bir araya gelebilirler. Onlar âşık değiller, hatırla. Onlar yalnız kalır. Şimdi diğerinin varlığı sayesinde, onlar yalnızlığı hissetmezler, hepsi bu. Onlar bir şekilde kendilerini aldatırlar. Onların sevgisi kişinin kendisini aldatmak için bir hiledir: Ben yalnız değilim, başkası ordadır. İki yalnız insan buluştuğu için, onların yalnızlığı temelde ikiye katlanır, hatta çarpılır. Genelde bu olur.

Yalnız başına olduğun zaman yalnız hissedersin ve ilişki içindeyken mutsuz hissedersin. Bu basit bir gözlemdir. İnsanlar yalnızken yalnız hissederler ve onlar ilişkide olacak birinin derin arayışı içindedirler. Biriyle ilişkide oldukları zaman ıstırap başlar; o zaman yalnız olmanın daha iyi olduğunu düşünürler, bu çok fazla. Ne oluyor?

İki yalnız insan buluşu; bu iki hüzünlü, üzgün, kederli insanın buluşması anlamına gelir. Üzüntü katlanır. İki çirkinlik nasıl güzel olabilir ki? Nasıl iki yalnızlık bir araya gelip tamamlanma, bütünlük olabilir? Mümkün değil. Birbirlerini sömürürler, diğeri aracılığıyla bir şekilde kendilerini kandırmaya çalışırlar. Fakat bu aldatma başarıya ulaşmaz. Balayı bitene kadar evlilik de bitmiş olur. O çok geçicidir. O sadece bir illüzyondur.

Gerçek aşk yalnızlığa karşı gelmek için bir arayış değildir. Gerçek aşk yalnızlığı tek başınalığa dönüştürmektir. Diğerine yardım etmek amacıyla; eğer kişiyi seviyorsan, onun tek başına kalmasına yardımcı olursun. Kadını ya da erkeği doldurmazsın. Varlığınla bir şekilde diğerini tamamlamaya çalışmazsın. Diğerinin tek başına olmasına, kendi varlığıyla dolup taşmasına yardımcı olursun böylece sen bir ihtiyaç olmazsın.

Kişi tamamen özgür olduğunda, bu özgürlükten paylaşım mümkün olur. O zaman o fazlasını verir ama bir ihtiyaç olarak değil o fazlaca verir ama bir pazarlık olarak değil. Çok verir çünkü onda çok vardır. Verir çünkü vermekten keyif alır.

Âşıklar tek başınadır ve gerçek bir âşık senin tek başınalığını asla yok etmez. O daima diğerinin tek başınalığına bütünüyle saygılı olur. O kutsaldır. Ona müdahale etmeyecek, o boşluğu mahvetmeyecektir.

Fakat çoğunlukla âşıklar, sözde âşıklar, diğerinden ve diğerinin tek başınalığından, bağımsızlığından çok korkar; çok korkar çünkü diğeri bağımsızsa o zaman ona ihtiyaç kalmayacağını, terk edileceğini düşünür. Bu yüzden kadın çabalamayı sürdürür... Kocasının bağımlı kalması, daima ihtiyaç duyması için, böylece kadın değerli kalabilir. Ve koca kadının hep muhtaç kalması için her yolu denemeyi sürdürür ki bu şekilde değerli kalabilsin.

Bu bir pazarlıktır ve orada sürekli bir çatışma, mücadele vardır. Mücadele herkesin kendi özgürlüğüne ihtiyacı olmasıdır.

Sevgi özgür bırakır; özgür bırakmakla da kalmaz, özgürlüğü güçlendirir. Ve özgürlüğü yok eden bir şey sevgi değildir. O başka bir şey olmalı. Aşk ve özgürlük birlikte yol alır, onlar aynı kuşun iki kanadıdır. Ne zaman sevginin özgürlüğüne karşı olduğunu görsen, o zaman sevgi adına başka bir şey yapıyorsundur.

Bırak bu senin kriterin olsun: Özgürlük kriterdir; aşk sana özgürlük verir, seni özgür yapar, seni özgürleştirir. Ve sen tamamen kendin olduğunda, sana yardım eden kişiye minnet duyarsın. Bu minnettarlık neredeyse dindardır. Sen diğer kişide ilahi bir şey hissedersin. O adam seni özgürleştirmiştir veya o kadın seni özgürleştirmiştir ve aşk bir sahiplenmeye dönüşmemiştir.

Aşk değersizleştiğinde; sahiplenmeye, kıskançlığa, güç ve politika mücadelesine, politikaya, baskılamaya, manipüle etmeye; tamamen çirkin olan bin bir türlü şeye dönüşür. Aşk yükseklere, en saf gökyüzüne uçtuğunda özgürlüktür, tam özgürlük. O moksha'dır, mutlak özgürlüktür.

Şimdi soru şu: "Nihai arayış bireyseldir fakat Tantra'da sevgilinin bütünleyiciliği kısmını ve içsel benlik arayışımızı açıklayabilir misin?"

Tantra en saf sevgidir. Tantra, sevgiyi bütün zehirlerinden arındırma yöntemidir. Eğer âşıksan, bahsettiğim türde aşk ise, senin aşkın diğerinin bütünleşmesine yardım edecektir. Senin aşkın diğeri için çimentolayıcı güç olacaktır. Senin sevginde diğeri buluşacaktır çünkü aşkın özgürlük verecektir ve aşkının gölgesinde, aşkının koruması altında, diğeri büyümeye başlayacaktır.

Bütün büyüme sevgiye ihtiyaç duyar fakat koşulsuz sevgiye. Eğer sevginin koşulları varsa o zaman büyüme tam olamaz çünkü bu koşullar engelleyici olacaktır. Koşulsuz biçimde sev. Karşılığında bir şey isteme. Fazlası kendiliğinden gelir, bu başka şey. Bir dilenci olma. Aşkta bir imparator ol. Sadece ver ve neler olduğunu gör... Bin katı geri döner. Fakat kişi bunu öğrenmek zorundadır. Aksi takdirde kişi cimri kalır; çok az verir ve fazlasıyla dönmesini bekler ve senin bekleyişin, senin beklentin onun tüm güzelliğini yok eder.

Beklediğinde ve umut ettiğinde, diğeri senin manipüle ediyor olduğunu hisseder. Bunu söyleyebilir ya da söylemeyebilir fakat senin manipüle ettiğini hisseder. Ve her nerede manipülasyon hissetse, kişi ona başkaldırmak ister çünkü bu, ruhun içsel ihtiyacına karşıdır, çünkü dışarıdan herhangi bir talep seni ayırır. Dışarıdan bir talep seni böler. Dışarıdan herhangi bir talep sana karşı bir suçtur çünkü özgürlüğünü kirletir. O zaman artık kutsal değilsin. Artık son değilsindir, bir araç olarak kullanılmışsındır. Ve dünyadaki en büyük ahlaksız davranış, birini araç olarak kullanmaktır.

Her varlık kendisine doğru bir sondur. Aşk, kendine bir sonmuşsun gibi muamele yapar. Hiçbir beklentinin içine sürüklenmemen gerekir. Tantra aşkın en yüksek formudur. Tantra bilimdir, aşkın yogasıdır.

Bu yüzden birkaç şeyin hatırlanması gerekir. Bir: Sev ama bir ihtiyaç olarak değil bir paylaşım olarak. Sev fakat beklentiye kapılma, ver. Sev fakat sevginin diğeri için bir hapishane olmaması gerektiğini hatırla.

Sev ama çok dikkatli ol, kutsal alan üzerinde hareket ediyorsun. En yüksek, en temiz ve en kutsal tapınağın içine giriyorsun. Tetikte ol! Bütün saf olmayan şeyleri tapınağın dışında bırak. Bir insanı sevdiğinde, o kişiyi bir tanrı gibi sev, bundan daha az değil. Kadını asla bir kadın olarak sevme ve erkeği asla bir erkek olarak sevme çünkü erkeği bir erkek olarak seversen, senin sevgin çok, çok sıradan olacaktır. Senin sevgin şehvetten fazlası olmayacak. Eğer kadını bir kadın olarak seversen, sevgin çok yükseğe çıkmayacaktır. Kadını bir tanrıça gibi sev, o zaman sevgi ibadete dönüşür.

Tantra'da, kadınla sevişecek olan adam aylarca ona bir tanrıça gibi tapmak zorundadır. Kadının içinde tanrıçayı görselleştirmek zorundadır. Görselleştirme tam olduğunda, hiçbir şehvet ortaya çıkmadığında, kadını onun önünde çıplak otururken gördüğü zaman basitçe kutsal bir enerjiyle dolup taşmış hissettiğinde, hiçbir şehvet ortaya çıkmadığında, kadının formu ilahi olduğunda ve tüm düşünceler durduğunda ve sadece saygı hissedildiğinde; erkek o zaman sevişebilir.

Bu biraz saçma ve çelişkili görünür. Sevişmeye gerek kalmadığında erkeğin sevişmeye izni olur. Kadın bir tanrıçaya dönüştüğünde, o zaman erkek sevişebilir çünkü şimdi aşk yükselebilir, aşk bir doruğa, bir kreşendoya dönüşebilir. Şimdi o, bu yeryüzünden olmayacak; bu dünyadan olmayacak, iki bedenden ortaya çıkmayacaktır, iki varlıktan ortaya çıkacaktır. O iki varoluşun buluşması olacaktır. İki ruh buluşacak, birleşecek ve karışacak, her ikisi de onun içinden tamamen tek başına çıkacaktır.

Tek başınalık saflık demektir. Tek başınalık sen sadece kendinsin ve başka kimse değilsin demektir. Tek başınalık senin saf altın olduğun anlamına gelir, sadece altın başka hiçbir şey... Sadece sen. Aşk seni tek başına yapar. Yalnızlık kaybolacak ancak tek başınalık ortaya çıkacaktır.

Yalnızlık kendi başına huzursuz hissettiğinde, kendinden sıkıldığında, kendinden yorulduğunda ve başka bir yere gitmek, kendini başka birisinde unutmak istediğinde ortaya çıkan bir durumdur. Tek başınalık kendi varlığından heyecan duyduğun zamandır. Sadece kendi başına mutlusundur. Bir yere gitmene gerek yoktur. İhtiyaç ortadan kalkmıştır. Kendi başına yeterlisin. Fakat şimdi, varlığında yeni bir şey ortaya çıkar. Sende o kadar vardır ki onu içinde tutamazsın. Paylaşmak zorundasın, vermek zorundasın. Ve hediyeni kim kabul ederse, kabul ettiği için ona karşı minnet duyarsın. Onu reddetmiş olabilirdi.

Âşıklar aşklarının kabul edilmesine minnet duyarlar. Onlar minnet duyar çünkü çok fazla enerjiyle doludurlar ve bu enerjiyi akıtacak birine ihtiyaç duyarlar. Bir çiçek açtığında ve hoş kokusunu rüzgâra saldığında rüzgâra minnet duyar, o hoş koku üzerinde gitgide ağırlık yapıyordu. O adeta bir yük oluyordu. Bu tıpkı bir kadının hamile olup dokuz ay geçtikten sonra çocuğun doğmamasına, gecikmesine benzer. Şimdi kadın o kadar ağırdır ki, çocuğu dünya ile paylaşmak ister. Doğumun anlamı budur.

Şimdiye kadar çocuğu içinde taşıyordu. O başka kimsenin değil, sadece onundu. Fakat şimdi bu çok fazladır; onu içinde tutamaz. Paylaşılması gerekir, çocuk dünya ile paylaşılmalıdır. Anne cimriliğini bırakmak zorunda. Bir kez çocuk rahimden dışarı çıktığında, o sadece anneye ait olmaz; gitgide uzaklaşacak, uzağa gidecektir. Harika dünyanın parçası olacaktır. Aynısı yağmur yüklü bir bulutun suyunu boşaltmaya hazır olduğu zaman gerçekleşir ve o yağdığında, yıkadığında; bulut susayan dünyaya yüksüz, mutlu ve müteşekkir hisseder çünkü onu kabul etmiştir.

İki çeşit sevgi vardır. Biri; yalnız hissettiğin zamanki sevgi, bir ihtiyaç olarak diğerine gidersin. Diğeri, sen yalnız hissetmediğin fakat tek başına olduğun zamanki sevgidir. İlk durumda, bir şey almaya gidersin; ikinci durumda sen bir şey vermeye gidersin. Veren kişi bir imparatordur.

Hatırla, Tantra sıradan aşk değildir. Onun şehvetle bir ilgisi yok. O şehvetin sevgiye en büyük dönüşümüdür. Nihai arayış bireyseldir, sadece aşk seni bireysel yapar. O seni bireysel yapmıyorsa, seni bir köle yapmaya çalışıyorsa o zaman o aşk değildir, aşk gibi görünen nefrettir. Aşk gibi görünenin arkasında, bir şekilde aşk gibi görünmeyi başaran nefret gizlidir, aşk gibi görünen ve bir şekilde bunu başaran.

Bu tür aşk öldürür, bireyselliği yok eder. Seni bireyden daha aşağısı yapar. Seni aşağı çeker. Gelişmezsin, zarif olmazsın. Çamurun içine çekilirsin. Ve herkes onun kirli bir şeye bulaştığını hissetmeye başlar. Aşk sana özgürlük vermelidir, asla daha azına razı olma. Aşk seni beyaz bir bulut, tamamıyla özgür, özgürlüğün gökyüzünde, hiçbir yere köklenmeksizin bir gezgin yapmalı. Aşk bağlılık değildir, tutku bağlılıktır.

Meditasyon ve aşk bahsettiğim bu bireyselliğe ulaşmanın iki yoludur. İkisi de birbirleriyle çok, çok derinden bağlantılıdır. Aslında onlar aynı paranın iki yüzüdür: aşk ve meditasyon.

Eğer meditasyon yaparsan, er ya da geç aşkla tanışacaksın. Eğer derin meditasyon yapıyorsan, er ya da geç önceden hiç bilmediğin muazzam bir sevginin sende ortaya çıktığını hissetmeye başlayacaksın; varlığın için yeni bir nitelik, yeni bir kapı açılmaktadır. Yeni bir aleve dönüştün ve şimdi paylaşmak istersin.

Eğer derinden seversen, senin sevginin gitgide daha meditatif hale geldiğini hissedeceksin. Sessizliğin incelikli bir kalitesi senin içine giriyordur. Düşünceler kayboluyor; boşluklar, sessizlik ortaya çıkıyor. Kendi derinliğine dokunuyorsun.

Doğru çizgi üzerindeyse aşk seni meditatif yapar.

Doğru çizgi üzerindeyse meditasyon seni sevgi dolu yapar.

Ve temelde dünya üzerinde yalnızca iki tip insan vardır; meditasyonlarını sevgi aracılığıyla bulacak olanlar, sevgilerini meditasyon aracılığıyla bulacak olanlar.

Sevgi aracılığıyla meditasyonlarını bulan kişiler için, o Tantradır; bu onların bilimidir. Meditasyon aracılığıyla sevgiyi bulacak kişiler için, o Yoga'dır; bu onların bilimidir.

Tantra ve Yoga, bunlar yegâne iki yoldur; esasen, çok temel. Fakat eğer iyi anlamazsan, her ikisi de kötü sonuçlanabilir. Ve kıstas şudur –dinle– eğer meditasyon yaparsan ve o sevgiye dönüşmezse, bir yerlerde hata yapmış olduğunu iyi bil. Ve yüz yogiden doksan dokuzunun yanlış yaptığını göreceksin. Onlar meditasyona girdikçe, sevgiye daha fazla karşı olurlar. Onlar, aslında, aşktan korkarlar. Onlar sevgiyi dikkati dağıtan şey olarak görürler. O zaman onların meditasyonu gerçek meditasyon değildir. İçinde sevginin ortaya çıkmadığı meditasyon, meditasyon değildir. O bir kaçıştır, bir büyüme değil. Bu tıpkı bir tohumun bitkiye dönüşmekten, çiçek açmaktan ve hoş kokusunu rüzgâra bırakmaktan korkmasına benzer; tohum bir cimriye dönüşmüştür.

Bu tip yogiyi Hindistan'ın her yerinde bulacaksın. Onların meditasyonu çiçeklenmemiştir. Onların meditasyonu yolda bir yerde kabız olmuştur. Onlar çıkmazdadırlar. Yüzlerinde lütuf göremeyeceksin ve gözlerinde zekâ bulmayacaksın. Onların etrafında belli bir donukluk ve aptallık iklimi göreceksin. Onları canlı, farkında ve tetikte bulmayacaksın. Belirli bir hissizlik... Çünkü eğer canlıysan sevgi dolu olmak zorundasın. Sevgiden kaçınmak için yaşamdan kaçınırlar.

Ve bu insanlar daima diğerleri olmadan kalabilecekleri bir yere, Himalayalara doğru kaçıyor olacaklar. Onların tek başınalığı tek başınalık olmayacaktır, o yalnızlık olacaktır, yüzlerinde bunu okuyabilirsin. Onlar tek başına olmaktan mutlu değildirler. Yüzlerinde belli bir tür acı çekme göreceksin –Bu aptallıktır!– kendilerini feda ediyorlarmış gibi. Egoyu orada bulacaksın; alçakgönüllülük, hayır çünkü ne zaman alçakgönüllülük gelse, ardından sevgi gelir. Ego aşırı güçlü olduğunda, o zaman sevgi tamamen yok edilebilir. Ego sevginin karşıtıdır.

Yoga yanlış insanların elinde. Ve aynısı Tantra'nın da başına geldi. Tantra adına, insanlar sadece şehvet, seks ve sapkınlıklarını tatmin etmeye çalıştılar. O asla meditatif olmadı. O şehvet, seks ve tutkunun kurnaz bir şekilde akla uygun hale getirilmesidir. O bir tuzak haline geldi, onun arkasına sığınabilirsin. Her türlü sapkınlıklar için, Tantra arkasına saklanacak bir battaniyeye dönüştü.

O nedenle bunu hatırla. İnsan çok kurnazdır. O Yogayı mahvetmiştir, Tantra'yı mahvetmiştir. Uyanık kal! Her ikisi de iyidir, ikisi de muazzam derecede faydalıdır fakat hatırlanması gereken kıstas şu ki birini doğru bir şekilde yapıyorsan, diğeri bir gölge gibi onu takip etmek zorundadır. Eğer diğeri takip etmiyorsa, o zaman bir yerlerde yanlışsındır.

Geri çekil, yeniden başla. Zihninin içine gir, zihnini analiz et. Bir yerlerde kendini kandırdın. Ve bu zor değil çünkü diğerlerini kandırabilirsin ama kendini kandıramazsın. Bu imkânsızdır. Eğer içeriye girer ve izlersen, nerede kandırdığını bulacaksın. Kimse kendisini kandıramaz, bu imkânsızdır. Kendini nasıl kandırabilirsin ki?

Beşinci Soru:

Sevgili osho, kişi "iç sesine" nereye kadar güvenebilir?

İlk şey; iç ses bir ses değil, sessizliktir. O hiçbir şey söylemez. Bir şey gösterir ancak hiçbir şey söylemez. O bir şeye işaret eder ancak hiçbir şey söylemez. İçsel ses bir ses değildir. Eğer hâlâ birtakım sesler duyuyorsan, o içsel değildir. "İç ses" bir isim hatası, doğru kelime değildir. Yalnızca sessizlik içseldir. Bütün sesler dışarıdandır.

Örneğin; sen bir şey çalacaksın ve senin "iç sesin" der ki: "Çalma! O günah! Bu iç ses değil, sadece senin koşullanmandır; sana çalmaman gerektiği öğretilmiştir. Bu, senin aracılığınla konuşan toplumdur. İçeriden geliyor gibi görünür ama değildir. Sen başka türlü yetiştirilmiş olsaydın ve sana hırsızlık yapmanın kötü olmadığı öğretilmiş olsaydı ya da iyi bir şey olduğu öğretilseydi, o zaman bu iç ses orda olmayacaktı ve sen bunu biliyorsun.

Vejetaryen bir ailede yetiştirilmiş olsan, o zaman vejetaryen olmayan yemek gördüğünde iç ses şunu der: "Onu yeme, o günah!" Fakat eğer vejetaryen olmayan bir ailede yetiştirilmiş olsan, o zaman problem yoktur. Sen sadece iç seslerin diğer insanlara şunu nasıl söylediğine inanamazsın: "Onu yeme!" O sana ne öğretilmiş olduğuna bağlıdır.

Bu bir iç ses değil, sadece senin toplumsal bilincindir. Toplum senin içinde içsel bir düzenleme yaratmak zorunda çünkü dış düzenleme yeterli olmaz. Polis orda fakat bu yeterli değildir, polis kandırılabilir. Mahkemeler orda fakat o yeterli değil çünkü sen mahkemelerden daha zeki olabilirsin. Dışsal düzenleme yeterli değildir, birtakım içsel düzenlemeye ihtiyaç vardır.

Bu yüzden toplum sana çalmanın kötü olduğunu öğretir; bu iyidir, şu kötüdür. Öğretmeye, sürekli olarak tekrarlamaya devam eder; senin varlığının içine girer, içdünyanın parçası olur. Bu yüzden hırsızlık yapmaya giderken, aniden içerde biri şunu söyler: "Hayır!" Ve sen içsesin ya da Tanrı'nın konuştuğunu düşünürsün. Hayır, hiçbir surette değil. Bu yalnızca senin içinde konuşan toplumdur.

O zaman iç ses nedir? Sen hırsızlık yapacaksın ve aniden sessizleşip çalamayacaksın. Aniden dondun. Bir boşluk ortaya çıkar. Enerjin durur. Biri, "Çalma!" dediğinden değil. Orda hiç ses yok, yalnızca içsel sessizlik var. Fakat sen içsel sessizliğin kontrolündesin.

Şu olmuştu:

Büyük bir Budist keşiş, bir mistik, Nagarjuna, bir köyden geçiyordu. Ülkenin imparatoru Nagarjuna'nın bir takipçisiydi ve ona etrafı elmaslarla süslü altın bir dilenci kâsesi vermişti. Çok pahalıydı ve Nagarjuna çıplak bir Hint fakiriydi. Oradan geçerken, bir hırsız buna inanamadı, böyle muazzam kıymetli bir şey ve çıplak bir adam! Böylece hırsız takip etti.

Nagarjuna kasabanın dışında harap olmuş eski bir manastırda kalıyordu. Kapı dahi yoktu, bu yüzden hırsız çok mutluydu. O dedi ki: "Şimdi dinlenmeye çekilecek ya da en azından gece dinlenecek, uyuyacak. O zaman alabilirim, bir sorun olmaz." Böylece bir duvarın arkasında saklandı.

Nagarjuna dışarı baktı ve dedi ki: "İçeriye girip bu dilenci kâsesini alman daha iyi böylece rahat uyuyabilirim. Nasıl olsa onu alacaksın, neden vermeyeyim ki? Sana vermenin daha iyi olduğunu düşünüyorum. Seni bir hırsız yapmak istemiyorum, bu bir hediyedir!"

Adam içeri girdi ama ona inanamadı. Ve kendine rağmen Nagarjuna'nın ayaklarına dokundu. Nagarjuna dedi ki: "Şimdi gidebilirsin çünkü başka bir şeyim yok. Sen huzurlu ol ve beni rahat bırak."

Fakat hırsız dedi ki: "Sadece bir şey: Ben de senin gibi hiçbir şeye tutunmamak istiyorum. Beni çok zavallı hissettirdin. Bir gün benim de bilincin bu zirvesine erişebilmemin bir yolu var mı?

Nagarjuna dedi ki: "Evet, bir yolu var."

Hırsız dedi ki: "Ama öncelikle bir şey söylememe izin ver: "Bana çalmayı bırakmamı söyleme. Çünkü ne zaman onlara gitsem, mistik ve azizlere gidiyorum ve bu çevrede tanınan bir hırsızım, bu yüzden hepsi biliyor, hemen diyorlar ki: 'İlk önce hırsızlık yapmayı bırak' ve ben onu yapamıyorum. Denedim ama yapamıyorum, bu yüzden lütfen bu şartı koşma. Ne dersen de her şeyi yapacağım."

Nagarjuna dedi ki: "O halde bir mistik ya da bir azizle henüz karşılaşmamışsın. Eski hırsızlarla karşılaşmış olmalısın yoksa biri neden senin bir hırsız olmandan endişe duysun ki? Bir hırsız ol! O senin meselen, benim sorunum değil. Sadece bir şeyi sana anlatmak istiyorum ve o da şu: Git, ne istiyorsan onu yap ancak farkında, uyanık ol. Hiçbir şeyi bilinçsizce, mekanik bir şekilde, robot gibi yapma."

Hırsız dedi ki: "Bu tamamen bana uyar. Deneyeceğim."

Nagarjuna, "Bu manastırda on beş gün bekleyeceğim, gelip rapor verebilirsin," dedi.

Onuncu günde hırsız terli bir halde koşarak geldi ve dedi ki: "Sen bir düzenbazsın! On gündür durmadan çabalıyorum. Gittiğimde -ve bu mucizevi bir şeydi, hayatımda asla bu kadar başarısız olmadım- evlere giriyorum, onların hazinelerini açıyorum ve ardından seni hatırlıyorum ve izliyorum, farkına vardığımda o kadar sessizleşiyorum ki hareket edemiyorum. Ellerim hareket etmiyor! Bilinçsiz olduğumda ellerim hareket ediyor ama sana söz verdim. Yeniden bilinçli oluyorum, yanımda bir şey götüremiyorum. Onu bırakmam gerekiyor. On gündür aralıksız! Bu yüzden lütfen, başka bir şey söyle."

Nagarjuna "Tek şey budur. Şimdi bu seçim sana bağlı: farkındalığı bırakabilir ve bir hırsız kalabilirsin ya da farkındalığa sahip olabilir ve hırsızlığı bırakabilirsin. Seçim sana ait. Sana çalmayı bırakman gerektiğini söylemiyorum. Çalmaya devam et; onu farkındalıkla yapabilirsen o zaman endişelenmem."

Hırsız dedi ki: "Bu imkânsız, on gündür deniyorum. Eğer farkındaysam, o zaman çalamıyorum. Çalıyorsam, o zaman farkında değilim," dedi. Ve hırsız, "Gerçekten bana sahip oldun ve ben şimdi bu farkındalığı bırakamıyorum, onu tattım. Şimdi hiçbir şey buna değmez, hiçbir şey şimdi bundan daha değerli değil," dedi.

Nagarjuna dedi ki: "O zaman bir daha beni rahatsız etme. Git ve aynı şeyi diğer hırsızlara öğret!"

İç ses bir ses değildir, o bir enerji fenomenidir. Farkındalığa, sessizliğe yakalanırsın. Ve o sessizlikte, her ne yapıyorsan doğrudur, doğru olmayan hiçbir şey yapamazsın.

Bu yüzden sana bunu yapamamanı ve onu yapmanı söylemiyorum. Basitçe sana Nagarjuna'nın hırsıza anlattığı şeyi söylüyorum: Sadece farkında ol!

Eğer farkında değilsen, o zaman seçmek zorunda kalacaksın. Farkında olmazsan, o zaman daima bir alternatifler seçimi vardır -bunu yapmak ya da şunu yapmak- ve kişi daima ne yapacağını bilmez haldedir. Farkındalık ordaysa, alternatif yoktur. Farkındalık seçimsizliktir. O basitçe senin doğru olan şeyi yapmana izin verir, doğru olmayan şeyi yapmana izin vermez. Söz konusu senin seçimin değildir. Bu yüzden kişinin kendi iç sesine nereye kadar güvenebildiğini sorma.

İlk şey: İç ses bir ses değildir, o sessizliktir. İkinci şey: "Nereye kadar" olduğuna güvenmekle ilgili endişelenmene gerek yok. Sadece sessizliğin, tam sessizliğin içsel boşluğunda kal. Erdem bir yan üründür, bir disiplin değil. Farkındalığı bir gölge, bir sonuç olarak takip eder.

Altıncı soru:

Sevgili Osho,

Diğerlerinin onay ve kabulüne ihtiyaç duyduğumun farkındayım. Bu ihtiyaç ile hareket etmek istemiyorum. Bunu nasıl çözebilirim?

Kişinin bunun aptallığını görmesi gerekir. Söz konusu onu çözüme ulaştırmak değildir. Kişi onun saçmalığını görmek zorunda, o zaman düşer. O çözümlenmez. Hastalıklar çözümlenemez, onlar uzaklaşır. Sadece bunun aptallığını görmeye çalış.

Sana birkaç anekdot anlatacağım.

Geniş bir malikâneye henüz yerleşmiş bir kadın, malikânenin köşesinde bulunan bir kulübede yaşayan kadınla karşılaştı.

"Küçük topluluğumuza hoş geldin," diyerek kulübe sakini selamladı.

Yeni sakin, kibirle yaklaşarak, "Lütfen bana gönderme yapmayın. İkinci sınıfa ait biriyle asla konuşmam," yanıtını verdi.

"Oh," dedi kulübe sakini nazikçe, "Dünyanın neresinde böyle biriyle karşılaştınız ki?"

Herkes egoisttir. Aynı gemide bulunduğunu görmen zordur. Diğer herkesi aynı gemi içinde görebilirsin. Yalnızca bunu gör; herkesin derin cehalet içinde bir egoist olarak kaldığını, egoya dayanarak düşünmeye devam ettiklerini. Dünyada hiç kimse egonu tatmin etmek için bulunmuyor; herkes kendi egosunu tatmin etmeye çalışıyor. Egonu tatmin etmeye kimin zamanı var ki? Ve bazen biri egonu tatmin ederse, seni kendi egosunu tatmin etmek için bir araç olarak kullanıyordur.

Temelde herkes kendisiyle ilgilenir. Senin kendinle ilgilendiğin gibi, diğerleri de kendileriyle ilgileniyor. Sadece bunun farkında ol.

Herkes rekabet etmeye çalışıyor ve bu rekabette ve bu bencil, hırslı yarışta kişi güzel olan ne varsa mahvediyor. Kişi; varoluşun bir zirvesi olabilecek -Buda gibi, İsa gibi, Krishna gibi- ve çiçek açabilecek güzel bir hayatı mahvediyor. Fakat herkes yalvararak diğerlerinden istiyor: Beni onayla! Kendimle ilgili iyi hissettirecek bir şey söyle. Bu yüzden, yalakalık işe yarar. Bu yüzden, biri seni sadece pohpohlayarak aldatabilir.

Ve insanlar asla istemedikleri şeyleri yapmaya devam ederler, onları yapmaya devam ederler çünkü diğerlerinden onay alabilmelerinin tek yolu budur. Herkes kendi kaderinden uzaklaşır çünkü diğerleri bakıyordur ve seni nasıl onaylayacaklarına dair sabit bir fikre sahiptirler.

Bir kasabada gerçekleşmişti:

Kaçak evliliğinden sonra yeni gelin küçük kasabaya dönmüştü. "Sanırım kaçışım dokuz gündür buralarda merak ediliyor," dedi köyün tek polisine.

"Bu olabilirdi," cevabını verdi polis "Yalnız Smith'lerin köpeği aynı gece delirdi."

İnsanlar zamanlarını, yaşamlarını ve enerjilerini harcamaya devam ederler. Buna gerek yok! Aslında, olduğun halinle mükemmelsin. Sana hiçbir şey eklenmesine gerek yok. Tanrı kimseyi asla kusurlu yaratmadı. Nasıl kusurlu yaratabilir ki?

Dindar insanların sana öğrettiğini duymuşsundur: Tanrı dünyayı yarattı. Ve onlar sana öğretmeye devam eder: Tanrı seni kendi suretinde yarattı. Ve onlar hâlâ sana öğretmeye devam ederler: Mükemmel ol!

Bu basitçe saçmalıktır. Tanrı seni kendi suretinde yarattı ve sen hâlâ mükemmelliğe ihtiyaç duyuyorsun? O zaman Tanrı kusurlu olmalı. Nasıl olur da Tanrı'dan kusur ortaya çıkabilir? Yaratım onun imzasını taşır. Sen de onun imzasını taşımayı sürdürürsün. Bu yakarışı bırak!

Biri para istiyordur, biri ekmek istiyordur, biri onay istiyordur. Tamamı dilenci. İsteme. İsteyerek senin için zaten var olanın çoğunu kaçıracaksın. Sormak yerine bak. Kendi içine bak ve hükümdarların hükümdarı ordadır. Bundan keyif almaya başla, onu yaşamaya başla!

Şu olmuştu:

Ünlü kolej atleti hastalandığı sırada, olimpiyattan bir sandık dolusu madalyayla henüz dönmüştü.

Hastanede doktor ateşini ölçtü, şüphe içinde başını salladı ve dedi ki: "Ateşin yüz beşe çıkmış."

"Oh, öyle mi?" dedi atlet güçsüz halde. Ardından birden merak ederek, "Hey, doktor, dünya rekoru kaç?" diye sordu.

Tüm bu saçmalığı bırak! Sen zaten onaylandın, yoksa burada olamazdın. Tanrı seni kabul etti, seni doğurdu. Van Gogh resim yapıyorsa, hangi resmi yaratırsa yaratsın zaten onaylanmıştır; aksi takdirde ne olursa olsun onu yaratamazdı. Eğer Picasso bir şeyi resmediyorsa, tam da resmin kendisinde resim onaylanmıştır. Ressam ona kalbini koymuştur. Sadece kendi varlığının derinlerine in, Tanrı ihtiyacın olan bütün hazineyi oraya koymuştur. Seni kabul etmiştir, onaylamıştır. Sen var olduğun için o mutludur.

Ama sen oraya bakmazsın. Bir dilenci gibi diğerlerinden istiyorsun: Beni onaylayın! Ve onlar da tıpkı senin gibi dilencidir. Dilencilere yalvaran dilenciler. Seni çok az onaylasalar bile, senin onları onaylamanı bekleyeceklerdir. O bir pazarlık olacaktır. Ve sadece şunu düşün: Onlar kendileri dilenirken, sana verecek hiçbir şeyleri yoktur ve sen kendin dileniyorken onlara ne verebilirsin? Sadece biraz dikkat ve kişi tüm dilenmeyi bırakır. Ve bununla, hırs düşer, ego düşer. Kişi yaşamaya başlar.

Canlıyken dans et. Canlıyken mutlu bir şekilde nefes al. Canlıyken şarkı söyle. Canlıyken sev, meditasyon yap. Ve bir kez değiştiğinde, bilincine geçersin, dikkat odağın bilincindir, dışarıdan içeriye, muazzam ölçüde mutlu ve kutsanmış hissedersin. Sadece "Ben varım," hissi o kadar kutsaldır ki başka hiçbir şeye gerek kalmaz. "Ben varım!" Tüm dans, tüm şarkı, tüm kutsamalar onun içinde yer alır. "Ben varım!" Tanrı onun içindedir.

Tanrını bir dilenci yapma. Bir Tanrı ol! Dindarlığını tanı ve o zaman ulaşılacak hiçbir şey yoktur. Kişi sadece başlamak zorunda, kişi yaşamaya başlamak zorunda. Bir Tanrı gibi yaşa: Sana vereceğim mesaj budur. Sana şunu demem: "Bir tanrıya dönüş." Derim ki: "Sen varsın! Yaşamaya başla! Sen varsın, bunu bil! Sen varsın, bunu hatırla! Sen varsın, sadece bunun farkına var."

Ulaşılacak hiçbir şey yok. Yaşam bir başarı değil, o bir hediyedir. O zaten verilmiştir, ne için bekliyorsun? Kapı açık ve ev sahibi seni çoktan buyur etti bile. İçeri gir!

Bugünlük bu kadar yeter.

BÖLÜM 8

Boğanın Ötesine Geçmek

Sadece varoluşsal bir cevap seni tatmin edebilir,
Başkası tarafından verilmiş bir cevap değil;
Zihin tarafından imal edilmiş, üretilmiş bir cevap değil;
Kutsal yazıtlardan ödünç alınmış bir cevap değil,
Sadece senin varlığın içinde ortaya çıkan bir cevap...

7. Boğanın ötesine geçmek

Boğanın sırtında, eve ulaşırım.
Huzurluyum. Boğa da dinlenebilir.
Gün ağarıyor. Keyifli sessizlik içinde,
Hasırdan yapılmış evimin içinde kırbaç ve ipi bıraktım.

Yorum

Hepsi iki değil, bir yasadır. Biz sadece geçici bir süre boğadan bahsederiz. O; tavşanla tuzağın, balıkla ağın ilişkisine benzer. O; altınla cüruf gibidir ya da ayın bir buluttan ortaya çıkması gibidir. Berrak ışıktan bir yol sonsuz zaman boyunca gider.

8. Hem boğanın hem özün ötesine geçmek

Kırbaç, ip, kişi ve boğa; tümü hiçlikte birleşir.
Bu cennet öyle engin ki hiçbir mesaj onu lekeleyemez.
Bir kar tanesi nasıl kızgın ateşte var olabilir?
Pirlerin ayak izleri buradadır.

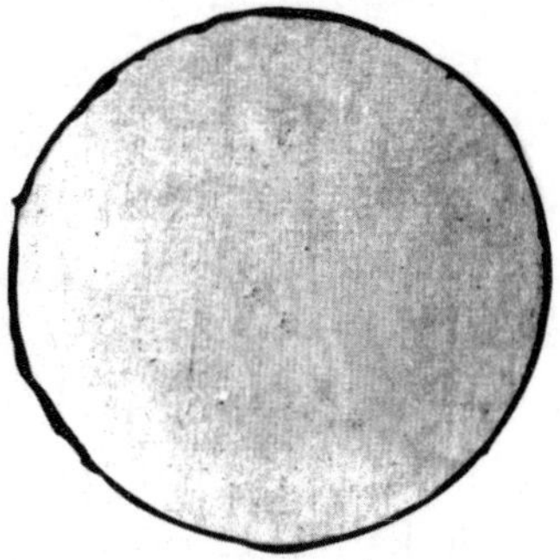

Yorum

Sıradanlık gitmiştir.

Zihin sınırlamalardan arınır. Aydınlanma halini aramıyorum. Ama aydınlanmanın olmadığı yerde de kalmam. Her iki koşulda bulunmadığımdan bu yana, gözler beni göremez. Yüzlerce kuş yoluma çiçekler serpse, böylesi övgü anlamsız olurdu.

Gertrude Stein ölüyordu. Gözlerini aniden açtı ve çevresinde toplanan arkadaşlarına sordu: "Cevap nedir?" Şimdi bu muazzam derecede güzel, neredeyse bir koandır. Soru sorulmamıştır; o, "Cevap nedir?" diye sorar. Elbette, hiç kimse ona cevap verme kapasitesinde değildi. Birbirlerine baktılar. Kadının ne demek istediğini bile anlamayacak haldelerdi. Spontane bir şekilde, aniden, kalpten cevap verebilen birine, bir Zen ustasına ihtiyaç vardı. Kahkahalarla gülebilen ya da bağırabilen ya da bir şey yapabilen biri çünkü böylesi bir soru –Cevap nedir?– kelimelerle yanıtlanamaz.

Stein sorunun formüle edilemeyecek şekilde olduğunu söylüyor ve soru hâlâ orada, o zaman cevap nedir? Soru öyle ki onu dile getirmek imkânsız. O çok derin, yüzeye çıkarılamaz. Ama hâlâ orda, bu yüzden cevap nedir? Soru öyledir ki soruyu sorandan ayrı değildir, sanki soruyu soranın bütün varlığı bir soru işaretine dönüşmüştür: Cevap nedir?

Birbirlerine baktılar. Ne yapacağını kimse bilmiyordu. Şunu düşünmüş olmalılar: Ölen kadın delirdi. Soru henüz formüle edilemiyorken, "Cevap nedir?" diye sormak çılgınlıktır, aptalcadır. Kimse cevap vermedi. Hiç kimse onu cevaplayacak kadar farkında değildi. Kimse cevap vermedi çünkü gerçekte cevaplayacak kimse yoktu. Hiç kimse yanıt verecek kadar mevcut değildi.

"Bu durumda," diye ısrar etti, "soru nedir?" Tekrar sessizlik izledi. Başka herhangi biri sana sorunun ne olduğunu nasıl anlatabilir? Kesinlikle delirmiş. Kesinlikle artık duyularında değil. Fakat soru öyledir ki onun ne olduğunu söylemek imkânsızdır. Onu söylediğin an, ona ihanet edersin. Onu dile getirdiğin an, artık aynı olmaz. O, biraz önce kalpte olan soruyla aynı değildir. Dile getirildiği an, kafaya ait bir şeye dönüşür. Neredeyse yüzeysel, neredeyse önemsiz görünür. Nihai soruyu soramazsın. Onu sorduğunda, artık nihai olmayacaktır.

Kadının ne söylüyor olduğunu yalnızca bir usta anlayabilirdi. Muazzam anlayış sahibi olan güzel bir kişi, güzel bir kadındı. Ve yaşamının son anında, bu koan içinde çiçek açmıştı. Kadının, neredeyse bir klişe haline gelen ünlü sözünü duymuş olmalısın: "Gül her zaman bir güldür." Gül hakkında, onun bir gül olması dışında hiçbir şey söylenemez. Onunla ilgili söyleyebileceğin her şey onu çarpıtacaktır. O ilginç güzelliği içinde, bilinmeyen hoş kokusuyla, bir gerçek olarak oradadır. Onun hakkında teori oluşturamazsın. Ve her ne teori oluştursan, başka bir şeyle ilgili olacak, bu gülle ilgili olmayacaktır; aynadaki bir yansıma olacak, gerçek şey olmayacaktır.

"A rose is a rose is a rose." Gül her zaman bir güldür, başka hiçbir şey söylenemez. "Gül her zaman bir güldür," dediğinde hiçbir şey söylenmez. Mantıkçı birine gidersen o bunun bir laf kalabalığı olduğunu söyleyecektir, aynı kelimeyi gereksizce tekrar ediyorsundur. Hiçbir şey söylemiyorsun! Fakat hiçbir şeyin söylenemeyeceği bir şey söyleniyordur.

"Bu durumda," diye ısrar etti "soru nedir?" Sessizlik bozulmadı. Kimsenin cevap verecek yeterli kapasitesi yoktu. Karşılığa gerek yoktu, o bir cevap bekliyordu.

Yaşam ve ölüm hakkında düşünmeye devam edebilirsin, birçok teori ve hipotez yaratmayı sürdürebilirsin fakat felsefenin tamamı sadece çöptür. Yaşam cevapsız kalır, ölüm cevapsız kalır. Tam o anda Stein yaşam ve ölümü soruyordu; hangisinin yaşam olduğunu, hangisinin ölüm de olduğunu; nihai olanı, özü, varlığının en temelini soruyordu. Şunu soruyordu: "Ben kimim?" Fakat felsefe hiçbir yanıta sahip değildir. Felsefe yanıt vermeye çalışır; asırlardır düşünüyor, tahminde bulunuyor fakat tüm çaba boşunadır.

Ömer Hayyam dedi ki: "Kendim sık sık uğradım gençken şiddetli arzuyla

Hekim ve Evliya'ya ve duydum büyük Tartışma'yı
Orasında ve burasında fakat her zaman
Dışarı çıktım aynı kapıyla, içeri girdiğim gibi."

Orasında ve burasında... Çok tartışmak, çok filozofça düşünmek fakat orasında ve burasında, asla konunun özüne değinmez, lafı dolandırır. Heyecanlı tartışmalar sürer gider, ondan hiçbir şey çıkmaz. Sadece gibberish gibi görünür. Ondan hiçbir şey çıkamaz çünkü yaşam felsefi bir soru değildir. Ve sadece felsefi bir cevap, cevap olmayacaktır. Yaşam varoluşsaldır. Yalnızca varoluşsal bir cevap seni tatmin edebilir, başkası tarafından verilen cevap değil; zihin tarafından üretilmiş, kopyalanmış bir cevap değil; kutsal kitaplardan ödünç alınmış bir cevap değil fakat senin varlığından ortaya çıkan bir cevap; çiçek açar, çiçeklenir, senin tüm kaderini açığa çıkarır; seni tamamen farkında yapar. O bir farkındalık olacaktır; bir cevap değil fakat farkındalık, bir cevap değil fakat bir devrim, bir cevap değil ancak bir deneyim; varoluşsal olacaktır.

On boğanın bütün hikâyesi budur. Arayış varoluşsaldır. Zen en doğru yoldur. O doğrudan hedefe gider. O asla buraya ve oraya gitmez, asla onun bunun hakkında değildir. Lafı dolandırmaz; bir ok gibi dümdüzdür.

Batı'nın en büyük filozoflarından biri olan Ludwig Wittgenstein, Zen davranışına çok yaklaşmış, kapıyı neredeyse çalmıştı. O der ki: "Mistik olan, dünyada şeylerin nasıl olduğu değildir ama var olmaları öyledir. Dünyanın var olması gerçek gizemdir. Senin nasıl burada olduğun değil, buraya nasıl geldiğin değil, varlığının buradaki amacı değil fakat senin burada olduğun gerçeğinin en büyük gizem olduğuyla ilgilenir. Sadece senin olduğun, benim olduğum gerçeği en büyük gizemdir. Ve cevap kelimelere dökülemediğinde, soru da kelimelere dökülemez.

Bana şunu hatırlatıyor:

Bir adam Buda'ya geldi ve dedi ki: "Lütfen kelimeler kullanmadan soruma cevap ver çünkü daha önceden cevabın kelimelere dökülemediğini duymuştum."

Buda güldü ve dedi ki: "Kesinlikle, doğru duymuşsun; ancak sorunu kelimeleri kullanmadan dile getir, o zaman kelimeleri kullanmadan soruna yanıt vereceğim."

Ardından adam dedi ki: "Bu imkânsız." Daha sonra anladı: Eğer soru formüle edilemiyorsa, cevap nasıl formüle edilebilir ki? Sorunun kendisi ifade edilemiyorsa, nasıl bir cevap talep edebilirsin?

Wittgenstein haklı. Ve cevap dile getirilemediğinde ve soru da dile getirilemediğinde, ortada bilmece kalmaz. Ne soru ne de cevap dile getirilebilir, öyleyse bilmece nerede, problem nerede?

Bu muazzam bir içgörüdür. Problem yoktur, o zihin tarafından yaratılır; o bir zihin yaratımıdır. Soru dile getirilebiliyorsa, onu yanıtlamak da mümkündür.

Biri Wittgenstein'a sordu: "O halde neden böyle güzel kitaplar yazmaya devam ediyorsun?" Kitabı *Tractatus Logico Philosophicus*, son zamanlarda insan tarihindeki en büyük kitaplardan biri olarak övüldü. "O halde neden kitap yazmaya devam ediyorsun? Eğer soru sorulamıyor ve cevap da verilemiyorsa, o zaman neden?"

O dedi ki: "Cümlelerim şu açıklamalarımı teşkil eder: Beni anlayan biri eninde sonunda onların anlamsız olduğunu bilir." Onu tekrar etmeme izin ver: "Beni anlayan biri eninde sonunda onların anlamsız olduğunu bilir." O, cümleleri ötesine geçmek için adım olarak kullanmıştır. Deyim yerindeyse, tırmandıktan sonra merdiveni atmış olmalı."

Anladığın an, o zaman söylediğim her şey de saçma olur. Eğer anlamıyorsan, o zaman o anlamlı görünür. Tüm anlam yanlış anlama yüzündendir. Eğer anlıyorsan, o zaman bütün anlam kaybolur; sadece yaşam kalır. Anlam zihne aittir, zihnin bir projeksiyonu, zihnin yorumlamasıdır. O halde, Gül her zaman bir güldür, bu kelimeler bile ortadan kalkar. Sadece gül... Sadece isimsiz bir gül, sıfatsız, tanımsız. Sadece yaşam vardır; aniden bir anlam olmadan, bir amaç olmadan. Ve fark edilmesi gereken en büyük gizem budur.

Bu yüzden anlam gerçek arayış değildir. Gerçek arayış yaşamın kendisiyle karşılaşmaktır; ham, çıplak.

Tüm sorular bir bakıma aptalcadır, tüm cevaplar da öyle. Bütün sorular bir bakıma aptalcadır çünkü hepsi zihnin yaratımıdır ve zihin gerçekle senin arandaki bariyerdir. Ve zihin sorular yaratmaya devam eder, aramayı erteler. Muhteşem bir arayışçı olduğuna seni ikna eder çünkü çok fazla soru soruyorsun. Fakat soruların yüzünden etrafında bulutları toplamaya devam ediyorsun. Öncelikle soru soracaksın, ardından soru etrafını saracak; daha sonra birtakım cevaplar almaya başlayacaksın, ardından cevaplar çevreni saracak; ve ham, vahşi, çıplak yaşamla aranda daima bir bariyer olacak, olan budur. O ne bir soru ne de bir cevaptır. O bir devrimdir. Zihin olmadığında, o sende ortaya çıkar. O basitçe ordadır, bütün görkemiyle tezahür etmiş, kendi bütünlüğünde mevcut.

Fakat insan sorular sormaya devam eder ve bu sorgulama onlara nasılsa harika bir arayış gibi görünür. Öyle değildir. Tüm sorular, tüm cevaplar, tüm oyunlar; tamamı oyundur. Eğer seviyorsan oynayabilirsin fakat hiçbir şey onlarla çözülmeyecek. Ve insanlar yaşamlarının en sonuna kadar sormaya devam ederler.

Ancak Gertrude Stein iyi yaptı. Son anda bir Zen kalitesini ortaya çıkardı. Kendisine bir anlayış, farkındalık kadını olduğunu kanıtladı. Elbette, yanında bulunan insanlar neyi ortaya koyduğunu anlayamadı. Doğu'da anlaşılabilirdi, Batı'da değil. Orda ölmeden önce delirmiş olduğu düşünülmüş olmalı çünkü sorularımız devam eder, aynı aptal sorular. En sınırda bile, ölüm geliyorken; aynı rutin, çürümüş soruları sormaya ve cevaplar aramaya devam ederiz.

Bir bankada meydana gelmişti, banka soyguncusu bir notu veznedara doğru itti. Notta şu yazıyordu: "Parayı çantaya koy aptal ve hareket edeyim deme."

Veznedar hızlıca bir not yazıp geri itti: "Kravatını düzelt aptal. Fotoğrafın çekiliyor."

Ölüm anında bile kravatını düzeltiyor olacaksın çünkü resmin çekiliyordur. İnsan aynalarla ilgilenmeye devam eder. İnsan diğerlerinin kendisi hakkında ne düşündüğüyle ne söylediğiyle ilgilenmeye devam eder. İnsan kendisi hakkında güzel bir imaj yaratmaya devam eder. Hayatın boyunca bu senin çabandır. Ve bir gün ortadan kaybolursun ve imajın toza karışır. Toza bulanır, hiçbir şey kalmaz.

Farkında ol. İmajla çok fazla ilgilenme. Gerçekle ilgilen ve gerçek senin içinde, o senin enerjin. Başka biriyle ilgisi yok.

Kendini bilme için hiçbir aynaya gerek yok çünkü kendini bilme bir yansıma değildir. Kendini bilme doğrudan, anlık bir karşılaşmadır; kendi varlığınla yüz yüze gelirsin.

Yedinci sutra:

Boğanın Ötesine Geçmek

Boğanın sırtında, eve ulaşırım.
Huzurluyum. Boğa da dinlenebilir.
Gün ağarıyor. Keyifli sessizlik içinde,
hasırdan yapılmış evimin içinde kırbaç ve ipi bıraktım.

Boğanın ötesine geçilmiştir... Zihninin ustası olduğunda, zihin aşılır. Zihninin ustası olduğun an, zihin artık orada olmaz. O yalnızca sen bir köleysen vardır. Bir kez boğayı kavradığında ve onun sırtına bindiğinde boğa kaybolur. Boğa ancak sen usta değilsen senden ayrı olarak vardır. Bunun anlaşılması gerekir.

Eğer bir usta değilsen bölünmüş kalırsın, parçalanmış, şizofrenik kalırsın. Sende üstatlık ortaya çıktığında, bir kez farkındalık ve disiplin –kırbaç ve ip– orda olduğunda, bölünme kaybolur, sen bir olursun. Bu birlikte boğanın ötesine geçilir. O zaman kendini zihninden ayrı olarak görmezsin. O zaman kendini bedenden ayrı olarak görmezsin. O zaman kendini bütünden ayrı olarak görmezsin. Bir olursun.

Bütün ustalar varoluşla birdir, yalnızca köleler ayrıdır. Ayrılık bir hastalıktır. Sağlıkta sen bütünden ayrı değilsin, onunla bir haline gelirsin.

Sadece bunu anlamaya çalış. Başın ağrıdığında, başın senden ayrıdır. Onu hiç izledin mi? Baş ağrısı içerden çekiçle vurmaya devam ettiğinde, içerden vurduğunda, baş senden ayrıdır. Fakat baş ağrısı kaybolduğunda baş da kaybolur; o zaman onu hissedemezsin, o artık ayrı değildir, varlığının parçası olmuştur.

Eğer bedenin tamamen sağlıklıysa, o zaman beden hissin olmaz; bedensiz gibisindir. Bedensizlik mükemmel sağlığın tanımıdır. Bir şey ağrırsa derhal onun farkına varırsın ve bu farkındalık ayrılıktır. Ayağına diken battı ya da ayakkabı ayağını sıkıyor, o zaman bölünme vardır. Ayakkabı tam geldiğinde, bölünmenin ötesine geçilir.

Sen zihnin farkındasın çünkü bir şekilde hayatın uyumlu değildir; biraz uyumsuzluk, tonda bir şey, uyumda bir şey. İçinde yanlış adımla bir şey devam eder, bu yüzden bölünmüş hissedersin. Her şey uyuma kavuştuğunda, bütün bölünmelerin ötesine geçilir.

Bu yedinci sutra: BOĞANIN SIRTINDA... Kişi kendi enerjisine biniyor. Enerji başka yöne hareket etmiyor ve sen başka yöne hareket etmiyorsun. Şimdi ikisi de bir yönde ilerliyor. Kavga artık orda değildir, bölünme ortadan kalkmıştır. Nehirle kavga etmiyorsun; akıyorsun, nehrin üzerinde akıyorsun. Aniden sen nehirden ayrı olmazsın.

Bir nehre gir. Önce akıntıya karşı yüz, savaş, mücadele et ve nehrin seninle savaştığını göreceksin, nehrin seni yenmeye çalıştığını söyleyeceksin. Ve şunu göreceksin: Nehir en sonunda seni yenecektir... Çünkü yorulduğun bir an gelecek ve nehrin kazandığını, seninse yenilmiş olduğunu göreceksin.

Daha sonra diğer yolu dene; nehirle yüz, bırak ve gitgide nehrin seninle savaşmadığını göreceksin. Aslında nehir seninle hiç savaşmıyordu, akıntıya karşı yüzüyor olduğunda bile nehir seninle savaşmıyordu. Savaş halinde olan, egoist olan; kazanmaya çalışan, galip olmaya çalışan, "Ben biriyim" gibi bir şeyi kanıtlamaya çalışan yalnızca sendin. Birisi olma fikri tüm problemi yaratıyordu.

Şimdi sen bir hiç kimsesin, derin bir bırakma içinde, nehirle birlikte yüzüyorsun. Nehir artık sana karşı değil asla olmadı! Sadece tavrın değişir ve sen ardından nehrin tamamen değişmiş olduğunu hissedersin. Fakat nehir hep aynıydı, şimdi nehrin üzerinde akıyorsun. Ve bütünüyle suyun üzerinde kalabilirsen, yüzmek için az bir çaba dahi sarf etmeden, sadece suyun üzerinde kalırsan o zaman bedenin nehrin bedeniyle birleşir. O zaman bedeninin sonlandığı yerin ve nehrin bedeninin başladığı yerin farkına varmazsın. O zaman nehirle organik bir bütünlük içinde olursun. O zaman orgazmik bir deneyim hissedeceksin. Nehirle bir olarak aniden tüm sınırların ötesine geçilir. Artık ne küçük ne de büyüksün, bir bütünsün.

BOĞANIN SIRTINDA, EVE ULAŞIRIM. Ve eve ulaşmanın yolu budur- çünkü ev kökendir- gelmiş olduğun yerin tam kökeni; ev başka yerde değil. Ev senin gelmiş olduğun, ortaya çıkmış olduğun yerdir. Ev kaynaktır. Kişi derin bir bırakma halinde kendisine izin verirse, eve ulaşır. 'Ev' kişinin; hayatın ve varlığın tam kaynağına ulaşması, tam başlangıcına dokunması anlamına gelir.

Boğanın sırtında, eve ulaşırım. Huzurluyum.

Ve diğer şekilde huzurlu olamazsın. Huzurlu olmanın tek yolu var olmamaktır. Huzurlu olmanın tek yolu; derin bir serbest bırakma içinde olmaktır, teslim olmak, yaşam enerjisi ile bir olmak.

Huzurluyum. Boğa da dinlenebilir.

Ve sadece sen değil, boğa da dinlenebilir. Sadece sen değil, nehir de dinlenebilir. Çatışma devam ettiğinde, ne sen ne de Tanrı dinlenebilirsiniz. Bunu hatırla. Bu daima hatırlanması gereken çok değerli bir şeydir. Eğer sen huzurlu değilsen, Tanrı huzurlu olamaz; eğer sen mutlu değilsen, Tanrı mutlu olamaz; eğer sen saadet dolu değilsen, Tanrı saadet dolu olamaz çünkü sen onun parçası, bütünün parçasısın. O seni etkilediği kadar sen de onu etkilersin.

Yaşam iç içe birbirine bağlıdır. Her şey her şeyle bağlantı içindedir. O bir ekolojidir, karşılıklı derin bir bağlantı vardır. Bir tutarlılık oluşur. Eğer mutlu değilsen o zaman Tanrı mutlu olamaz çünkü onun bir parçasısın. Sadece sen derin acı yaşamıyorsun, yaşam enerjin de seninle derin ıstırap çeker. Yalnızca sen karmaşık ve hasta değilsin, yaşam enerjin karmaşık ve hastadır.

Huzurluyum. Boğa da dinlenebilir.
Gün ağarıyor.
Keyifli sessizlik içinde, hasırdan yapılmış evimin içinde
kırbaç ve ipi bıraktım.

Ve şimdi kırbaca ve ipe gerek kalmaz. Kırbaç farkındalık ve ip disiplin anlamına gelir. Kendini yaşamın nehriyle bir hissedebildiğin bir noktaya geldiğinde, o zaman farkındalığa ve disipline ihtiyacın kalmaz. O zaman meditasyon yapmaya gerek yoktur. O zaman hiçbir şey yapmaya gerek yoktur. Hayat onu senin için yapar. O zaman kişi rahatlayabilir çünkü kişi tamamen güvenebilir. Bu durumda farkındalığa bile gerek yoktur, hatırla.

Başlangıçta farkındalık gereklidir. Başlangıçta disiplin bile gereklidir. Ancak sen ruhsal olarak büyüdükçe merdivenin ötesine geçilir, onu atabilirsin.

Hasırdan yapılmış evimin içinde
kırbaç ve ipi bıraktım.

Hatırla: Bir aziz kırbaç ve ipi bıraktığında ancak gerçekten bir azizdir. Bu kriterdir. Eğer o hâlâ dua etmek, meditasyon yapmak, onu bunu yapmak ve kendisini disipline sokmak için çabalıyorsa, o zaman o henüz aydınlanmamıştır. O zaman o hâlâ ordadır ve bazı faaliyetler devam eder. Ve yapmak egoyu güçlendirir. O eve varmamıştır. Yolculuk henüz tamamlanmıştır.

Çin'de çok güzel bir Zen hikâyesi vardır:

Çok zengin bir kadın otuz yıl boyunca bir keşişe hizmet etti. Keşiş gerçekten çok güzel, daima farkında ve disiplinliydi. Keşiş; senin yaşamın düzene girdiğinde, doğal bir şekilde gelen bir güzelliğe sahipti; bir berraklığa, bir tazeliğe. Kadın ölüyordu, çok yaşlıydı. Kasabadan bir fahişe çağırdı ve ona dedi ki: "Bedenimi bırakmadan önce bir şeyi bilmek istiyorum, otuz yıldır hizmet ettiğim bu adamın henüz aydınlanıp aydınlanmamış olduğunu."

Şüphe doğaldır çünkü adam kırbacı ve ipi henüz bırakmamıştır.

Fahişe, "Ne yapmam gerekiyor?" diye sordu.

Kadın dedi ki: "Sana istediğin kadar para vereceğim. Gece yarısı yanına git. Meditasyon yapıyor olacak çünkü o gece yarısı meditasyon yapar. Kapı asla kapalı olmaz çünkü çalınabilecek hiçbir şeyi yok, bu yüzden sadece kapıyı aç ve tepkisini izle. Kapıyı aç, yaklaş, onu kucakla, sonra geri gel ve bana neler olduğunu anlat. Ölmeden önce, gerçek bir üstada mı yoksa sıradan, vasat bir varlığa mı hizmet ettiğimi bilmek istiyorum."

Fahişe gitti. Kapıyı açtı. Küçük bir lamba yanıyordu, adam meditasyon yapıyordu. Gözlerini açtı. Fahişeyi gördükten, onu tanıdıktan sonra korktu, biraz titreyerek dedi ki: "Ne! Neden buraya geldin?" Ve kadın onu kucaklamaya çalışınca, kaçmaya çalıştı. Titriyordu ve çok sinirliydi.

Kadın geri döndü ve yaşlı kadına neler olduğunu anlattı. Yaşlı kadın hizmetçilere adam için yapmış olduğu kulübeyi yakmalarını ve onunla işinin bitmiş olmasını emretti. Adam hiçbir yere varmamıştı. Yaşlı kadın dedi ki: "En azından biraz nazik, şefkatli olabilirdi."

Bu korku, kırbacın henüz bırakılmamış olduğunu gösterir. Bu öfke, farkındalığın hâlâ bir çaba olduğunu, doğal ve kendiliğinden olmadığını gösterir.

Sekizinci sutra:

Hem Boğanın Hem Kendinin Ötesine Geçme...

Öncelikle boğanın ötesine geçilir; zihin, zihin-enerjisi, yaşam, yaşam-enerjisi aşılır. Ve ardından yaşamın ötesine geçtiğinde, kendinin ötesine geçersin.

Hem Boğanın Hem Özün Ötesine Geçmek

Kırbaç, ip, kişi ve boğa; tümü hiçlikte birleşir.
Bu cennet öyle engin ki hiçbir mesaj onu lekeleyemez.
Bir kar tanesi nasıl kızgın ateşte var olabilir?
Pirlerin ayakizleri buradadır.

Zihin yok olduğu an, sen de yok olursun çünkü sen mücadelede var olursun. Ego gerilimde var olur. Ego için ikiliğe gereksinim vardır. O tekil bir gerçeklikte var olamaz. Bu yüzden sadece izle: Ne zaman savaşsan, egon keskinleşir. Yirmi dört saat izle ve egonun birçok zirve ve vadilerini göreceksin ve birçok kez onun orda olmadığını hissedeceksin. Eğer hiçbir şeyle savaşmıyorsan, o orda değildir. O kavgaya bağlıdır.

Bu yüzden insanlar kavga etmek için yollar, anlamlar ve bahaneler bulmaya devam ederler çünkü kavga olmadan onlar basitçe yok olmaya başlarlar. Kişinin bisiklet pedalını çevirmesi gibi, o devamlı yaratıma ihtiyaç duyar. Pedal çevirmeye devam etmek zorundasın; ancak o zaman bisiklet ilerlemeye devam eder. Pedal çevirmeyi bıraktığında, er ya da geç bisiklet düşecektir. Bu bir mucizedir; yalnızca iki tekerlek üzerinde, tüm yerçekimine karşı, ilerlemeyi sürdürürsün. Ancak sürekli pedalı çevirmek gerekir.

Ego bir mucizedir; en katı ve gerçek gibi görünen, en hayali şeydir. İnsanlar onun için yaşar ve onun için ölürler. Fakat devamlı pedal çevirmek gerekir ve bu pedal çevirme senin savaşındır. Bu yüzden, savaşmadan yaşayamazsın. Öyle ya da böyle bir yolunu bulacaksın. Eğer birini bulamazsan çocuklarınla kavga etmeye başlayacaksın. Karınla ya da kocanla kavga etmeye başlayacaksın, bazen hiçbir sebep yokken. Aslında, hiçbir sebebe gerek yok, bütün sebepler mantıklı hale getirmedir. Fakat savaşmak zorundasın, yoksa kaybolmaya başlarsın, erimeye başlarsın. Bir uçurumda, dipsiz bir uçurumdaymışsın gibi düşmeye başlarsın.

Sabahleyin, yataktan yeni kalktığında, bir egonun olmadığı birkaç saniye vardır. Bu yüzden çok saf, temiz ve bakir hissedersin. Fakat hemen dünya başlar. Geceleyin bile, uykunda savaşmaya devam edersin, kâbuslar yaratmaya devam edersin, böylece egoya tehdit tamamen kaybolmaz.

Ego sadece çatışmada, mücadelede mümkündür. Savaşacak hiçbir şeyin yoksa, savaşmak için yollar yaratacaksın.

Geçenlerde karısıyla hiç kavga etmemiş bir adamı okuyordum ve komşular onun ne tür bir adam olduğunu merak ediyorlardı. Fabrikadan eve daima gülerek, mutlu, hiç yorgun olmadan, hiç sinirlenmeden gelirdi. Karısı bile ara sıra endişe ediyordu: Asla kavga etmez, asla sinirlenmez, sorun neydi?

Daha sonra bütün komşular toplanıp araştırdılar ve adam dedi ki: "Merak edecek bir şey yok. Fabrikada..." Bir cam fabrikasında çalışıyordu, standarda uymayan her şey kırılması için ona verilir ve o kırardı, onun işi buydu. Çay tabakları, kaplar, bardaklar; tüm gün onları parçalıyordu. Diyordu ki: "Çok mutlu hissediyorum, kimseyle kavga etmeye gerek yok. O şimdiden fazla! Kendimi çok iyi hissediyorum."

Sen iyi biliyorsun; karın ne zaman iyi hissetmese daha fazla çay tabağı kırılacak, daha çok bardak yere düşecektir. Öyle olmak zorunda. Ego bir yolunu bulur, herhangi bir şey işe yarayacaktır - hatta hayali- fakat bir şeyler kırılmak zorundadır. Bu yüzden kavga ortaya çıkar.

Odun kesiciler, oduncular çok sessiz insanlardır. Onların psikolojisi farklıdır; tüm gün odun keserek, öfkelerini atarlar. Onlar sürekli katarsis içindedirler. Dinamik Meditasyona ihtiyaçları yoktur. Ve sen onları çok sevgi dolu bulacaksın. Avcılar çok sevecendirler; onların bütün işi şiddettir fakat onlar çok sevecendir, avcılardan daha iyi insanlar bulamazsın. Egolarını sana karşı getirmelerine gerek yok, hayvanları avlayarak ona doymuşlardır.

Eğer hapishanelere gider ve orada suçluları görürsen, suçluların senin sözde azizlerinden daha sessiz gözlere sahip olduklarına adeta şaşıracaksın. Senin sözde azizlerin volkan üzerinde oturuyorlar, devamlı bir şeyleri bastırıyorlar. Suçlular hiçbir şeyi bastırmamışlardır, bu yüzden onlar suçludur. Onlar içlerinde bir volkan taşımıyorlar. Bir açıdan iyi insanlardır; daha sessiz, daha sevgi dolu, daha içten. Onlara güvenebilirsin. Fakat azizlerine güvenemezsin, onlar tehlikeli insanlardır ve daha fazla zehir biriktirmeye devam ederler. Ve onlar hayali kavgalar da yaratmak zorundadır.

Azizler hakkında duymuş olmalısın, şeytan onları kışkırtmak için gelir. O hiçbir yerde yok; şeytan yoktur, bu onların kendi hayalleridir. Biraz kavga etmeleri gerekir, yoksa kötü hissederler. Onların egoları var olamaz, onlar artık pazar yerinin parçası değildirler. O zalim rekabet artık onlar için değildir, onu bırakmışlardır. Şimdi ego nerede sürdürülebilir, nasıl sürdürülebilir? Onlar siyaset yapmazlar, ego nerede sürdürülebilir? Onlar şair, ressam değiller; ego nerede sürdürülebilir? Onlar hiçbir şey yapmıyorlar, yarışmacılarla savaşmıyorlar, böylece hayali düşmanlar yaratıyorlar –şeytan– ve onlar şeytanla savaşmaya başlıyor.

Hindistan'da, azizler ne zaman meditasyon yapsa, güzel kadınların cennetten onları baştan çıkarmak için gelmesi gibi Puranas'ta kutsal kitaplarda birçok hikâyeye sahibiz. Fakat neden biri endişe duymalı? Onlar kötü bir şey yapmıyor, meditasyon yapıyorlar. Biri neden bir şekilde onların dikkatini dağıtmakla uğraşsın? Ancak apsaralar, cennetten gelen güzel genç ve bekâr kızlar, gelir ve etraflarında dans ederler. Ve onlar büyük bir savaş verir! Baştan çıkarmanın üstesinden gelmeye çalışırlar.

Şimdi bunların tamamı hayalidir. Gerçek düşmanları bırakmışlar, şimdi hayali düşmanlar yaratıyorlar çünkü ego düşmanlar olmadan var olamaz. Bir kavgaya ihtiyaç var, gerçek ya da sahte olmaları önemli değil. Eğer kavga ordaysa, sen var olabilirsin. Eğer bir kavga yoksa sen yok olursun. Bu yüzden sana verebileceğim en büyük mesaj –onu hatırla– tüm kavgaların bırakıldığı bir noktaya gelmek zorundasın. Ancak o zaman kendini aşacaksın. Ancak o zaman bir daha asla olduğun küçük ben, ufak, çirkin ben olmayacaksın. Onu aşacak ve bütünle bir olacaksın.

Kırbaç, ip, kişi ve boğa; tümü hiçlikte birleşir.

Her şeyin yok olduğu büyük bir hiçlik ortaya çıkar. Bu boşluk olumsuz değildir, o bütün varlığın tam da kaynağıdır. Ama onun limitleri yoktur.

Bu cennet öyle engin ki hiçbir mesaj onu lekeleyemez.
Bir kar tanesi nasıl kızgın ateşte var olabilir?

Bir kar tanesinin kızgın bir ateşte kaybolması gibi, bütünün bu muazzam enerjisi içinde her şey kaybolur; kırbaç, ip, kişi ve boğa.

Pirlerin ayakizleri buradadır.

İlk defa, burada Budaların yürüdüğü yeri bulursun. İlk kez, aydınlanmış kişilerin hoş ve güzel kokusunu, onların varlığının önemini, farkındalıklarını burada bulursun. Burada onların şarkısını dinlersin. Yeni bir boyut kapısı açılır. Bu boyuta nirvana, moksha, Tanrı'nın krallığı –ne istiyorsan– onu de fakat şimdiye kadar tanımış olduğun dünyadan tamamıyla farklı bir şey açılır. Hiçliğe yürüyen ve onun içinde kaybolmuş olan tüm muhteşem varlıkların, pirlerin ayak izleri burada bulunur.

Yedinci sutra için düzyazı yorumu:

Hepsi iki değil, bir yasadır. Biz sadece geçici bir süre boğadan bahsederiz. O; tavşanla tuzağın, balıkla ağın ilişkisine benzer. O; altınla cüruf gibidir ya da ayın bir buluttan ortaya çıkması gibidir. Berrak ışıktan bir yol sonsuz zaman boyunca gider.

HEPSİ İKİ DEĞİL, BİR YASADIR; birlik varoluşun doğasıdır. İkilik bizim hayal gücümüzdür. Bu nedenle, yaşam boyu sevginin hasretini çekiyoruz. Sevginin hasretini çekmek birliğin var olduğunun bir işaretinden başka bir şey değildir, yanlış olan ikiliği biz yaratmışızdır.

Derin sevgi ihtiyacında olmayan bir kişi bulamazsın... Sevmek ve sevilmek istemeyen. Sevgiye neden bu kadar arzu duyulur? Derinlerde köklenmiş bir şey olmalı. Bu derinlere köklenmiş bir şeydir; yaşam birdir, biz kendimizi ayrı olarak hayal ettik. Şimdi ise ayrılık ağır gelir. O bir hata ve bir yüktür. Sevgi bütünle yeniden bir olma fikrinden başka bir şey değildir. Sevilmeye olan arzu bu yüzdendir, ihtiyaç duyulma arzusu bu yüzdendir, birinin senin sevgini kabul etmesi arzusu bu yüzdendir. Bütünle bir olmak zor gibi görünür. En azından bazıları seni kabul edecektir, en azından bir kişinin kapısından boşlukla bağlantı kurabileceksin.

Bu yüzden eğer âşık değilsen, devamlı aşkı düşünürsün. Rahatsız edici olur. Seni rahatsız eder. Etrafında dört döner. Ve eğer âşıksan, o zaman ikinci bir şey ortaya çıkar; aşk, ne kadar derin ve yoğun olursa olsun yetersiz görünür, eksik bir şey varmış gibidir. Aşkta olmayan bu kişiler, aşkı ararlar; aşkta olanlar ise daha fazla şeyin gerektiğinin farkındadırlar. Büyük âşıklar derinlerde çok büyük bir hayal kırıklığı yaşarlar, buluşurlar ve her şeyin yok olmuş gibi göründüğü bir noktaya gelirler... Fakat tekrar kendilerine dönerler. Yakınlığın bir parıltısına sahip olmuşlardır fakat birliğin değil. Eğer iyice sevmişsen, o zaman dua etme veya meditasyon arzusu ortaya çıkar.

Dua arzusu şudur: Denedim ve aşkın bir parıltı verdiğini gördüm. Fakat parıltılar seni öncesinden daha susuz yapar. Kişi susuzdur ve ardından güzel bir nehri, serin bir pınarı bir an için görür. Ve kişi pınarın şarkısını işitir ve sonra o kaybolur, kişi hiç olmadığı kadar susuz hale gelir. Âşık olmayanlar ıstırap çeker fakat onların ıstırabı gerçekten âşık olanlarla kıyaslandığında hiçbir şeydir. Âşık olanların ıstırabı muazzamdır, onların acısı nüfuz edicidir ve çok yoğundur çünkü onlar çok yakın ama çok uzaktır. Krallık köşededir ve onlar birbirine yaklaştıkça, daha çok uzağa gider. Uzaklaşan bir ufuk gibidir.

Aşk Tanrı'ya giden ilk adımdır, dua sondur ya da meditasyon, son adımdır. Aşk sana yeni bir susuzluğu, yeni bir açlığı öğretir, bu yüzden aşk çok güzel. İnsanlar gelir ve bana aşk hakkında soru sorarlar ve ben onlara derim ki: "Onun içine hareket et, onları tehlikeye gönderdiğimi iyi bilerek." Onları, tatmin olabilmeleri için derin aşkın içine göndermiyorum. Kimse asla tatmin olmaz. Onları gerçekten susuz bırakmak için derin bir aşk ilişkisine gönderiyorum, onları o kadar susuz hale getirecek ki Tanrı'dan başka hiçbir şey kâfi olmayacak.

Aşk seni büyük bir susuzluğa, ilahi bir susuzluğa hazırlar çünkü diğer insanda parıltılar görmüşsündür, tanrıyı ya da tanrıçayı görmüş olduğun anlar olmuştur. Diğer kişide derine bakmış ve teselli bulmuşsundur, sana bir huzur gelmiştir. Ama o geçicidir, anlıktır, gelir ve gider; o gerçeklikten ziyade rüyayı andıran bir şeydir.

Bir adam büyük bir mistik olan Ramanuja'ya geldi ve dedi ki: "Ben Tanrı'ya âşık olmak istiyorum. Bana yolu göster!"

Ve Ramanuja dedi ki: "Önce bana bir şey söyle: 'Hayatında hiç birini sevdin mi?'"

Adam, "Bu dünya ile dünyevi meselelerle, sevgi ve bu tür şeylerle ilgilenmiyorum. Ben Tanrı'yı istiyorum." dedi.

Ramanuja "Lütfen, bunun üzerinde tekrar düşün. Hiç bir kadını, bir çocuğu, birini sevdin mi?"

Adam dedi ki: "Sana söylüyorum, ben dindar biriyim, dünyevi bir adam değilim ve kimseyi sevmiyorum. Tanrı'ya nasıl ulaşabilirim onun yolunu göster."

Ramanuja'nın ağlamaya başladığı söylenir. Gözlerinden yaşlar geldi ve dedi ki: "O zaman bu mümkün değil. Öncelikle birini sevmek zorunda kalacaksın. Bu ilk adım. Son adımı istiyorsun ve henüz ilk adımı bile atmamışsın? Git ve birini sev!"

Ancak sevgi susuzluğunu gidermediğinde Tanrı'ya ihtiyaç duyulur. Ama her iki ihtiyaç da aynı yol üzerindedir. Temel sebep şu ki, biz aslında bütünden ayrı değiliz fakat ayrı olduğumuzu düşünürüz. Bu yüzden, arzu ortaya çıkar: Bütünle nasıl bir olunabilir ki?

İlk adımı âşık olabileceğin biriyle atman gerekir ve daha sonra ikinci adım kendiliğinden ortaya çıkacaktır. Gerçek bir aşkın duaya yönlendirmesi gereklidir. Ve bir aşk seni duaya yönlendirmiyorsa, o henüz aşk değildir; o gerçek aşk değildir çünkü gerçek bir aşk muhakkak yeterli olmadığını kanıtlar. Daha fazlasına ihtiyaç vardır. Gerçek bir aşk seni tapınağın kapısına getirir, getirmek zorunda. Gerçek bir aşkın kriteri budur.

Hepsi iki değil, bir yasadır. Biz sadece geçici bir süre boğadan bahsederiz.

Şimdi sutra diyor ki: "Boğa senden ayrı değildir, o yalnızca geçici bir bahistir. Yanlış anladığın için, bu şekilde düşünülmesi gerekir. O sadece bir hipotezdir, kullanılır ve daha sonra çöpe atılır, kullanılır ve daha sonra ötesine geçilir. Bu nedenle sürekli olarak savaşmayı sürdürme. Kavga sonsuz bir mesele haline gelmemelidir. Kavga sadece bir araçtır. Bunu hatırla."

Tüm hayatları boyunca kavga eden insanlar gördüm; sadece bu hayatta değil geçmiş yaşamlarında da savaşıyorlar ve savaşıyorlar, savaşçılara dönüşmüşler. Şimdi tüm amacı tamamen unutmuşlar. Şimdi kavganın kendisi amaca dönüşmüştür! Şimdi kavga etmeye devam ederler ve kavgayla zor fark edilen bir ego biriktirmeyi sürdürürler; çok dindar belki, ama hâlâ zehirli. Zor fark edilen bir ego biriktirmeyi sürdürürler. Derviş, keşişler... Onları izle ve onlarda çok keskin, çelik gibi bir ego bulacaksın. Ego dünyevi insanlarda çok keskin değildir çünkü dünyevi insanlar cahil olduklarını bilirler.

Bir hikâye duymuştum:

Bir adam, çok yaşlı bir adam, yanlış olduğunu bile bile, genç oğlu ve yeğeniyle bir araya getirdikleri motoru çalıştırma denemelerine çıkmaya razı oldu. Külüstür araba virajı alamadığında ve en sonunda durmak için sürülmüş bir tarlaya sersem bir şekilde daldıklarında, yaşlı adam titreyen elleri arasında başını eğdi.

"Canın yandı mı baba?" diye sordu oğlu. "Doktora gitmek ister misin?"

"Hayır" şeklinde çalışılmış bir cevap geldi. "Sadece bir eşek herif bu zımbırtıyı süreceği için, beni bir veteriner hekimine götür."

Dünyevi adam kendisinin bir eşek herif olduğunu bilir. Onun egosu çok keskin olamaz. O aptalca şeylerin peşinde olduğunu bilir. O bunu bilir! Aptalca şeylerin peşinde olduğunu çok iyi bilir fakat güçsüz hisseder. Bunu bilerek de eski tuzağın içinde, eski yolda, eski rutinde hareket etmeye devam eder. Bilen, pişman olan zayıf iradeli biridir. Birçok kez aynı tuzağa düşmemeye yeniden karar verir ancak tekrar düşer. O güçsüzlüğünü, sınırlamalarını bilir. Onun egosu çok keskin olamaz.

Bu oldu:

Hoca Nasreddin bir psikiyatriste gitti. Dedi ki: "Fazla param yok. Bu kanepe üzerinde kaybedecek zamanım hiç yok. Tek istediğim sadece size iki soru sormak."

Psikiyatrist genellikle işini bu şekilde yapmadığını ancak bu durumda bir istisna gözetebileceğini söyledi: "Soruların neler?"

"İlk sorum şu: Bir adamın file âşık olması mümkün müdür?" dedi Hoca.

Psikiyatrist birkaç dakika ciddi bir şekilde düşündü. Sonunda dedi ki: "Hayır, bir adamın file âşık olması mümkün değil."

Hoca hayal kırıklığına uğramış görünüyordu. Doktor emin miydi? Doktor bununla ilgili hiç şüphe olmadığını söyledi.

"Pekâlâ o zaman," dedi Hoca "ikinci sorum ise şu: Büyük boy nişan yüzüğü kullanabilen birini tanıyor musun?"

Sıradan dünyevi adam bir şekilde aptal ve salak olduğunu bilir. Onun aşk ilişkisi aptalca bir ilişkidir, o fillere âşıktır: Paraya, güce, prestije. O bunun mümkün olmadığını iyi bilir, hata yapıyor olduğunu bir şekilde bilir ama direnmek için kendisini aciz hisseder, kendisini frenlemede aciz hisseder, güçsüz hisseder. Büyük, keskin bir egoya sahip olamaz.

Fakat dindar bir sofu, dünyadan uzaklaşmış ve Himalayalar'a gitmiş biri önemli derecede egoist hisseder. Onun egosu çok keskindir, bir kılıç gibidir. Elbette, o kimseyi kesmez çünkü dünyayı terk etmiştir. Dünyayı bırakmış olması iyidir. O kendisini keser, o kendi kendini yok edicidir.

Dünyada olan insanların egosu diğerlerine zarar verir. Dünyayı terk etmiş olan insanlar, onların egosu yalnızca kendilerine zarar verir. Mazoşist olurlar. Kendileriyle kavga etmeye ve kendilerine zarar vermeye başlarlar. Aslında, yarattıkları acıdan, kendilerine uyguladıkları ıstıraptan sapkınca zevk almaya başlarlar. Çok sapkınca bir haz.

Bunu hatırla: Eğer sana farkında olman gerektiğini söylüyorsam, bu sadece bir araçtır. Disiplinli olman gerektiğini söylüyorsam, bu sadece bir araç, senin için yararlı bir ölçüdür; onu bir hedefe dönüştürme. Daima hatırla: O bir gün aşılmak zorunda, bu yüzden onunla derin bağlantı kurma.

Bu çok zordur. İlkin insanlara nasıl meditasyon yapılacağını öğretirim, sonrasında onları meditasyona yönlendirmek zordur. Gönülsüzce... Her türlü zorluğu yaratırlar fakat bir şekilde onları meditasyona zorlarım. Ardından onu bırakmalarını istediğim gün gelir ve onu bırakmak istemezler. İlk başta asla yola girmek istemezler daha sonra yola aşırı derecede bağlanmış hale gelirler. Şimdi onlar yol bırakılırsa tüm hayatlarının ziyan olacağını düşünürler; sanki şimdi merdivenlere, basamaklara tutunurlar. Önce onun üzerinde hareket etmekten korktular, şimdi ise onu bırakmaya hazır değiller.

Meditasyon iyidir, o tıbbidir. Meditation (Meditasyon) kelimesi, medicine (ilaç) ile aynı kökten gelir. O tıbbidir. Sen hasta olduğunda ilaca ihtiyaç duyarsın. Sağlıklıyken, ilacın aşılması gerekir. O bir hedef değildir. Şişeleri her daim yanında taşıman gerekmez. Ve ilaçlarından gurur duymanın gereği yoktur.

Meditasyonun ötesine geçilmelidir. Farkındalığın ötesine geçilmelidir. Disiplinin ötesine geçilmelidir. Kişinin doğal bir şekilde yaşaması gerektiği bir an gelir; odun keserek, kuyudan su taşıyarak, açken yiyerek, uykulu hissettiğinde uyuyarak, tamamen sıradan bir şekilde hareket ederek; artık ne dünyevi, artık ne uhrevi; artık ne materyalist ne de dindar. Sadece basit, sıradan. Bu nitelikteki gerçek bir insan sınıflandırılamaz. Ona dünyevi ya da dindar diyemezsin. O kategorilerin ötesindedir. O mantığın ötesine geçmiştir.

Biz sadece geçici bir süre boğadan bahsederiz. O; tavşanla tuzağın, balıkla ağın ilişkisine benzer. O; altınla cüruf gibidir ya da ayın bir buluttan ortaya çıkması gibidir.

Ay buluttan ortaya çıktığı zaman, bulutun orda olması şans eseridir. O ayın doğasının parçası değildir. Ay bulutun arkasına gizlendiğinde, o zaman da aynı ay olacaktır. Buluttan ortaya çıktığında, o aynı aydır. Hiçbir şey değişmedi. Bulut sadece geçici, anlık bir durumdu.

Zihin bir buluttur. Düşünme bulutlara benzer. Sen aysın. Dünya bir bulut gibidir, sende herhangi bir fark yaratmamalıdır. İçgüdüsel doğanda o seni hiç etkilememiştir. Sen saf, kutsal kalırsın.

Bu yüzden sizin tam şimdi tanrılar olduğunuzda ısrar etmeyi sürdürüyorum. Onu ertelemeye gerek yok. Belki bir bulut vardır fakat bu hiçbir fark yaratmaz. Tanrısallığının bir bulutun arkasında bile gizlenmiş olduğunu fark edebilirsin. Ay aynı ay olarak kalır... BERRAK IŞIKTAN BİR YOL SONSUZ ZAMAN BOYUNCA GİDER.

Sekizinci sutranın düzyazı yorumu:

Sıradanlık gitmiştir. Zihin sınırlamalardan arınır. Aydınlanma halini aramıyorum. Ama aydınlanmanın olmadığı yerde de kalmam. Her iki koşulda bulunmadığımdan bu yana, gözler beni göremez. Yüzlerce kuş yoluma çiçekler serpse, böylesi övgü anlamsız olurdu.

SIRADANLIK GİTMİŞTİR... Zihin sıradandır. İnsanlar birinin sıradan bir zihne sahip olduğunu söylerler, bu yanlıştır çünkü bütün zihinler sıradandır. Zihin olduğu haliyle sıradandır. Bunu hatırla: sıradanlık zihnin niteliğidir.

Zekâ zihne ait değildir, zekâ onun ötesindedir. Zihin orda olmadığında, o zaman zekâ vardır. Ay bulutun arkasına saklanmadığında, o zaman onu görebilirsin- parlak, ışıltılı. O bir bulutun arkasına gizlendiğinde, bulut parlaklığı keser; o sana ulaşamaz. Bulut zihindir: sen zihinsizsin.

Sıradanlık gitmiştir. Zihin sınırlamalardan arınır.

Ve sınırlama olmadığında, zihin yoktur.

Aydınlanma halini aramıyorum.

Bu farkına varma anında, aydınlanmayla kim ilgilenir ki? Zen'de milyonlarca güzel hikâyeler vardır...

Biri bir üstada gelir ve der ki: "Ben bir Buda olmak istiyorum." Usta ona sertçe vurur.

Adam der ki: "Ama neden? Neden bana vuruyorsun? Yanlış ne sordum ki?"

Ve usta der ki: "Sen bir Budasın ve bir Buda olmak istiyorsun? Bu imkânsız!"

Buda olmaya çalışan bir buda mümkün değil. Bu yüzden seni eve geri getirmek, duyularına geri getirmek için iyi bir vuruş gerekir... Sorduğun şey saçmadır. Sen bir Budasın.

Bazen bu olur, tek bir vuruş ve kişi aydınlanır. O doğru zamanda olmalıdır. Birçok yaşamdır arayan ve bütün yolculuktan yorulmuş biri olmalı, yolculuğun tamamından yorulmuş ve hazır biri olmalıdır; devenin düşmesi için sanki son bir ekin sapına ihtiyaç varmış ve vuruş son ekin sapının işlevini görüyormuş gibi.

Fakat bu doğru, sen zaten arıyor olduğun şeysin. Arayışçı aranılandır. Ve hedef uzakta gelecekte bir yerlerde değil. O ayağının altındadır. O tam anlamıyla bulunduğun yerdedir. Onu fark etmen zaman alabilir, onu fark etmek yaşamlar alabilir fakat bu hiçbir fark yaratmaz. Fark ettiğin gün onun bütün saçmalığına güleceksin, o senin ayaklarının altındaydı.

Sıradanlık gitmiştir. Zihin sınırlamalardan arınır. Aydınlanma halini aramıyorum. Ama aydınlanmanın olmadığı yerde de kalmam.

Tüm koşulların ötesine geçilir: aydınlanma, aydınlanma olmaması; dünya, nirvana; hepsinin ötesine geçilir.

Her iki koşulda bulunmadığımdan bu yana, gözler beni göremez.

Sekizinci resmin içinde hiçbir şey yoktur; içinde hiçbir şey olmayan bir daire, boğadan sonra ne boğa ne de arayışçı vardır. Kırbaç, ip, boğa, savaşçı hepsi kaybolmuştur. Saf boşluk.

Sekizinci resim sonuncu Taoist resimdi çünkü Taoizm daha fazla neyin olabileceğini göremedi. Bitti! Her şey yok oldu. Hiç-lik meydana geldi, şimdi daha ne olabilir ki? Her şeyin ötesine geçilmiştir. Saf ötesine geçme gerçekleşmiştir, şimdi başka ne olabilir? Ama Kakuan iki resim daha yarattı -büyük bir yaratıcı olmalı- ve bunlar tartışacağımız kalan iki resim olacaktır. Fakat bu sonuncusu Taoist resimdir.

Tao ve Zen arasındaki fark budur, Budizm ve Zen arasında da fark budur. Buda da sekizincinin son olmasını isterdi. Onun müritleri Bodhidharma, Kakuan ve Baso, ustadan biraz daha ileri gitmişlerdir. Zen sadece Budizm değildir, o Budizm'den fazlasıdır. O nihai çiçek açıştır, Buda'nın da geliştirilmesine benzer. Birkaç dokunuş, usta dokunuşu ve bütün çehre değişmiştir.

Zen dünyaya dinin tamamen yeni bir biçimini getirir.

Zen geleceğin insanının dini olacaktır çünkü o nasıl vazgeçileceğini ve vazgeçmenin de nasıl bırakılacağını öğretir. O dünyanın ötesine nasıl geçileceğini öğretir ve ötenin ötesine nasıl geçileceğini öğretir. Paradoksal görünür ama değildir çünkü ötenin ötesine geçtiğinde dünyaya dönersin, daire tamamlanır.

Buda ile daire biraz tamamlanmamış kalır. Nirvana nirvana kalır, dünya dünya olarak kalır; ayrılmış olarak. Aydınlanmış insan aydınlanmış kalır, aydınlanmamış aydınlanmamış olarak kalır; ayrıdır. Zen onlara köprü kurar. Nihai çiçek açış, bir adamın ne aydınlanmış ne de aydınlanmamış olduğu zamandır; kategorilerin ötesinde. O dünyada yaşar ama dünyada yaşamaz. Dünyada yaşar fakat dünya onun içinde yaşamaz. O lotus çiçeğine dönüşmüştür.

Bir lotus çiçeği ol. Suyun içinde ol ve suyun sana dokunmasına izin verme.

Himalayalara gitmek ve orda saf kalabilmek çok zor değildir. Başka ne yapabilirsin ki? Saf olmak zorundasın, neredeyse çaresizlik.

Himalayalarını dünyaya geri getir. Bırak Himalayaların şimdi burada dünyada, pazaryerinde olsun ve o sonra kriter, test oradadır.

Gerçek kriter dünyadadır. Nirvana'ya gerçekten ulaşmışsan, dünyaya geri döneceksin çünkü şimdi hiçbir korku yoktur. Şimdi her yerde olabilirsin. Şimdi cehennem bile cennettir ve karanlık ışıktır ve ölüm yaşamdır. Şimdi hiçbir şey dikkatini dağıtamaz. Senin ulaşımın tam, mükemmel, nihaidir.

Bir lotus çiçeği ol!

Bugünlük bu kadar yeter.

BÖLÜM 9

Yaşam Hedeftir

Sadece bir izleyici ol.
Zamanla sessizlik yayılacak, ruhuna sızacak.
Zamanla eve daha da yaklaşacaksın.

İlk soru:

Sevgili Osho,
Meditasyonun içinde ya da dışında algıladığım her şey kendi yaratımım ya da yansıtmam gibi görünüyor.
Gördüğüm, hissettiğim ya da yarattığım şeylerin arasındaki farkı ayırt edemiyorum.
Osho, bu nedir?

Düşünceler, hayaller ve gerçeklik arasındaki farkı ayırt etmeye gerek yoktur. Eğer çabalarsan kafan daha fazla karışacak. Ayırt etmenin hiçbir yolu yok çünkü zihin söz konusu olduğu sürece, her şey zihinde bir düşünce olarak görünür. Bu gerçek olabilir, gerçek olmayabilir; ancak bir şey zihinde belirdiği an düşünce şeklinde belirir.

Ayırt edemezsin ve gereği de yok. Ve bu yolculuğa devam etme çünkü bu yolculuk bir düşünce yolculuğuna dönüşür ve meditasyon kaybolur. Bunun yerine, tam tersi tanıklığında merkezlen. Zihnindeki objeler hakkında endişelenme, onlar her neyse zihinle alakalıdır. Sen basitçe tanıklığında daha çok merkezlen. Sadece izleyici ol. Ayırt etmek için çabalama. Zihinde her ne ortaya çıkarsa çıksın, onu sadece izle. Ortaya çıkışını izle, orda oluşunu izle, kayboluşunu izle.

Er ya da geç, gerçekten merkezlendiğinde... Ve bu her an olabilir. Bu an hiçbir zaman kestirilemez. Ne zaman merkezlenmiş hissetsen, bütün zihin kaybolur; düşünce, hayaller, gerçeklik, her şey. Birden sen boşluktasın, senin için hiçbir nesne yok. Zihinde hiçbir şey yok, saf boşluk. O zaman gözlerini aç ve bak, her ne varsa gerçektir.

Sen bir tanık olduğunda ve zihin tamamen bırakıldığında, ancak o zaman ne olduğu bilinebilir; ona Tanrı, gerçek, hakikat de ya da ne demek istiyorsan onu de. Zihin gerçeği bilmene asla izin vermeyecek. Zihin kargaşadır. Onun içine çok fazla tutunursan, o zaman bulmacaları çözmeye çalışacaksın. Yenilerini çözmeye ve yaratmaya ve çözmeye ve yaratmaya devam edebilirsin ancak o asla sonlanmaz. Düşünmek seni gerçekliğe ulaştırmayacak, düşüncesiz bir farkındalık ulaştıracaktır. Bu yüzden ayırt etmek için çabalama. Yalnızca izle, ne olduğuna aldırmaksızın. Zihin gerçek değildir.

Örneğin; eğer bir aynanın önünde duruyorsan, aynada bir şeyler görünür. O gerçek olabilir; aynanın dışında gerçek bir şeyin yansıması olabilir fakat aynada o yalnızca bir yansımadır, gerçek olmayabilir de. Yansıyan kendi hayalini görüyor olabilirsin. Yansıtıyor olabilirsin. Bu da sahtedir. Aynada her ne görünüyorsa sahtedir çünkü ayna basitçe yansıtır. Zihin bir aynadır, o sadece yansıtır. Zihni bırak, aynayı bırak ve o zaman gör. Orada her ne varsa, gerçektir çünkü şimdi rahatsız edici faktör artık orda değildir.

Benim buradaki tüm çabam tanık olmana yardımcı olmaktır.

Bu yüzden lütfen düşüncelerin, derin düşüncelerin içine girmeye çabalama; aksi takdirde gittikçe daha fazla kafan karışacak. Ve düşünceden düşünme yoluyla kurtulmanın bir yolu yoktur. O durmadan kendini yaratmaya devam eder. Tek yolu onun içine girmemektir. Bu yüzden izle ve uyanık kal. Zihinden her ne geçiyorsa, ne olduğuna karar vermeye çalışma. Her şeyi bir rüyaymış gibi izle. Hindu görüşüne ait olan maya, yanılsama kavramı budur. Her şey sahtedir. Bu yüzden endişelenmeye gerek yok, ayırt etmeye gerek yok. Zihinde ne görünüyorsa, zihinde göründüğü için sahtedir. Zihin sahte olanın fakültesidir.

Bu yüzden zihni bırak. Tanık olan ruhun içinde daha çok merkezlen. Sadece bir izleyici ol. Sessizlik gitgide yayılacak, ruhuna işleyecektir. Eve gittikçe yaklaşacaksın. Her şey gitgide uyuma kavuşacak ve sen kendi içinde merkezleneceksin. Herhangi bir an merkezlenme gerçekleşir. Aniden zihin orada değildir ve gözlerin berrak, zihinden arınmıştır. O zaman gördüğün her şey gerçektir. Ve daha önce görmüş olduğun bu dünya, onu önceden görmüş olduğun şekilde orada olmayacak. O tamamen yeni olacaktır. Daha önceden asla bilinmeyen bir şey olacaktır. Her şey aynı olacak ve yine de aynı olmayacak çünkü değişmişsindir. Artık zihinle kendinden geçmezsin. Dikkatli, farkındasın.

Bu nedenle şöyle anlatmama izin ver: Daha fazla farkında oldukça, gerçekliği daha çok bilebilirsin; ne kadar az farkındaysan, gerçekliği bilme ihtimalin o kadar azdır. Bu yüzden temel şey farkında olmaya dayanır. Eğer tamamen farkındaysan, bildiğin her şey gerçektir.

İkinci soru:

Sevgili Osho,

Biz yaşamı ve getirdiği zevklerini seviyoruz ve de daha gayretsiz olan gruba dahiliz ama yine de bizi kapı dışarı etmediğin takdirde de gitmek istemiyoruz.

O zaman beni yanlış anlamış olmalısın. Ben yaşama karşı değilim. Zevke karşı değilim. Aslında benim söylüyor olduğum şey, sen yaşam şeklinle hayattan zevk almıyorsun. Yaşadığın biçimde, sadece zevk aldığın rüyasını görüyorsun. Basitçe ıstırap çekiyorsun. Acı çekiyorsun. Basitçe umut ediyorsun.

Umut zevktir. Umut sadece; avutmak için, kişinin bir şekilde kendisini bugün bitti fakat yarın her şey iyi olacak diye ikna etmesi için zihnin bir tuzağıdır. Bugün kişi üzüntü içindedir, yarın üzüntü içinde olmayacaktır. Kişi hayal kurar, umut eder, yansıtır.

Gerçek keyif insanı şimdi, buradadır. O asla yarını düşünmez, yarın hakkında düşünmenin gereği yoktur. Eğer gerçekten mutluysan asla geçmişi düşünmezsin, asla geleceği düşünmezsin. Kim endişe duyar ki? Ne için? Senin tüm enerjin şimdi-burada hareket eder, saadetin, mutluluğun, kutlamanın sonsuz bir dansına dönüşür.

Ben yaşama karşı değilim. Ondan keyif almaya karşı değilim. Eğer beni bu şekilde anlamışsan, yanlış anlamışsın. Benim dinim kutlamadır. Benim dinim keyiftir. Benim dinim danstır. Ben senin dans edemeyen bir tanrıya tapmanı istemiyorum, o zaman o artık bir tanrı değildir. Ben sana hayatı yoğun bir şekilde, tutkulu bir şekilde nasıl yaşayacağını öğretmek istiyorum ki böylece onu yaşarsın ve yine de ona tutunmazsın çünkü tutunma daima acı çeken bir zihni gösterir. Ancak onları iyice yaşamıyorsan bir şeylere tutunursun.

Bu yüzden ilk şey şudur: Gördüğüm halinle, seni üzgün görüyorum. Hayattan keyif aldığını düşünüyor olabilirsin. Yeniden düşün, gerçek üzerine meditasyon yap, gerçekten keyif alıyor musun? Eğer keyif alıyorsan, o zaman problem yoktur. Benim kutsamalarımla tadını çıkar. Ama senin keyif almadığını biliyorum. Basitçe inanıyorsun... Çünkü ıstırabının çıplak gerçeğini görmek çok fazla, dayanılamaz olacaktır. Bu yüzden hayattan keyif alıyor gibi görünmeye devam edersin.

Gözyaşlarını saklamak için gülümsemeye devam edersin. Yaralarını gizlemek için kendini süslemeye, kendini boyamaya devam edersin. Bir şekilde, diğerlerini ve kendini mutlu olduğuna dair kandırmaya devam edersin. Öyle değildir. Eğer mutluysan ulaşmışsındır; o zaman meditasyon yapmaya gerek yoktur. Eğer mutluysan senin için hiçbir dine gerek yoktur.

Din bir araç olarak gereklidir, din son değildir. O henüz mutlu olmayanlar; hâlâ ıstırap içinde, karanlıkta olanlar; hâlâ keder ve endişe içinde olanlar için bir metottur.

Ama biliyorum: Acı o kadar fazladır ki bir barınağa ihtiyacın vardır, kuşku o kadar fazladır ki bir rüyaya ihtiyacın vardır, böylece umut edebilirsin; gelecek için, yarın için umut edebilirsin.

Senin cennetin ve mutluluğun her zaman başka bir yerdedir, o asla olduğun yerde değildir. Gerçek mutluluk her zaman burada, her zaman şimdidir. O başka zaman ve mekân tanımaz. Gerçekten mutluysan, sadece mutluluk var olur; sen var olmazsın. Bunu hatırla: yalnızca ıstırap içinde, sen ve ıstırap –iki şey– var olur. Mutlulukta, yalnızca mutluluk.

Mutluluk, Hindistan'da adwaita adını verdiğimiz, ikili olmayandır. Acı ikilidir. Acıda daima ikisindir. Üzüntü varlığının bir bölünmesidir; ikiye böl, sen organik bir bütün değilsin. Bir şeyler sana ters düşer. Orada olmasını hiç istemediğin bir şey ordadır, baş belası. Yarın öyle olmayacağı umudu içinde acı çekersin. Ancak dününü hatırlıyor musun? Dünün de aynıydı ve sen bugünü bekliyordun çünkü bugün o zaman yarındı. Şimdi geldi. Hiçbir şey olmadı. Aynı şekilde diğer yarınların gelmeye devam edecektir fakat daima bugünler olarak gelir, asla yarınlar olarak gelmez.

Yarın asla gelmez. O tam da kendi doğasından dolayı gelemez, o sadece ufuktaki bir rüyayadır. Onu düşünebilirsin fakat onu yaşayamazsın. O bir yanılsamadır. Ondan keyif aldığını mı sanıyorsun? Tekrar düşün çünkü onu görmüyorum.

Senin içine bakıyorum ve seni orada üzgün buluyorum, onu saklıyorsun fakat kimden saklıyorsun? Ve onu saklanmanın ne anlamı var? Sen sakladıkça, ondan kurtulmak daha çok zorlaşacak çünkü onu ne kadar saklarsan, o kadar derine iner. Derine indikçe varlığını daha çok zehirler, yaşamının tam da kaynağı gittikçe daha zehirli hale gelir. Üzüntü yayılır. Neredeyse bir parçan olur ve o zaman ondan nasıl kurtulacağını bilemezsin.

Bu yüzden ilk şey şu: Ben yaşam için varım, tüm yaşam için, tüm zevkler için. Ben kasvetli bir ciddiyet için yokum. Üzüntü için yokum. İnsanlara ciddi olmayı öğretmeyi sürdüren bütün bu dinlere karşıyım. Tanrı ciddi değildir, aksi takdirde çiçekler var olmazdı. Tanrı ciddi değildir, aksi takdirde kuşlar şarkı söyleyemezdi. Tanrı muazzam derecede keyif içinde, bu yüzden biz Hindistan'da yaratımın bir yaratım değil, gerçekte sadece bir oyun, bir leela olduğunu söyleriz.

Tanrı oyun oynuyor, o oradan oraya koşan bir çocuk gibidir. Bütün enerjiden ortaya çıkıyor, taşıyor, eğleniyor, bin bir türlü dans ediyor, bin bir tane şarkı söylüyor; asla yorulmadan, yenilenmeye devam ediyor, dünyayı insanlarla doldurmaya devam ediyor. Her insan onun yeni bir dans etme şekli ve her insan tekrar şarkı söylemek, tekrar sevmek, tekrar yaşamak için onun yeni çabasıdır. Her kişi yeniden bir proje, yeniden bir çabadır. O asla yorulmaz. Sonsuzluk onun oyunudur.

Tanrı ciddi değildir. Tanrı Hıristiyan değildir. O bir kilisede yaşamaz. O festivaldir. Yaşama bak: O devamlı bir şenliktir. Bu kuşları dinle... Devamlı bir kutlama. Ağaçların çiçeklenmeye devam edişini, güneşi ve ayı ve yıldızları gör. En alçaktan en tepeye, zevkin aynı ritmidir. İnsan dışında hiç kimse ciddi gibi görünmüyor. İnsan haricinde, hiç kimse endişeli ve kaygılı görünmüyor. İnsan dışında, yaşamın tamamı eğlencedir.

Hayır, ben ciddiyet için yokum. Tamamıyla ona karşıyım. Senin oyuncu olmanı istiyorum. Beni iyi dinle: Hatta eğlence olarak dua etmeni istiyorum. Bir kez ciddiyet duanın içine girdiğinde, o zaten ölüdür. Aşk gibi meditasyon yapmanı istiyorum; gözle görülmeyen bir keyif, sadece burada olmanın içinde, canlı olmanın içinde devamlı ince bir sevinç.

Ben eğlenceye karşı değilim ama senin eğleniyor olduğunu görmüyorum, bu yüzden meditasyon gerekli. Meditasyon seni ciddiyetinden kurtarmak içindir. Meditasyon ölüm derecesinde olduğunun farkına varmanı sağlamak içindir. Meditasyon geçmişin bütün sersemliğinden, geleceğin bütün rüya ve yansımalarından kurtulmana yardımcı olmak içindir ki böylece şimdi-burada, basitçe, kendiliğinden yaşayabilesin.

Meditasyon muazzam derecede eğlenmene yardım etmek için vardır böylece o eğlencenin içinde kaybolursun. Eğer kalırsan, acı kalır. Şu şekilde söyleyeyim, sen üzüntüsün. Eğer üzüntüysen, ciddiyet devam eder. Nerde olursan ol, etrafında hemen ciddi, karamsar bir iklim yaratırsın; bir şeyler çoktan ölmektedir. Sen kendi ölümünsün. Sen hastalıksın.

Eğlendiğinde, dans ettiğinde, sevdiğinde ya da bir şey yapmadan sadece oturduğunda, hiç nedensiz basitçe mutlusundur. Ve mutluluğun bir sebebe ihtiyacı yoktur. Eğer sebepler arıyorsan, asla mutlu olmayacaksın. Mutluluğun hiçbir nedene ihtiyacı yoktur, onun sebebi olamaz. Onu dünyanın sebep ve etkisinin parçası yapamazsın. Kesinlikle mantıksızdır. Mutlu olmak istiyorsan, mutlu ol! Bekleme, ayarlama, herhangi bir ayara ihtiyacın yok. Sadece olduğun halinle mutlu olmaya muktedirsin. Hiçbir şey eksik değil. Bu kadarını benden öğrenebilirsen, her şeyi, tüm sanatımı öğrenmiş olursun.

Mutluluğun nedene ihtiyacı yoktur. Sebep senin ıstırabın tarafından yaratılır. Üzüntü der ki: "Bugün üzgünüm, nasıl tam şimdi mutlu olabilirim? İlk önce hazırlıklar yapılması gerek. Elbette sonra zamana ihtiyaç olacak, bu yüzden yarın her şey hazır olduğunda mutlu olacağım. Güzel bir eş bulmak zorundayım, mükemmel kocayı bulmak zorundayım. İyi bir ev, büyük bir araba... Onu bunu bulmak zorundayım. Bu ancak yarın mümkündür. Şu anda, nasıl mümkün olabilir? Zamana ihtiyaç olacak." Bu, perişan zihnin tuzağıdır.

Perişan zihin zamana ihtiyacı olduğunu söyler. Perişan zihin zamanda yaşar, zamana bağlıdır. Mutluluğun zamanla bir ilgisi yoktur. Sadece şimdi, sadece şimdi-burada, lütfen noktayı görmeye çalış. Bu onu görme meselesidir. Biraz uyanık olursan onu şimdi görebilirsin. Bu bir gerçekleştirmedir.

Şu anda, yoluna engel olan kim?

Mutlu olmadan önce mükemmel bir eş bulmak zorunda olduğunu düşünüyorsan... Bu mantıklı görünür: Mükemmel bir eşin olmadan nasıl mutlu olabilirsin ki? Ancak hiç mükemmel bir eş duydun mu? Hiç mükemmel bir koca, mükemmel bir ev ya da mükemmel bir araba duydun mu? Tamamı illüzyondur.

Arayan, sürekli arayan bir adam hakkında duymuştum. Yetmişine gelmişti ve biri sordu: "Arayışın bitmedi mi? Ne zaman düzen kuracaksın?"

"Mükemmel bir eş arayışındayım," dedi adam.

"Yetmiş yıl geçti. Ölüm çoktan kapıyı çalıyor. Ne zaman düzen kuracaksın?"

Adam, "Ne yapabilirim? Mükemmel bir eş olmadan nasıl mutlu olabilirsin ki?"

Arkadaşı sordu: "Fakat uzun süredir arıyorsun, birini bulamadın mı?"

"Evet, bir zamanlar bir kadın buldum."

O zaman arkadaşı dedi ki: "O halde neden onunla evlenmedin?"

Ve yetmiş yaşındaki arayışçı çok üzüldü. Dedi ki: "Bu zordu, o da mükemmel bir koca arayışındaydı!"

Mükemmellik, zihnin bir talebi, kendini beğenmişliktir. Yaşam güzel bir biçimde kusurludur. Bunu anladığında, şu anda zevk almaya başlarsın. Ve zevk aldıkça, daha çok tadını çıkarabilirsin.

Anlatmama izin ver: Mutluluğun hiçbir sebebe ihtiyacı yoktur; mutluluğun yalnızca bir zevk alma alışkanlığına, doğal bir kaliteye, eğlenmek için kapasiteye ihtiyacı vardır. Başka hiçbir şeye gerek yok. Ve bu kapasite yalnızca keyif alarak gelir, başka hiçbir şeyle gelemez. Eğer tadını çıkarıyorsan, daha fazla eğlenmeye muktedir olursun. Yapabildikçe, daha fazla eğlenirsin. Ve bu böyle devam eder; gittikçe artan bir kreşendoya, daha yüksek bir zirveye ulaşır.

Her an, bu andan ortaya çıkar. Gelecek an, bu andan ortaya çıkacaktır. Eğer bu anı sevgiyle, neşeyle, bütünüyle yaşamışsan, gelecek an bu andan ortaya çıkacaktır ve sen bu andan doğacaksın. Gelecek an daha fazla olasılıklar açacak ve bu seni daha fazla yapabilir kılacak.

Mutluluk senin zaten sahip olduğun bir kapasitedir fakat sen asla onunla çalışmamışsın. Bu tıpkı bir çocuğun ayakları üzerinde yürümesine izin verilmemesi ve sakat bırakılması gibidir. Yürüme kapasitesinin olmadığından değil fakat ona asla izin verilmemiştir. Anne düşebileceğinden aşırı endişeliydi, bu yüzden şimdi korku sebebiyle emeklemeye devam eder. Her çocuk yürümek için doğması kadar doğal bir şekilde mutlu olmak için doğmuştur. Yapacak başka bir şey yoktur.

Bu yüzden senin sorun şu: "Biz yaşamı ve onun getirdiği zevkleri seviyoruz" –benim kadar değil, aksi takdirde yüzde yüz onun içinde olurdun– "ve de daha gayretsiz gruba dahil olduğumuzu düşünüyoruz."

Gayretsizsin çünkü hayatı bütünüyle sevmemişsin. Asla meditasyonlarımın yaşamdan başka bir şey olduğunu düşünme, onları asla hayatın zıttı yapma. Sana yaşamın kendisinden başka madeni para vermeye çalışmıyorum. Yaşamdan başka birtakım yolculuklara ikna etmeye çalışmıyorum. Hayat yolculuktur. Yaşam hedeftir.

Din ayrı bir yolculuk değil. O gerçekten, hayatta o kadar bütün bir şekilde hareket etmektir ki hayat tüm sırlarını; Tanrıyı, en içteki sırrı ortaya çıkarmaya başlar. Hayatı sevdiğin ve yaşadığın an, daha fazlasını meydana çıkarır. Birden, bir gün, en gizemli merkezi ortaya çıkarır: Tanrı.

Yaşamı severek, bir gün Tanrı'yı seversin. Hayatı yaşayarak, bir gün Tanrı'yı yaşarsın.

Bu yüzden gayretsiz olma. Hayatta bütün bir şekilde ol. Ve ben senin dikkatini yaşamından çekmek için burada bulunmuyorum. Bu zaten yapıldı. İnsanlığın tamamı bunun yüzünden acı çekiyor. Dinler sefaleti kanıtlamışlardır çünkü onlar hayata karşı, tamamen hayata karşı hedef almaya çalıştılar.

George Gurdjieff bütün dinlerin Tanrı'ya karşı olduklarını söylerdi. Kesinlikle haklı görünüyor. Yalnızca dinler hakkında düşün; tamamı Tanrı'ya karşı görünüyorlar, yaşama karşı demek Tanrı'ya karşı demektir.

Tanrı yaşama karşı değildir, bu kadarı kesindir; aksi takdirde uzun süre önce yaşam durmuş olurdu. Senin mahatmaların hayata karşı olabilirler fakat Tanrı değildir. Mahatmaların sana şunu öğretmeye devam ederler: Bırak! ve Tanrı daha çok yaşam yaratmaya devam eder. O gerçeklerden kaçan, vazgeçen biri gibi görünmüyor, muazzam derecede ve derinden yaşamla ilişkili ve yaşama adanmış gibi görünüyor. Onun bağlılığı ebedidir. Sadece düşün: Yetmiş ya da seksen yıl içerisinde, bıkarsın ve yorulursun ve kaçıp Himalayalar'a gitmeyi düşünürsün ve Tanrı sonsuza dek buradadır ve yine de yorulmaz. Yorgunluk nedir bilmez, enerji hâlâ canlı ve gençtir. O şu anda sanki başlangıçta gibidir. Geçmişi taşınmaz. Her an yeni yaratımdır.

Benim açımdan eğer dindar olursan, yaşamdan vazgeçmeyeceksin. Kendinden vazgeçeceksin, yaşamdan değil. Kendini bırakacak ve yaşamla tamamen bir olacaksın, böylece hiçbir bölünme var olmaz. "Ben", ego bırakılmak zorundadır, yaşam değil.

Üçüncü soru:

Sevgili Osho,

Bize söylediğin her şey zaman zaman zihne çekici geliyor ve içimde bir şey onu takip etmek istiyor.

Fakat hâlâ kendimi asla onu uygularken bulmuyorum. Bunun nedeni nedir, Osho?

Zihin beni takip etmekten hoşlanabilir fakat zihin güçsüzdür. Zihin çok küçük bir parçadır ve onun hiçbir iradesi yoktur. O iyi hayal kurar, iyi düşünür, iyi plan yapar ancak onun hiçbir iradesi yoktur. O eyleme geçemez. Eylem söz konusu olduğu sürece, zihin bir ödlektir. Düşünmede o çok cesurdur, eylemde tamamıyla ödlektir. Bu yüzden beni dinlediğinde, yalnızca benim hakkımda düşünürsen, ne söylersem söyleyeyim onunla ilgili düşünürsen, zihin şunu diyecektir: "Tamamen doğru! Çok iyi! Bu her zaman istediğim şey. Ama onu asla uygulamayacaksın."

Bu nedenle beni zihinden dinleme. Dinlemenin başka yolu yoktur. Beni bütün bir varlık olarak dinle, yalnızca zihinden dinleme; beni tüm yüreğinle dinle. Ancak o zaman söylüyor olduğum şeyi uygulayacaksın, aksi takdirde bölünmüş kalacaksın. Zihin bir şeyi düşünecek ve sen tersini yapmaya devam edeceksin. Daha sonra pişman olacak ve suçlu hissedeceksin. O zaman beni dinlemenin hiç gereği yok çünkü sende suçluluk yaratmak için burada bulunmuyorum. Bu günah olacaktır. Birinde suçluluk yaratmak bir günahtır. Bu yüzden hatırla: Ben bundan sorumlu olmayacağım, onu kendin yaratıyorsun.

Beni bütün bir organik birlik olarak da dinle -senin kanın da, kalp atışların da dinler, kemiklerin, özün, yüreğin, beni bütün bir varlık olarak dinle- ardından ancak o zaman onu uygulayabileceksin. Aslında, "yapabileceksin" demek doğru değildir, onu uygulayacaksın. Eğer beni bütün bir varlık olarak dinlemişsen, onu zaten uygulamaya başlamışsındır. Onu uygulamak için bilinçli bir çaba göstermeye gerek kalmayacak, sen onu bulacaksın. O kan dolaşımında hareket etmiştir, senin bir parçan haline gelmiştir. Onu uygulamanın dışında bir şey yapamazsın.

Bu yüzden beni doğru bir şekilde dinle ve doğru bir şekilde dinle dediğimde şunu kastediyorum: Beni kafayla dinleme. Kafa suçludur çünkü kafa dinleme teknikleri bulmuştur ve tüm varlığın burada neler olduğunun farkına varmasına izin vermez. O bütün varlığını bana açmaz. Anahtar deliği gibi küçük bir delikten, yalnızca dar bir kesiğin ardına saklanarak kafayla dinliyorsun. Ve söylediğim her şeyi biriktirmeye devam ediyorsun. Beni içmiyor, yemiyorsun, beni sindirmiyorsun; yoksa uygulama sorusu asla ortaya çıkmayacaktır. Benim hakkımda, ne söylüyor olduğumu sadece düşünmeyi sürdürürsün; yorumlamaya, kendi teorilerini oluşturmaya, açıklamalara, yorumlara devam edersin ve ardından kafada takılı kalırsın. O zaman bir karara varırsın. Fakat kafa onu gerçekleştirecek hiçbir güce sahip değildir, kafa senin içinde yönetici güç değildir. Kafa iradeye sahip değildir, o güçsüzdür. O düşünebilir ancak asla gerçekleştiremez.

Bu yüzden düşünürler düşünmeye devam ederler. Eğer onların yaşamını görürsen, basitçe şaşıracaksın. İnanılmaz görünür! Onların düşüncesi çok zengin ve yaşamları kesinlikle fakirdir. Küçük şeylerde dahi karar veremezler, onların düşüncesi muallakta kalır.

Büyük bir Alman düşünür olan Immanuel Kant'ın yaşamında bu oldu: Bir kadın ona âşık oldu ve elini tutmak isteyeceği günü bekledi ve bekledi. Fakat o bin bir türlü şey, büyük şeyler, felsefi spekülasyonlar hakkında konuştu ama asla kadının elini tutmadı. Sonunda, yorulmuş vaziyette, kadın kendisi sordu: "Seninle evlenmek istiyorum."

Kafası çok karıştı. Dedi ki: "Düşünmeme izin ver. Düşünmeden bir şey yapamıyorum."

Ve hikâye düşünmeye başlayarak devam eder. Bir gün kadının kapısını çaldı; evlenmeye karar vermişti, evet demeye karar vermişti ancak babaya kızını görüp göremeyeceğini sorduğunda, baba dedi ki: "O çoktan evlendi bile ve şimdiye kadar iki çocuğu oldu! Bu zamana kadar neredeydin?"

Nerdeyse yedi yıl geçmişti. Düşünüyor, düşünüyor ve düşünüyordu. Günlükleri hâlâ vardır, evlilik tarafında üç yüz elli dört sebep bulmuştu ve evliliğe karşı ise üç yüz elli sebep. Evlilik için dört tane sebep fazla olduğu için, şimdi bir şey yapılması gerektiğine karar vermişti ama çok geçti.

Düşünce hayatı sahte bir hayattır. Onun içinde bir temel yoktur. O belirsiz bir yaşamdır; ne dünyaya ne de gökyüzüne aittir, ikisinin arasındadır.

Eğer beni kafadan dinlersen, bu problem yaşam boyu sana musallat olacaktır. Kafa evet diyecektir, o zaman problem ortaya çıkacaktır; onu nasıl pratik yapmak gerek? Ve senin tüm varlığın onun hakkında bir şey duymamıştır ve bütün varlığın kendi yolunda ilerlemeye devam edecektir. Varlığın kafan hakkında endişelenmeyecektir, o umursamaz. Aslında, senin tüm varlığın asla kafanı dinlemez. Kafana düşünme fırsatı verir, ancak ne zaman bir karar verme mevzusu ortaya çıksa, bütünlüğün bir karara varır, kafan değil. Şuna karar verirsin: Şimdi daha fazla öfke yok, yeter artık! O her zaman kötüdür, zehirler ve ağızda kötü bir tat bırakır ve o sadece daha fazla sorun yaratır ve hiçbir şey çözmez. Kafan şuna karar verir: Daha fazla öfkelenmiyorum, şimdi bir karar veriyorum! Ve ardından ertesi gün kızıyorsun. Ne oldu? Senin tüm benliğin kararı duymamıştır bile. Kemiklerin, kanın, içgüdülerin kararının farkında bile değildir.

Düşünmek bir lükstür. Beni bütünlüğünden duymadığın sürece, düşünen varlıklar olarak değil... Eğer nabzın benimle birlikte atarsa, kalbin benimle çarparsa, benimle aynı ritimde olursan, o zaman gerek olmayacaktır; bu problem hiçbir zaman ortaya çıkmayacaktır: Nasıl yapılır? Pratik yapacaksın. Birden uyguluyor olduğunu göreceksin. Eğer bir şey varlığına uyarsa, bir şey bütünlüğünle hakikat olarak hissedilirse, o zaten uygulanmak üzeredir. Onu sindirmişsindir ve o zaman o asla suçluluk yaratmaz.

Bu suçluluk mevzusunun anlaşılması gerekiyor yoksa beni dinleyecek fakat takip edemeyeceksin. O zaman suçluluk hissedeceksin. Ve ben seni mutlu etmek için buradayım, seni suçlu yapmak için değil. Suçlu bir kişi hasta bir kişidir. Suçlu bir kişi zehirlenmiş bir kişidir. Suçlu kişi uyum içinde değil içsel bir çatışma içindedir. O bir şey yapmak ister ve daima başka bir şey yapmaktadır, tam tersini. Uçurum büyüdükçe büyür ve köprü gittikçe imkânsız hale gelir. Suçluluk şizofreni yaratır; iki kişi olursun ya da daha bile fazlası. Bir kalabalığa dönüşürsün, çok ruhlu olursun, birliği kaybedersin.

Beni bütün kalbinle dinle. Beni özümse. Aksi takdirde beni dinlememek, beni tamamen unutmak daha iyidir. Fakat lütfen suçluluk hissetme.

Eğer doğru bir şekilde dinlemişsen, eğer tamamen dinlemişsen, o halde pratik yapma sorusu asla doğmaz. Onu uyguluyorsundur. Bu tıpkı dışarı çıkmak istiyorsan duvardan değil, kapıdan dışarı çıkman kadar doğaldır. Kapıyı görürsün, basitçe kapıdan dışarı çıkarsın. Kapının nerede olduğunu düşünmezsin bile, şunu sormazsın: Kapı nerede? Şu kararı vermezsin: Bu kez kapıdan çıkacağım, duvardan değil; ne olursa olsun kararıma bağlı kalacağım, ne cezp ederse cezp etsin, duvardan çıkmayacağım, kapıdan çıkacağım.

Böyle şeyler yaparsan, bu senin basitçe deli olduğunu gösterir. Ve duvardan geçeceksin, kapıdan geçmeyeceksin. Duvar çok baştan çıkartıcıdır; sen büyülenirsin, takıntılı hale gelirsin.

Anlayış, kendi uygulamasını getirir. Anlayış yeterlidir. Eğer beni anlıyorsan, o zaman hiçbir problem yoktur. Bu yüzden eğer uygulama problemi ortaya çıkarsa, daha fazla zorunlu çaba göstermeni söylemeyeceğim. Hayır. Bütün çabayı bırak. Beni yeniden anlamak için çaba göster. En baştan kaçırdın; en önemli şeyi, uygulamayı kendiliğinden getiren şeyi yani tohumun kendisini kaçırdın.

Beni tekrar dinle. Beni çok rahatlamış olarak dinle. Kafa dinlediği zaman, kişi çok dikkatli, konsantredir; bir gerginlik vardır. Beni çok rahatlamış olarak dinle. Seni her yerden sarmalamama izin ver. Bırak seni her yerden saran bir iklim olayım. Ve sadece beni içeri al, beni içine çek; bir sünger gibi ol; dikkatli olmadan, rahat, bir sünger gibi, böylece söylüyor olduğum her şeyi içebilirsin. Bunun hakkında düşünmeye gerek yok, iç onu. Bırak varlığının bir parçası olsun. Ve ardından beni hiçbir zaman takip etmiyor olduğunu göreceksin.

Eğer anlayış ordaysa, sen her zaman kendini takip edersin. Suç yaratılmaz ve takipçi yaratılmaz. Suçluluk yaratılmaz ve çatışma -onun nasıl uygulanacağı- yaratılmaz. O zaman bir takipçi olmazsın. Benim âşığım olursun ama takipçim olmazsın ve bu tamamen farklı bir boyuttur. Ve eğer bir gün kafanın takip edilmesi, yapılması ve uygulanması gerektiğini söylediği ve senin yapmadığın bir şey olduğunu bulursan, onu uygulamak için hiçbir gayret sarf etme. Onu tekrar dinlemeye çalış. Yeniden anlayışın tam ilk anına dön, en baştan başla.

Bu zihnin bir tuzağıdır. İlk önce seni yanlış yönlendirir; sadece sözlü, entelektüel anlayışa ve senin anlamış olduğun izlenimini verir. İkinci olarak o der ki: "Şimdi uygula!" Ve sen uygulayamazsın çünkü onunla dolmamışsındır; o henüz senin bir parçan haline gelmemiştir, o senin için bütünleyici değildir. O yabancı, uzaylı gibidir. Onu nasıl uygulayabilirsin ki? Bir yük, bir ağırlık haline gelir. O zaman kafa der ki: "Sen suçlusun!" Sen anlıyorsun ve onu yapmıyorsun. Böylece şimdi, ne yaparsan yap, iyi hissetmeyeceksin. Ve bu anladığını düşünme anlayışı, uygulanamaz, bu yüzden kötü hissedeceksin. İşte milyonlarca insan bu kadar suçluluk içinde, günah içinde, yüklenmiş, yük altında ezilmiş olarak kalır.

Onu bırak! Bu boyut yanlış. Beni yeniden dinlemeye başla. Beni entelektüel biçimde anlamana gerek yok. Ben bir entelektüel değilim ve sana birtakım doktrinler öğretmiyorum. Senin basitçe varlığımın içine katılmana, benimle yakınlık kurmana, benimle uyumlu olmana izin veriyorum. Bütün çaba, ikimizin arasında belli bir uyum yakalayabilmek, benimle partner olabilmen, benim başıma gelmiş olan ve senin de başına gelmesi muhtemel olan bilinmeyen bir şeye ortak olabilmen içindir. Elini tutmak istiyorum. Sana cesaret vermek istiyorum, entelektüel anlayış değil. Sana yaşamı vermek istiyorum. İçimde taşan bir şeyi paylaşmak istiyorum.

Bu yüzden kafayla dinleme, o dinlemek için yanlış noktadır. Zen'de şunu derler: "Göbekten dinle." Bu daha iyi. Onu bir ara dene: Beni göbekten dinle. Bu kafadan daha iyidir. Tao'da şunu derler: Ayak tabanından dinle. Bu daha da iyidir çünkü ayak tabanından dinlersen, ayaklardan başa kadar gezmek için bütün varlığından geçecektir. Eğer göbekten dinlersen, bu da çok iyi; en azından o ortadan, tam en merkezden duyulacaktır.

Ama sana söylüyorum: Beni bir bütün olarak dinle. Ayak tabanından ya da göbekten ya da kafadan dinlemeye gerek yoktur. Beni yalnızca bütün bir varlık olarak dinle.

Örneğin; eğer tehlike içindeysen ve biri arkandan bir kılıçla koşuyorsa, nasıl koşacaksın? Sadece kafanla mı? Sadece ayaklarınla mı? Sadece göbeğinle mi? Hayır, tam bir bütün olarak koşacaksın. Kafanın, ayaklarının ve göbeğinin nerede olduklarını unutacaksın. Her şey unutulacak. Bir bütün haline geleceksin. Bir olarak koşacaksın.

Burada benimle olmanın yolu budur. Beni içine doldur, içine çek ve o zaman beni uygulamada problem olmaz. O seni etkilemeye başlayacak. Seni değiştirmeye başlayacak. Şaşıracaksın: Aniden onu uygulamış olduğunu göreceksin. Biri öfkeliydi ve sende hiç öfke yoktu, sessiz ve sakin kalabiliyordun. Aniden onu uyguladın, onu uygulamaya çalıştığından değil o senin varlığının bir parçası haline geldi, o gerçekleşti.

Şaşıracaksın: Eğer anlayış doğruysa, suçlu hissetmek yerine çok, çok fazla sürprizlerle karşılaşacaksın; kendi davranışında, verdiğin cevaplarda. Aynı eski durumda, biri sana hakaret ederken sen hiçbir şey hissetmeyeceksin. Sanki o senin üzerinden geçmiş, hiçbir yere çarpmamış gibi; sadece geçer, bir yara bırakmaz, sende bir çizik dahi olmaz! Ve sen gülümseyebilir ve arkana bakabilirsin... Ne olmuştur? Bir mucize! Anlayış mucizevidir. Orada olan tek mucizedir.

Eğer beni anladıysan, yaşamının her noktasında, her adımında, sürprizlerin seni bekliyor olduğunu keşfedeceksin. Buna inanamayacaksın bile; "Bu bana oluyor" Çünkü sen yalnızca eskiyi bekleyebilirsin ve bu yenidir, tamamen yeni. Kendine âşık olmaya başlayacaksın.

Yeni bir varlık doğuyor.

Dördüncü soru:

Sevgili Osho,

Sızıntı ve taşma arasındaki fark benim için her zaman çok net değil. Lütfen birkaç işaret verebilir misin?

Zihin daima kafanı karıştırmaya çalışıyor çünkü zihnin gücü kafanın karışıklığındadır. Kafan ne kadar çok karışıksa, zihni o kadar dinlemek zorunda kalırsın. Eğer berraklığa ulaşırsan, o zaman zihnin işlevi sona erer. Bu yüzden zihin asla tatile çıkmaz.

Büyük bir memur olan bir adam tanıyorum, bir keresinde Himalayalara gidiyordum ve ondan benimle gelmesini istedim. O dedi ki: "Bu imkânsız! Tatile çıkamam."

Dedim ki: "Neden?" Tatile çıktığını hiç görmemiştim. "Sorun nedir?" dedim.

Dedi ki: "Ofiste tamamen işe yaramaz biriyim ve kimsenin bunu bilmesini istemiyorum. İhtiyaç duyulduğum izlenimini yaratmak için sürekli orda olmak zorundayım. Tatildeyken, herkes bana ihtiyaç duyulmadığının farkına varacak. Tatile çıkamam."

Zihnin durumu budur. Zihin seni asla tek bir an bile bırakmaz. Kafanı karıştırmaya devam eder çünkü kafan karıştığı an, zihin rahatlar. Zihne yolun ne olduğunu sormak zorundasın. O zaman zihin senin gurun olur. Aslında, kafa karışıklığının imkânsız gibi göründüğü basit sorunlarda, orda da kafa karışıklığı yaratır. Örneğin bu soru:

"Sızıntı ve taşma arasındaki fark benim için her zaman çok net değil."

Şimdi fenomenler o kadar bütünüyle zıttır ki bir kafa karışıklığı olamaz. Hiçbir imkânı yoktur. Fakat zihin onu yaratabilir...

Sızıntı yaptığında, yorgun hissedersin. Taştığında bütün hissedersin. Taşmak bir coşkudur; tam coşku, sadece coşku başka bir şey değil. Ağaçların çiçek açması gibi, taşma da öyledir. Ağaç çok fazla olduğunda, ancak o zaman çiçeklenir; yoksa çiçek açamaz. O çok fazla olduğunda, içine sığmadığında, paylaşmak zorundadır. O bir yüklerinden kurtulmadır. Çiçeklendiği zaman ağaca bak; ağacın tamamı rahatlamış, içini boşaltmış, rahat, mutlu gibi görünür.

Ne zaman taşsan, ne zaman paylaşsan, ardından asla yorgun hissetmezsin. Aslında daha enerjik, daha uyumlu, daha evinde hissedersin. Her şey yerine oturur, yükünü atarsın. Kanatların büyür, gökyüzünde uçabilirsin. O kadar hafifsindir, yerçekimi ortadan kalkar. His; sızdırdığın, dağıttığın ve enerjinin kaybolduğu zamanki histen tamamen farklıdır. Onların kafasını karıştırmak neredeyse imkânsızdır. Onları nasıl afallatabilirsin ki? Onlar bütünüyle farklıdırlar. Fakat zihin bir kafa karışıklığı yaratabilir.

Zihnin tüm işlevi kafa karışıklığı yaratmaktır. O şüphe yaratır; hiçbir şüphenin var olamadığı yerde, şüpheler yaratır. Hayaletler yaratır, hayal ürünüdür ve bir bulmaca yaratır. O zaman tabii ki zihnin kendisine sormak zorundasın: Çıkış yolu nedir?

Cinsel orgazmdan duygu farklılığının bir örneğini alabilirsin. Eğer mekanik bir şekilde bir kadın ya da bir adamla sevişiyorsan, hiçbir paylaşım ve aşk yoksa -onun içinde aşk yoktur, sadece mekanik bir alışkanlıktır ya da sadece doktorlar onun hijyenik olduğunu, beden için gerekli olduğunu söyledikleri içindir ya da diğer saçmalıklar– o zaman dağılacaksın, enerji basitçe senden sızacaktır. Ve sonra sadece yorgun, tamamlanmamış, hayal kırıklığına uğramış hissedeceksin. Seni daha zayıf bırakacaktır, daha güçlü değil. Bu yüzden birçok insan sevişmenin ardından hayal kırıklığına uğramış hisseder ve birçok insan sevişmekten kurtulmaya karar verir çünkü o işe yaramaz gibi gelir.

Fakat sen eğer kişiyi seversen ve taşarsan, enerjilerini diğer kişiyle paylaşmak istersen... O anın içinde o hiç seksüel değildir, sende hiçbir seks düşüncesi yoktur; zihnin orda değildir, o doğal bir şekilde gerçekleşir. Sen onu kafanda planlamazsın, provasını yapmazsın; sen onu yapmazsın, gerçekte, o olur; sen yapan değil, araç olursun. Senden daha muhteşem, daha yüksek, daha büyük bir şey tarafından ele geçirilirsin. O zaman o bir sızıntı değildir. O zaman sen her yerden taşıyorsundur. O yerel değildir, seksüel değildir, o tamdır. O zaman huzura, sessizliğe ve sakinliğe ulaşırsın. O zaman bütünlüğe ulaşırsın. Orgazmın budur. Nadiren insanlar orgazma erişir.

Bu seni daha zayıf bırakmayacak, seni daha güçlü yapacaktır. Sevişmenin ardından sekse karşı olduğuna karar vermeyeceksin, sözde azizlerin doğru ve haklı olduklarına ve onları önceden dinlemiş olman gerektiğine karar vermeyeceksin; şimdi Brahmacharya ya da bekârlık yemini etmeye karar vermeyeceksin, Katolik bir rahip olmaya ve bir manastıra taşınmaya karar vermeyeceksin, hayır. Orgazmik bir akış olmuşsa ve enerjin basitçe paylaşılıp taşmışsa, Tanrı'ya minnet duyacaksın. İçinde bir dua ortaya çıkacak. O kadar bütün hissedeceksin ki şükretmek isteyeceksin. O kadar mutlu, o kadar kutsanmış hissedeceksin ki, tam o anda tüm dünyayı kutsayabilirsin. Yüzün, bedenin, aklın, her şey dingin bir yükseklikte olacaktır; varlığın yeni bir bütünlüğü. Bereket etrafını saracak.

Dua bu gibi şükran ve minnettarlık anlarında ortaya çıkar. Böyle anlarda kişi dindar olur.

Bana göre din derin aşktan ortaya çıkmıştır. Bu yüzden, bana göre, Tantra dinde sondur, son kelimedir çünkü bu insanın birliğe ulaştığı en yüksek zirvedir, egonun dağıldığı, yok olduğu en yüksek zirve. Kişi vardır ancak kişi sınırlı değildir. Kişinin engellenmediği yerde, kişi bir akıştır; enerjinin aktığı ve hareket ettiği yerde, kişi birçok kesişen yolun –enerjinin yollarının merkezi haline gelir– ego kaybolur. Ego çok sert, taş gibidir. Aşkta kişi akışkan olur, akar, her yerden akar.

Sızıntı moral bozucudur, hangi tür sızıntı olursa olsun; cinsel, cinsel olmayan fakat o yorucudur. Bazen biri seninledir ve sen yorgun hissedersin, yalnızca kişiyle birlikte olmaktan, yalnızca kişinin varlığından. Kişiyi istemezsin, sıkılırsın ve daha sonra sızıntı yapmaya başlarsın, daha sonra enerjini dağıtmaya başlarsın. Ardından kişi gittiğinde, senden çok fazla şey almış ve geriye hiçbir şey vermemiş gibi kendini basitçe yorgun, sarsılmış hissedersin. Seni basitçe zayıf bırakır. Fakat eğer kişiyi seversen, sana gelmiş ve seninle buluşmuş olmasından mutluysan, gelişmiş hissedersin. Enerji daha canlı olur, daha enerjik hissedersin. Canlanmış hissedersin.

İkisi arasında yanlış anlaşılma olamaz.

Sızıntıdan sakın ve taşma için hazır hale gel. Ve gittikçe sadece taşmaya muktedir olacaksın çünkü sızıntı zihnin bir tutumudur. Eğer bir kişi sana sıkıcı geliyorsa ve dinlemek istemediğin şeyler söylüyorsa, dağılmış hissedeceksin, bir sızıntı olacaktır. Sadece tutumunu değiştir.

Sohbetin tam ortasında, sıkılıyordun. Sadece tutumunu değiştir ve kişiyi dinlemeye başla. O da gizemli bir kişidir, belki biraz sıkıcı fakat o da Tanrı'dır. Belki biraz sıkıcı... Onu yeni bir tavırla dinle. Kendini sars ve silkelen, eski tutumunu bırak onun hikâyesini dinlemeye başla. Belki onda bir şey var. Ve derhal göreceksin: Enerji artık dağılmıyor.

Bu senin tavrın. Bir şey enerji verici olabilir ve enerji yıkıcı olabilir, bu tutuma bağlıdır. Dindar bir kişi -benim dindar insan tanımım budur- koşul ne olursa olsun daima taşan kişidir. Ölüm ona gelse bile, onu derin bir orgazm içinde bulacaktır.

Çoğunlukla yaşam bile seni derin orgazm içinde yakalamaz hatta aşk bile seni derin orgazmda yakalamamıştır. Fakat Sokrates gibi bir adamı, ölüm bile orgazm halinde yakalar; hazır, alıcı, dans ederken, ölüm birçok gizem getiriyor gibidir. O getiriyor! O da, Tanrı'nın bir yüzüdür belki karanlık fakat karanlık da kutsaldır. Sen kaybolacaksın fakat kayboluş da ortaya çıkış kadar gizemlidir.

Doğum ve ölüm aynı paranın iki yüzüdür.

Sokrates heyecanlıydı! Sen yaşamla heyecanlanmıyorsun ve o ölümle heyecanlanıyor. Onun müritleri ağlamaya başladı ve o dedi ki: "Kesin! Ben gittiğimde bunu yapabilirsiniz. Bu anları kaçırmayın. Bu anlar çok önemli. Bırakın ölümü buyur edelim, o hayatta bir kez gelir. Ender gelen bir misafir. O her gün gelen bir şey değil. Ve şanslıyım ki öngörülebilir biçimde geliyor yoksa o tahmin edilemez şekilde gelir ve kişi onu buyur edemez."

Zehirlenecekti, Yunanlar tarafından ölüm cezasına çarptırılmıştı. Saat tam altıda o zehri içecekti ve heyecanlı bir çocuk gibi beklemekteydi. Müritler buna inanamadı! Zehri aldı ve odanın içinde yürümeye başladı ve biri sordu: "Ne yapıyorsun?"

O dedi ki: "Farkında, uyanık olmaya çalışıyorum ki böylece ölüm beni uykuda yakalamasın."

Daha sonra yürümek imkânsız hale geldi. Bacakları dayanamıyordu. Böylece kanepenin üzerine uzandı ve söylemeye başladı: "Şimdi ayaklarım uyuşuyor, ayaklarım ölmüş gibi görünüyor. Ama ben önceden nasılsam hâlâ öyleyim. Benden hiçbir şey alınmadı. Ben bütün kalıyorum!" Ve o mutluydu.

Ve ardından dedi ki: "Her iki bacağım da gitti ama beni dinle: Ben hâlâ bütünüm. Bu demektir ki sadece beden benden alınıyor. Bilincim bozulmamış, el değmemiş kalıyor. Ölüm beni öldüremeyecek gibi görünüyor."

Bu dindar bir insanın tavrıdır... Ve o senin tavrına bağlıdır. Tüm yaşamın orgazmik bir akış olabilir. Sadece aşk değil, yaşamının her anı orgazmik bir akış olabilir. Ardından taşıyorsun. Ve bir temel, esas kuralı hatırla: Ne kadar taşarsan o kadar sana verilir. Bu tıpkı bir kuyudan su çekmeye devam etmene benzer; içinden ne kadar su çekersen, o kadar taze su içeri akar, sürekli olarak. Su çekmeyi bırakırsan su bayat, ölü olacaktır ve taze kaynaklar daha fazla sağlanmayacak; gerek kalmayacaktır.

Paylaş! Mümkün olduğu kadar paylaş ve sana daha fazlası verilecek.

İsa diyor ki: "Eğer tutunursan kaybedeceksin, eğer paylaşırsan kazanacaksın. Bir cimri olma, paylaş! Ve minnettar hisset: Enerjini kim kabul ederse, ona şükran duy çünkü seni reddedebilirdi. Şükran duy ve paylaşmaya devam et. Ve göreceksin: İçsel kaynaklarından devamlı olarak temiz su içeri giriyordur. Ne kadar paylaşırsan, o kadar genç kalırsın. Paylaştıkça, daha bakir kalırsın. Paylaştıkça daha taze, daha saf olursun.

Ve paylaşmazsan, o zaman sızmaya başlarsın. Eğer paylaşmazsan, paylaşmada mutlu değilsen, bir cimriye dönüşürsün. Bir cimri sızdırır. Yaşam enerjisi söz konusu olduğu sürece bir müsrif ol. Bir cimri sızdırmaya başlar, hayal kırıklığına uğramış hisseder ve her zaman üzgündür çünkü ondan bir şey alınmıştır. Ve bu üzüntü içinde küçülür ve küçüldüğü için iç kaynaklar, iç pınarlar onu yeniden dolduramaz.

Bu sana bağlı.

Bu ayırım tamamen açıktır. Bırak bu kıstas olsun, herhangi bir enerji temasından sonra yaşamın bütünü enerji temasıdır. Ağaca baktığında bir enerji teması vardır; gözlerin ağacın yeşilliğiyle buluşmaktadır, göze çarpmayacak şekilde ağacı kucaklamışsındır. Kayaya dokunursun ve temas vardır, enerji paylaşılmıştır. Başka bir insanın gözlerinin içine bakarsın ve bir iletişim olmuştur. Sen bir şey söylersin ya da sessiz kalırsın fakat iletişim sürekli olarak devam eder. O her an gerçekleşir.

Şimdi onu bir sızıntı yapıp yapmayacağın sana bağlıdır. O bir sızıntıysa, her gün bin kere öleceksin. Bu değişir. Onu bir taşmaya dönüştürürsen, her zaman vermek istediğin samimi bir paylaşıma, kalbini yüklerinden kurtarmaya –bir çiçeğin rüzgâra hoş kokusunu bırakması gibi, lambanın geceye ışığını vermesi gibi, bulutların yeryüzüne yağmurlarını bırakması gibi– paylaşmaya devam edersen, tüm yaşamın enerjinin muazzam derecede güzel bir dansına dönüşür. Ve her gün, bin bir yeni doğumun olacaktır.

Bugünlük bu kadar yeter.

BÖLÜM 10

Kaynağa Varış

Her şey kendi doğası içinde.
Sen de kendi doğandasın.
Ve dünya mükemmel şekilde iyi, dünya mükemmel şekilde güzel.
Olabilecek en iyi dünya.

9. Kaynağa varış

Çok fazla adım atılmıştır kaynağa ve köke dönmek için.
En başından kör ve sağır olmak daha iyi!
Kişi gerçek evinde ikamet ederken, dışarıyla ilgilenmeksizin; nehir huzurlu bir şekilde akar ve çiçekler kırmızıdır.

Yorum

En başından, hakikat açıktır. Sessizlikte dengelenmiş bir şekilde, bölünme ve bütünleşmenin şekillerini gözlemlerim. Biçime bağlı olmayan kişinin yeniden biçime bürünmesine ihtiyacı yoktur. Su zümrüt yeşilidir, dağ çivit rengi ve ben yaratanı ve yok edeni görürüm.

10. Yeryüzünde

Çıplağım ve bağrım açık,
Dünya insanlarıyla haşır neşir olurum.
Kıyafetlerim yırtık ve toz içinde ve ben her zaman mutluyum.
Yaşamımı uzatmak için büyü yapmıyorum;
Şimdi, benden önce, ağaçlar canlanıyor.

Yorum

Geçidimin içinde, tanımaz beni binlerce bilge. Bahçemin güzelliği görünmez. Kişi pirlerin ayak izlerini neden aramalı? Testimle giderim pazar yerine elimde asa ile dönerim eve. Şarap dükkânı ve marketi dolaşırım ve yüzüne baktığım herkes aydınlanmış olur.

Sat Prem geçen gece bana geldi. Vipassana ölüm döşeğindeydi. Çok endişeliydi, titriyordu, çok fazla titriyordu ve haklı olarak öyleydi. Derinden sevmiş olduğun birinin ölüm anı, zihnine kendi ölümünü getirir. Ölüm anı muhteşem bir açığa çıkmadır. Güçsüz, çaresiz hissettirir. O, senin var olmadığını hissettirir. Varlık illüzyonu ortadan kaybolur.

Sat Prem ağlıyordu. O kolayca ağlayan bir adam değildir, kolayca çaresiz hisseden bir adam değildir; gözyaşları ona gelmeyecek. Fakat o titriyordu. Herkes titreyecek çünkü aniden ayaklarının altındaki zeminin yok olduğunu görürsün. Hiçbir şey yapamazsın. Senin sevdiğin biri ölüyordur. Hayatını bile vermek istersin, ancak yapamazsın. Hiçbir şey yapılamaz. Kişi basitçe derin güçsüzlük içinde bekler.

O an seni depresyona sokabilir, o an seni üzgün yapabilir ya da o an seni hakikat için muhteşem bir yolculuğa çıkarabilir; boğa arayışı içinde büyük bir yolculuk.

Bu hayat nedir? Eğer ölüm gelir ve onu alırsa, bu hayat nedir? Kişi ölüme karşı bu kadar güçsüzse, o ne anlam taşır? Ve hatırla, sadece Vipassana ölüm döşeğinde değildir, herkes kendi ölüm döşeğindedir. Doğumdan sonra herkes kendi ölüm döşeğindedir. Başka bir yolu yoktur. Bütün yataklar ölüm yataklarıdır çünkü doğumdan sonra sadece bir şey kesindir ve o ölümdür.

Sadece Vipassana değil, sen de ölüyorsun. Belki sıranın biraz daha ilerisindesin fakat bu sadece zaman meselesidir. Biri bugün ölür, biri yarın ölür, biri ertesi gün ölür. Temelde fark nedir? Zaman çok fark yaratamaz. Zaman sadece bir yaşam illüzyonu yaratabilir fakat ölümle sonuçlanan yaşam değildir ve gerçek yaşam olamaz. O bir rüya olmalı. Senin bunun farkında olmanı istiyorum, o zaman boğa arayışın başlar.

Boğa arayışı, gerçek yaşam, ölüm tanımayan özgün yaşam arayışıdır. Yaşam yalnızca sonsuz olduğunda özgündür. Yoksa senin hayat dediğin şey ve rüya arasındaki fark nedir ki? Geceleyin, derin uykuda, bir rüya herhangi bir şey kadar doğrudur, gerçek gibidir; açık gözlerle gördüğün şeyden bile daha gerçektir. Sabaha kadar o gitmiştir, bir iz bile bırakmaz. Sabah uyandığında onun bir rüya ve gerçeklik olmadığını görürsün. Bu yaşam rüyası birkaç yıl devam eder, ardından birden kişi uyanır ve tüm yaşamın bir rüya olduğunu kanıtlar.

Ölüm büyük bir devrimdir. Hiç ölüm olmasaydı din olmazdı. Dinin var olması ölüm yüzündendir. Bir Buda'nın doğmuş olması ölümdendir. Bütün Budalar ölümün farkındalığından doğar.

Buda bir caddeden geçti ve ölü bir adama rastladı. Sürücüsü olan, at arabasında onu götüren uşağına sordu: "Bu adama ne oldu? Ne oldu bu adama?"

Arabacı yalan söyleyemedi. Söylemek istedi -birbirimize yapıyor olduğumuz şey budur- bu genç prense yalan söylemek istedi: Lüzumsuz yere neden onu rahatsız etsin ki? O çok genç. Neden ölümle canı sıkılmalı ki?

Hikâye çok güzel. Hikâye, onun yalan söyleyeceğini ve ondan kaçınmak için şu ya da bu şekilde açıklama yapacak olduğunu fakat cennetteki tanrıların onu izlediklerini ve derhal varlığına girdiklerini, onu ele geçirdiklerini anlatır. Hakikat söylenmelidir, aksi takdirde bu Gautam Siddharta ıskalanacaktı. Onlar şoförü hakikati konuşması için zorladılar. Ve kendisine rağmen sürücü kendini şunu söylerken buldu: "Bu adam ölü ve herkes bunun gibi olacak hatta siz de, efendim!"

"Ben bile mi?" diye Buda sordu. "O zaman beni eve geri götür. O halde gidecek hiçbir yer yok, o halde bu dünya hayatı yalan olmalı. Vakit kaybetmemeliyim, ölümsüz olanı aramalıyım."

Boğa arayışı budur.

Git, Vipassana'nın yanında otur, ölümü hisset. Onun için üzülme. Ona üzülürsen, asıl noktayı kaçırırsın. Büyük bir fırsatı, büyük bir kapıyı kaçırırsın. Onun için üzülme, üzülmenin gereği yok. O harikulade güzel. O içeride kazandığı bir şeyle bu dünyadan ayrılıyor.

O bana geldiği gün, endişelendim ve düzgün nefes almadığını fark ettim. Bu yüzden Vipassana'nın adı bu. Vipassana, nefesin farkındalığı demektir. Ve ona mümkün olduğunca nefesinin farkında olmasını söyledim. Ölecekti –ne zaman olduğu önemli değildi– ve bazı derin nefes problemleriyle ölecekti. Nefes alışı ritmik değildi.

Fakat o sıkı çalıştı ve onun belli bir bütünlenme ile ölüyor olmasından mutluyum, bu yüzden boş yere ölmüyor. Onun için hiç üzülme. Tam tersine, onun için mutluluk duyabilirsin. O çok sıkı çalıştı. Ve her neye ulaştıysa, onu diğer hayatına taşıyacak. Bu fırsatı mümkün olduğu kadar kullandı, bu yüzden hayatta kalması ya da ölmesi önemli değil.

Sen onun yanına gidip oturduğunda, kendin için üzül. Aynı botun, aynı durumun içindesin. Ölüm bir şekilde kapını çalacak. Hazır ol. Ölüm gelmeden önce, boğayı bul. Ölüm kapıyı çalmadan önce, eve dön. Ortada yakalanmamalısın; aksi takdirde tüm yaşam bir rüya gibi kaybolur ve sen büyük yoksulluk, içsel yoksulluk içinde bırakılırsın.

Boğayı arayış, yaşamın enerji arayışıdır, ölümsüz enerjiyi, en dinamik enerjiyi arayıştır. O ölüm tanımaz. O birçok ölümden geçer. Her ölüm yeni bir oluş için bir kapıdır. Her ölüm bir arınmadır. Her ölüm bir yük atmadır. Her ölüm basitçe seni eskiden kurtarır.

Yaşam, gerçek yaşam, asla ölmez. O zaman kim ölür? Sen ölürsün. "Ben" ölür, ego ölür. Ego ölümün parçasıdır, yaşam değildir. Bu yüzden eğer egosuz olabilirsen, o zaman senin için ölüm yoktur. Egoyu bilinçli bir şekilde düşürebilirsen, ölümü keşfetmişsindir. Ve boğa arayışında, yapılması gereken tek şey, gitgide egoyu bırakmaktır. Eğer gerçekten farkındaysan, tek bir adımda bırakabilirsin. Çok fazla farkında değilsen, onu derece derece bırakmak zorunda kalacaksın. Bu sana bağlıdır. Fakat bir şey kesindir: Egonun bırakılması gerekir. Egonun kayboluşuyla, ölüm kaybolur. Egoyu bırakmakla, ölüm de bırakılır.

Bu yüzden git ve Vipassana'nın yanına otur. O çok yakında kaybolacak. Onun için üzülme, kendin için üzül. Ölümün seni sarmasına izin ver. Onun tadına bak. Çaresiz, güçsüz hisset. Kim çaresiz hissediyor ve kim güçsüz hissediyor? Ego, hiçbir şey yapamadığını gördüğün için. Ona yardım etmek istiyorsun ve yapamıyorsun. Onun hayatta kalmasını istiyorsun fakat hiçbir şey yapılamıyor.

Bu çaresizliği mümkün olduğu kadar derinden hisset.

Ve bu çaresizlikten belli bir farkındalık, bir dindarlık, bir meditasyon doğacak. Onun ölümünü kullan; bu bir fırsattır. Burada benimle, her şeyi bir fırsat olarak kullan.

O hayatını güzel bir şekilde kullandı. Ona mutlu bir şekilde veda edebilirim ki çok yakında geri gelebilsin. Daha yüksek bir seviyede geliyor olacak. Ve bu ölüm ona yardım edecek çünkü şimdi bu bedenle daha fazla çalışmak mümkün değil. Yapabileceği her şeyi yaptı. Daha çok çalışma için yeni, canlı bir bedene ihtiyacı olacak.

Ve o savaşmıyor, mücadele etmiyor. Basitçe gitgide teslim oluyor ve bu çok güzel. Bir bırakma halinde. Eğer savaşırsa, birkaç gün daha yaşayabilir. Bu yüzden doktorların fazla yardımı olmayacak çünkü onun kendisi ölümü kabul ediyor. Ve biri ölümü kabul ettiğinde hiçbir şey yardım edemez çünkü derinlerde kişi ölmeye hazırdır. Ve kişinin ölmeye hazır olması çok güzel çünkü kişi ancak ölümün ötesinde bir şey hissettiğinde, ölmeye hazırdır, asla öncesinde değil. Kişi ölümsüzlüğün tadını hissetmeye başladığında, anlık gördüğünde belki, ölmeyeceğini bilir. Kişi ölecektir fakat yine de ölmeyecektir. Bunu bildiği zaman kişi rahatlar. O zaman kavga nerede? Bunun ne önemi var ki? Kişi rahatlar.

O rahatlıyor. Çok geçmeden yok olacak. Bu fırsatı kullan! Onun yakınında ol. Sessizce otur. Meditasyon yap. Bırak onun ölümü sana işaret olsun, böylece hayatını boşa harcamazsın. Aynısı senin başına da gelecek.

Dokuzuncu sutra:

Kaynağa Varış,

Çok fazla adım atılmıştır
Kaynağa ve köke dönmek için.
En başından kör ve sağır olmak daha iyi!
Kişi gerçek evinde ikamet ederken, dışarıyla ilgilenmeksizin,
nehir huzurlu bir şekilde akar ve çiçekler kırmızıdır.

ÇOK FAZLA ADIM ATILMIŞTIR... Aslında, çok fazla adım atmaya gerek yoktu. Fakat bu ancak sen dokuzuncu noktaya gelmiş olduğunda fark edilir. Eve ulaştığında bunun tek bir adımda mümkün olduğunu fark edeceksin. Çok fazla adım atmaya gerek yoktu, yavaş yavaş, dereceyle ilerlemenin gereği yoktu. Bir sıçrayış mümkündü.

İnsanlar bana gelir ve onlara sıçramalarını söylerim. Onlar der ki: "Ama düşünmem gerekecek." Sıçramak için nasıl düşünebilirsin ki? Ve eğer düşünürsen ve düşünmeyle bir karara varırsan, o zaman ona nasıl bir sıçrama denecek?

Sıçrama bilinmeyenin içine bir sıçrayıştır; düşünülmemiş, tasarlanmamış, planlanmamış. Sıçrayış planlanamaz. Ona hazırlık yapamazsın, artıları ve eksileri hakkında düşünemezsin. Karar veren olamazsın. Sıçrama egodan çıkmaktır, ego tarafından karar verilmemiş olan bir şeyi yapmaktır. Sıçrama, bütünün seni ele geçirmesine izin vermektir. Sıçrama seninle süreksizdir, o bir süreklilik değildir. Eğer düşünür ve ardından bir karara varırsan, o bir sürekliliktir. O zaman isim alabilirsin fakat bu uzun seriler içinde ilk adım olacaktır.

Senin için bekliyor olduğum arayışçı olma hali tek bir adımdı. Tek adımda eve varmış olacaktın fakat sen düşünmek istedin. Senin problemini de anlayabiliyorum, düşünmeksizin bir şeyi nasıl alabilirsin ki? Nasıl bu kadar güven dolu olabilirsin? Sıçrayışın güvene ihtiyacı vardır. Güvenemezsin. Şüphe edersin, şüphe için eğitildin. Karar vermeden önce bütün olasılıkları düşünmek üzere eğitildin. Daima kontrollü kalmak üzere eğitildin.

Kendi düşünmenin bir sonucu olarak isim alabilirsin, o zaman bu bir sürekliliktir. Sana verecek olduğum isim daha çok ölüm gibi ya da sevgi gibiydi. Sevgi hakkında düşünemezsin o olur. Bu yüzden her dilde şu ifadeye sahibiz: Aşka düşmek. O bir düşüştür; egodan bir düşüş, kafadan bir düşüş, kontrolden bir düşüş, süreklilikten bir düşüştür.

Evet, o bir düşmedir. Bundan böyle düşüncenin, sürekliliğinin bir parçası değilsin. Birden bir boşluk oluşur. Ya da o ölüme benzer, onunla ilgili bir şey yapamazsın. O gelir, seni ele geçirir; o senin kararın değildir. Fakat bir gün eve yaklaştığında, evin önünde duruyor olduğunda, o zaman fark edeceksin:

Çok fazla adım atılmıştır,
kaynağa ve köke dönmek için.
En başından kör ve sağır olmak daha iyi!

Güvenin anlamı budur: Keşke en başından kör ve sağır olsaydım. Güvenirsen, zihnin der ki: "Kör bir inanana dönüşüyorsun. Kör olma. Onu düşün, zaman ver, daha sonra karar ver. Her şey senin kararın olmalı."

Onu hiç düşündün mü? Doğumunun senin kararın olmadığını? Kimse ilk önce bunu sormadı. Ve biri sormak isteseydi bile, sorulmak üzere orda olmazdın. Doğumun bilinmeyenden geldi, hiçlikten sen doğdun. Bu senin kararın değildi. Bir gün yeniden bilinmeyen içinde kaybolacaksın. Bu senin ölümün olacak. Senin kararın olmayacak. Ve bu ikisi arasında, ara sıra aşkı anlık göreceksin; hepsi bilinmeyenden meydana gelecek. Ya da yeterince şanslıysan, meditasyon ve dua için çabalıyorsan, o zaman yeniden bilinmeyenin birkaç anlık görüntüsüne ulaşacaksın. Onlar senin yapıyor olduğun şeyler olmayacak. Aslında senin yapman engeldir.

Sadece senin tarafından yapılabilen şeyler vardır ve ancak onları yapmak için orda olmadığında yapılabilen şeyler vardır. Yalnızca derin bir yapmama halinde yapılabilen şeyler vardır: Doğum, ölüm, aşk, meditasyon. Bu güzel şeylerin tamamı senin başına gelir, bunu hatırla. Bunun devamlı bir hatırlama olmasına izin ver: Sen bunları yapamazsın.

Çok fazla adım atılmıştır
kaynağa ve köke dönmek için.
En başından kör ve sağır olmak daha iyi!
Kişi gerçek evinde ikamet ederken, dışarıyla ilgilenmeksizin,
nehir huzurlu bir şekilde akar ve çiçekler kırmızıdır.

Nehre bak: Etrafında olan her şeye kayıtsız, derin sakinlik içinde, derin durağanlık içinde, kıyılarda olan şeylerle dikkati dağılmadan akar. Dikkati dağılmaksızın ilerler. Kendi doğasına uyumludur, asla doğasının dışına çıkmaz. Kendisine sadık kalır. Hiçbir şey onu bölemez, hiçbir şey onu kendisinden saptırmaz. Etrafındaki dünyada her ne oluyorsa, nehir bir nehir olmaya devam eder; kendisine sadık, ilerlemeye devam eder. Savaş devam etse bile, bombalar atılıyor olsa bile, her ne oluyorsa, iyi ya da kötü, nehir kendisine sadık kalır. O akmaya devam eder. Hareket onun içgüdüsel doğasıdır. Ve sakinlik sen kendine sadık olduğunda bir gölgedir.

Ve ağaçlardaki çiçekleri izle... VE ÇİÇEKLER KIRMIZI. Ağaçlar da kendilerine sadıktır. Hiçbir çiçek başka bir çiçeği taklit etmeye çalışmıyordur. Taklit, rekabet, kıskançlık yoktur. Kırmızı çiçek sadece kırmızıdır ve kırmızı olmaktan muazzam biçimde mutludur. O asla başka biri olmayı düşünmemiştir. Peki insan nerede kayboldu?

İnsan kendi doğasını arzu, taklit, kıskançlık, rekabet yüzünden kaçırır. İnsan kendisine sadık olmayan, nehri kendisiyle uyumlu olmayan; daima başka bir yere hareket eden, daima başkasına bakan; her zaman başka biri olmaya çalışan yeryüzündeki tek varlıktır. Bu sefalettir, faciadır. Sen sadece kendin olabilirsin. Başka imkânı yoktur, o basitçe yoktur. Bunu ne kadar çabuk anlarsan o kadar iyi. Sen bir Buda olamazsın, bir İsa olamazsın ve gereği yoktur. Sen sadece kendin olabilirsin.

Ve herkes başka biri olmaya çalışıyor. Bu yüzden orijinal kaynağımızdan uzaklaşmaya devam ederiz. Mesafe arzu yüzünden yaratılır. Güzel bir arabayı kullanan birini görürsün ve arabayı istersin. Arabaya gerek olduğundan değil, azıcık öncesinde gerek yoktu. Aniden, başkasının arabayı kullandığını gördüğün için, bir arzu ortaya çıktı. Eğer arabayı görmemiş olsaydın, arzu asla ortaya çıkmazdı. Bu yüzden o senin için içgüdüsel değildir fakat dışarıdan gelen bir şeydir. O, nehrin tıpkı okyanusa akmasına benzer ve hemen kıyıda nehir bir şey görmüştür ve akış bozulur; nehir şimdi okyanusa gitmek istemez. Şimdi, bu kıyıda, bir şeye tutunmak ister, bir şeye sahip olmak ister. Şimdi nehir içgüdüsel doğasından uzaklaşmıştır. Kendi samimiyetinden, özgünlüğünden, kendi hakikatinden uzaklaşmıştır.

Bir atlet, güzel bir beden, gösterişli birini görürsün ve aniden bir arzu ortaya çıkar. Aynı vücuda sahip olmak istersin –Muhammed Ali– "en iyisi" olmak istersin. Ya da güzel bir adam ya da güzel bir kadın görürsün ve öyle olmak istersin. Bir şeyi hatırla: Sen sadece kendin olabilirsin, başka yolu yoktur. Diğer tüm yollar seni kendinden basitçe uzaklaştırır.

Bunu bir kez anladığında temel anlayışa ulaşılır ve ardından nehrin aniden akmaya başlar. Engeller yoktur. İnsanlar bana gelir ve orada burada çok fazla engellerin bulunduğunu söylerler. Bütün engeller, olabileceğinden başka bir şey olmak amacıyla köklenmiş derin arzular sebebiyle var olur. Bütün engeller enerjinin donmuş olmasından ortaya çıkar çünkü enerji akmak için yalnızca bir yol bilir, bu onun doğal akışıdır.

Nevrotik olan ve bir lotus olmayı düşünen bir gülü düşün. Şimdi ne olacak? Basitçe ıstırap olacak ve bu ıstırap içinde gül bir gül olamayacak. Bir şey kesindir: Gül bir lotus olamaz, bu tamamen kesindir. Gül, bir gül de olamayacak; bu da hemen hemen kesindir çünkü şimdi bütün arzu uzaklaşıyor olacak. Gül lotusun rüyasını görecek, gül lotusu düşünecek ve kendini ayıplamaya başlayacak.

Kendini ayıplarsan nasıl büyüyebilirsin? Gül kendisini sevemeyecektir. Kendini sevemezsen nasıl büyüyebilirsin? Enerji akıyor olmayacaktır. Şimdi blokajlar olacaktır. Şimdi gül devamlı sıkıntı içinde olacaktır. Bir gün bir baş ağrısı olur, diğer gün başka bir şey. Gül hastadır.

Gül sadece bir olasılığın olduğunu anladığında ve bu bir gül olmaktır, bir lotus olmaya gerek yoktur ve o bir gül olmak için kusursuz biçimde güzeldir; gül kendisini kabul ettiği ve ayıplama sona erdiği an, gül kendisini sevdiği an, zarafet geri döner, haysiyet geri gelir. Şimdi engeller yoktur, onlar eriyecektir. Gül bir nehir gibi akmaya başlayacaktır. Gül kırmızı olacak, mutlu olacak, doğal bir şekilde ona uygun her şeyden muazzam derecede keyif alacaktır.

Güller asla nevrotik değildir. Onlar insana gülerler. Lotuslar asla delirmezler. Bütün dünya insana güler. İnsan nevrotik olan tek hayvandır. Ve kendine doğal olmayan bir şey yapmaya çalıştığında nevrozlar ortaya çıkar. Bir idealin olduğunda, nevrotik olacaksın.

Sen idealsin, sen kadersin. KİŞİ GERÇEK EVİNDE İKAMET EDERKEN... Sadece kendin olmak, başka biri olmaya çalışmamak demektir...

Dışarıyla ilgilenmeksizin,
nehir huzurlu bir şekilde akar ve çiçekler kırmızıdır.

Düz yazı yorumu:

En başından, hakikat açıktır. Sessizlikte dengelenmiş bir şekilde, bölünme ve bütünleşmenin şekillerini gözlemlerim. Biçime bağlı olmayan kişinin yeniden biçime bürünmesine ihtiyacı yoktur. Su zümrüt yeşilidir, dağ çivit rengi ve ben yaratanı ve yok edeni görürüm.

EN BAŞINDAN, HAKİKAT AÇIKTIR. En başından, hakikat gizli değildir. Başından, hakikat senin önünde durur. En başından, hakikatten başka hiçbir şey yoktur. Sende bir şey yanlış gitmiştir, hakikatte değil.

İnsanlar bana gelir ve sorarlar: "Tanrı neden görünmezdir?" Onlara anlatırım: "O görünmez değildir. Sen körsün. Tanrı'nın görünmez olduğunu söyleme. Tanrı, içeride ve dışarıda seni saran her şeydir. Tanrı görünmez değildir, sen görme kapasiteni kaybettin. Tanrı şimdi-buradadır. Tanrı, olan her şeydir. Tanrı bütünlüğün, bütünün sadece bir adıdır. O milyonlarca form içinde görünürdür. Akan nehirde, o akıştır. Kırmızı çiçekte, o kırmızılıktır."

Tanrı görünmez değildir. Bir şekilde ya sen kör olmuşsundur ya da at gözlüğüne aşırı bağlısındır. Gözlerin bağlı kalırsın. Dinlerin, kültürün, toplumun, koşullanmaların, medeniyet ve bütün bu saçmalıklar bir gözbağı işlevini görür. Gözlerini açmana izin verilmez. Kapalı gözlerle yaşamaya alışmışsındır. Gözlere sahip olduğunu ve onları açabildiğini tamamen unutmuşsundur. Gözlerini açmaktan, hakikati görmekten çok korkarsın, yalanlara o kadar tutunmuşsundur ki hakikati görmek çok yıkıcı olacaktır. Bütün imajın düşecek, sarsılacaksındır. Oyun kartlarından oluşan evin tamamı basitçe düşecek ve yok olacaktır. Hayaller ve arzular içinde o kadar çok yaşamışsındır ve derinlerde hakikatten korkmuş hale gelmişsindir.

Tanrı'nın görünmez olduğunu söyleme. Tanrı kesinlikle burada ve şimdi görünürdür.

En başından, hakikat açıktır.

O zaman insan nerede yoldan sapar? Başka bir şey olmaya çalışmada, başka biri olmaya çalışmada, bazı idealleri yerine getirmeye çalışmada, geleceğin içine girmeye ve biri olmaya çabalamada. Ego yolculuğu seni yoldan saptırır.

Tüm idealleri bırak. Nasıl olman gerektiğine dair bütün idealleri bırak. "Olmalı" var olan en büyük zehirdir. Sadece doğal bir şekilde yaşa.

Zen'in eşsizliği budur: O sana idealler vermez, senin doğal olmana yardım eder. Sana takip etmek, taklit etmek zorunda olduğun imajlar vermez. Zen ustaları şunu der: "Yol üzerinde Buda'yla bile karşılaşırsan, onu derhal öldür! Ve eğer Buda'nın ismini anarsan, ağzını yıka." Onlar Buda'nın doğru mesajını bilirler, anlamışlardır; bu yüzden onlar çok sert olabilirler. Zor görünürler, zor değildirler. Onlar senin sadece kendin olabileceğini söylerler, bu yüzden taklide izin verilmemelidir. Taklitçilik için tüm tohumları yok etmelisin yoksa bir hata olacak, sahtekâr bir varlık olacaksın.

Sadece kendin ol. Ulaşılması gereken başka hedef yoktur. Uyanık, mutlu bir şekilde yaşa ve her şey olması gerektiği gibi olacaktır. "Olmalı" hakkında düşünmeye gerek yok. Hakikat seni bir gölge gibi izleyecektir. Sadece sakinleş, doğallığının içinde rahatla, kendiliğinden ol, doğal ol. Kurallara göre yaşama. Kuralların senin doğallığından ortaya çıkmasına izin ver.

Zen insanın doğal dinidir. O neredeyse dinsiz dindir, tanrısız dindir. O sıradan ahlakın ötesidir.

En başından, hakikat açıktır. Sessizlikte dengelenmiş bir şekilde, bölünme ve bütünleşmenin şekillerini gözlemlerim.

Basitçe doğal kalırsan, bir tanığa dönüşürsün. Bir arzu doğar, bütünleşir; sen bir tanık kalırsın. O bütünleşirken, aynı şekilde bölünür. Bir şey yapmana gerek yoktur. Tıpkı bir dalganın okyanusta ortaya çıkıp geri çekilmesi gibidir, bir şey yapmaya gerek yok. Savaşmaya, mücadele etmeye gerek yok. Formlar ortaya çıkar ve kaybolur, sen bir izleyici kalırsın. Ve sen hiçbir formun sana eş olmadığını iyi biliyorsun, hiçbir formla özdeşleşmezsin.

Sen bir çocuktun, o form geldi ve yok oldu. Çocukluğunla bir yerlerde karşılaşsan onu tanıyamazdın. Sen genç bir oğlan, genç bir kız oldun; o form da kayboldu. Şimdi gider ve gençliğinle bir yerlerde karşılaşırsan, onu tanıyamayacaksın. Yaşlanacaksın, bu form da ölümde ortadan kaybolacak. Formlar dalgalar gibi devam eder, gelirler ve giderler, ortaya çıkarlar ve kaybolurlar. Onlar tarafından dikkatinin dağılmasına gerek yoktur. Öfke gelir ve gider... Onunla ilgili bir şey yapılamaz. Uyanıklığında dengeli kalabilirsen, o seni zehirleyemez. Kayıtsız kalırsın; yakın, çok yakın ve yine de ayrı, uzak, çok uzak kalırsın.

Formların ortasında kal ve yine de hiçbir formun senin varlığınla özdeşleşmediğinin farkında kal. Varlığın herhangi bir forma indirgenemez. Varlığın saf farkındalıktır. O farkındalıktır, formlar olmaksızın.

Sessizlikte dengelenmiş bir şekilde, bölünme ve bütünleşmenin şekillerini gözlemlerim. Biçime bağlı olmayan kişinin yeniden biçime bürünmesine ihtiyacı yoktur. Bu çok güzel: biçime bağlı olmayan kişinin yeniden biçime bürünmesine ihtiyacı yoktur.

İlk başta öfkenin, açgözlülüğün, kıskançlığın ya da her neyse onun biçimine bağlanırsın. Öncelikle öfke formuyla özdeşleşirsin, daha sonra soru ortaya çıkar: Bu nasıl bırakılacak? Öfkesizliğe nasıl ulaşılacak? İlk önce açgözlülük formuna bağlanırsın ve ardından sorgulamaya başlarsın: Nasıl açgözlü olunmaz? Şimdi reforma ihtiyaç vardır. Ve bu daireler içinde hareket eder.

Zen şunu söyler: Her şeyden önce, neden formla özdeşleşmelidir ki? Öfkeyi öfkesizlik, şiddeti şiddetsizlik, açgözlülüğü açgözlü olmama yapmaya çalışmak yerine, neden ilk önce özdeşleşmeden kurtulmuyorsun? Öfkeyi izle, onunla özdeşleşme. Aniden ne öfkelisin ne de değilsin, ne şiddetlisin ne şiddetsiz; sen izleyicisin. Şiddet ve şiddetsizlik, ikisi de ekrandaki formlardır. Sen seyircisin. Ötesine geçmişsindir. Şimdi reforma ihtiyaç yoktur. Bu temel, en temel şeyi anlamaya çalış.

Zen brahmacharyayı, bekârlığı uygulaman gerektiğini öğretmez; hayır. O basitçe der ki: "Seks formuyla özdeşleşme." Orada gerçek bir şey yapılması gerekir. Seks formuyla özdeşleştiğin anda, kısır döngüye girersin. İlk adım yanlış bir şekilde atılmıştır, şimdi eve varamazsın. İlk adım doğru atılmak zorunda, böylece bir azize gitmene ve kendini Brahmacharya'ya adamana gerek yoktur. Brahmacharyan tehlikeli olacak, o bastırmaktan başka bir şey olmayacak. Ve gitgide daha çok ıstırap çekeceksin ve seks gitgide güçlenecek. Seni daha çok cezp edecek, daha çok çekecektir. Seksin çok kötü bir yaşamını sürmeye başlayacaksın. Dışarıdan brahmacharya, derinlerde ise telaşe.

Zen şunu der: Brahmacharya hakkında endişelenme, sadece seksin formuyla özdeşleşme. Seks için arzu ortaya çıktığında, bir izleyici ol. Onu kınama çünkü eğer kınarsan bir izleyici olamazsın, taraf tutan biri olmuşsundur. O zaman tarafsız olamazsın, çoktan önyargılısındır. Ayıplama, yargılama. Sadece bir yargı olmadan uyanık kal çünkü bütün yargılamalar özdeşleşmenin gözle görülmeyen formlarıdır. Bunun kötü olduğunu söylersen özdeşleştin, şimdiden karşı çıktın. Seni çoktan ele geçirmiş, içine girmiştir. Bunun iyi olduğunu söylersen, şüphesiz, özdeşleşiyorsundur.

İyi ya da kötü deme, hiçbir şey söyleme. Öfke ortaya çıktığında, seks ortaya çıktığında, açgözlülük ortaya çıktığında, evet ya da hayır demeden uyanık kalabilir misin? Evet ya da hayır demenin cazibesine karşı koyabilir misin? Hiçbir yargı olmadan, sadece onun orada olduğunu görerek, tetikte olabilir misin? O zaman anahtara sahipsin. Zen anahtarı budur. O esas anahtardır, o var olan bütün kilitleri açar.

Biçime bağlı olmayan kişinin yeniden biçime bürünmesine ihtiyacı yoktur. Su zümrüt yeşilidir, dağ çivit rengi ve ben yaratanı ve yok edeni görürüm.

Bir Zen insanı için problem yoktur çünkü o şeylere bakar ve onların doğallığını kabul eder. SU ZÜMRÜT YEŞİLİ, problem nedir? DAĞ ÇİVİT RENGİ, problem nedir? Bir çiçek bir çiçektir, bir diken bir dikendir. Onlar oldukları gibidirler. Problem nedir?

Problem, sen onları değerlendirmeye başladığında ortaya çıkar. Sen dersin ki: "Su zümrüt yeşili olmasa çok daha iyi olurdu." Şimdi problem çıkar. Eğer şunu dersen: "Dağlar çivit rengi olmasa daha iyi olurdu." Şimdi sen başına dert açıyorsun.

Su zümrüt yeşili, dağlar çivit rengidir; gerçeği kabul et. Gerçekle yaşa ve onun içine teoriler getirme. Sadece zihnini izlemeye devam et. O devamlı olarak teoriler getirir. Hiçbir şeyi kabul etmene izin vermez. O düşünmeye devam eder: Bu şekilde olmamalı, şöyle olmalı. Tasarlamaya devam eder.

İzle... Problem nerede? Her şey olduğu gibidir. Ve eğer bunu kabul edersen, bunu anlarsan, yapılacak hiçbir şey yoktur. Eve dönersin. Ardından izlemeye ve eğlenmeye devam edersin. Manzara çok güzeldir, manzara muazzam biçimde güzel ancak kendini onun içine getirme. Değerlendirme, yargı ile ego girer.

Çocuk her tarafta koştuğu için yerinde duramaz. Öyle olmak zorunda, o bir çocuk. Şimdi sen onun sessizce oturmasını istersin, yaşlı bir adam gibi davranmasını istersin ve problem doğar. Şimdi çocuğun bir çocuk olduğunu göremezsin. Şimdi sen onu olmadığı bir şeye dönüştürmeye çalışıyorsundur. Şimdi sorun yaşayacaksın ve sen çocuk için de problem yaratıyorsun. Bunu kabul et!

Köpekler havlıyor ve sen meditasyon yapıyorsun. Şimdi onların seni rahatsız ediyor olduğunu söyleme. Seninle ilgilenmiyorlar bile, senin meditasyon yaptığını bile bilmiyorlar. Onlar köpek ve havlamaları onların meditasyonu. Sen meditasyonundan keyif alıyorsun, bırak onlar da meditasyonun tadını çıkarsınlar.

Kabul ettiğin an, problem aniden kaybolur. Fakat derinde değerlendirmeye devam edersin: Köpekler havlamasa daha iyi olurdu. Fakat neden havlamamalılar? Onlar köpek ve ondan muazzam derecede zevk alıyorlar. Sadece gerçeği kabul et ve sen kabul ettikçe, havlamalarının rahatsız edici olmadığını göreceksin. Daha sonra birden onlar havlamaya devam eder ve sen meditasyonuna devam edersin ve çatışma yoktur. Çatışma senin zihnin ve tutumundan ortaya çıkar.

Her şey kendi doğası içindedir. Sen de kendi doğandasın. Ve dünya mükemmel derecede güzel, dünya kusursuz biçimde çok güzeldir; olabilecek en iyi dünyadır.

Onuncu sutra: Yeryüzünde. Dokuzuncu sutra: Kaynağa Varış. Fakat ne zaman kaynağa ulaşsan, çember tamamlanmak zorundadır.

Küçük bir anekdot okuyordum:

"Tanrı'yı kim yaptı?" sekiz yaşında küçük bir çocuk sordu.

"Tanrı'nın ne başlangıcı ne de sonu vardır," diye öğretmen cevap verdi.

"Ama her şeyin bir başlangıcı ve sonu vardır," diye çocuk ısrar etti.

Sekiz yaşında başka bir çocuk yardım etmeye çalıştı: "Çemberin başlangıcı ya da sonu nerede?" diye sordu.

"Anlıyorum," dedi ilk çocuk.

Eğer hayat gerçekten tam ise çember ta ilk adıma geri gelmek zorunda. O zaman çember tamamlanmak zorundadır.

Kakuan'dan önce eksik olan şey buydu. Taoist resimler sekizinciyle sonlandı ama Kakuan hissetti ve o çemberin tamamlanmış olmadığını doğru bir şekilde hissetti, bir şey eksikti.

Bir insan yeryüzünde başlar, yeryüzünde bitirmelidir. Ancak o zaman çember tamamlanır ve insan mükemmeldir.

Zen'de bir deyişleri vardır: Yola girmeden önce, nehirler nehir idiler ve dağlar dağ idiler. Yola daha derin girdikçe, kafam karıştı. Şimdi artık nehirler nehir gibi değildi ve artık dağlar dağ gibi değildi. Her şey baş aşağı dönmüştü. Bir kaos vardı. Ve ben sona ulaştığımda ve yol tamamlandığında, nehirler yeniden nehir oldu, dağlar dağ oldu.

Öyle olmak zorunda. Sen dünyada başlıyorsun. Dünya verilmiştir. Nerede başlarsan başla, yeryüzünde başlarsın. Şimdi bir şey kesindir: Eğer çember tamamlanmış ise yolculuk tamsa ve sen gerçekleşmişsen, yeryüzünde bitirmelisin. Fakat ortada, her şey baş aşağı dönecektir.

Siddha –varmış olan kişi– sıradan bir insan olarak dünyaya geri döner. Bazen bir siddhanın senin yaşadığın bölgede yaşadığının farkına bile varmayabilirsin. Tanıdığın biri bir siddha olabilir ve sen fark etmeyebilirsin. Çember o kadar tam olabilir ki o sadece sıradan biri gibi görünecektir çünkü olağanüstü bir adam gibi görünme çabası hâlâ bir ego tribidir. Bu yüzden dikkatli ol! Markette birçok siddhanın önünden geçiyor olabilirsin. Ve uyanık ol, senin hemen yanında tam bir çember yapmış olan bir Buda oturuyor olabilir.

Doğu'da Tanrı'yı derinden hatırlamada birbirimizin önünde eğiliriz. Batı'da sen birine merhaba dersin, günaydın, iyi akşamlar dersin. Doğu'da biz böyle söylemeyiz, biz şunu söyleriz: Jai ram - Tanrı harika. Biz tanrıyı diğerinde tanırız. Biz tanrıyı diğerinde göklere çıkarırız. Kim bilir, çemberi tamamlamış olabilir.

Bu derin tanışmada, biz sabah, akşam, öğle ya da gece hakkında konuşmayız, bu gereksizdir. "İyi geceler", yalnızca bir resmiyettir; "günaydın", sadece bir resmiyettir. Fakat biri şunu dediğinde: "Jai Ram - Sendeki tanrıya eğiliyorum", bu bir formalite değildir. Muazzam bir öneme sahiptir. O şunu der: "Kim bilir, çok dikkatli değilim ve diğer kişi Ram olabilir, Tanrı'nın kendisi olabilir. Onun önünde eğilmeme izin ver."

Ne zaman bir Buda tamamlansa, o dünyaya geri döner. Bu herkesin başladığı ve herkesin bitirmesi gerektiği yerdir.

Onuncu sutra şudur:

Çıplağım ve bağrım açık,
dünya insanlarıyla haşır neşir olurum.
Kıyafetlerim yırtık ve toz içinde ve ben her zaman mutluyum.
Yaşamımı uzatmak için büyü yapmıyorum;
şimdi, benden önce, ağaçlar canlanıyor.

ÇIPLAĞIM VE BAĞRIM AÇIK... çok sıradan, tıpkı bir dilenci gibi.

Çıplağım ve bağrım açık,
dünya insanlarıyla haşır neşir olurum.

Dünya insanlarıyla bu haşır neşir olma büyük bir tanıma, herkesin kutsal olduğunun farkına varmadır. Bu yüzden Himalayalara gitmeye gerek yok, kendini bir manastır içine hapsetmeye gerek yok, kendini izole etmeye gerek yoktur. İnsanlarla haşır neşir olmak milyonlarca form içindeki Tanrı ile haşır neşir olmaktır.

Çıplağım ve bağrım açık,
dünya insanlarıyla haşır neşir olurum.

Dünya ve nirvana arasındaki bölünme şimdi kaybolmuştur. Bu dünya ve o dünya, bu bölünme kaybolmuştur. Bayağı ve kutsal, bölünme kaybolmuştur. Şimdi her şey kutsaldır ya da bayağıdır çünkü her şey birdir. Ona dünya ya da nirvana de, fark yaratmaz. Dünya mokshadır, dünya nirvanadır.

Zen ustalarının bu gibi sözleri diğer dindar insanlara çok sorun yaratıyor. Zen ustaları şunu der: "Bu dünya nirvanadır, bu dünya aydınlanma, en son, en üst noktadır ve başka bir dünya yoktur." Bu, diğer dindar insanlarda endişe ve problem yaratır çünkü onlar bayağının kutsal olabildiğini, sıradanın olağanüstü olabildiğini, yoldaki çakıl taşlarının elmas olabildiğini düşünemezler. Fakat o öyledir ve Zen bakışı kesinlikle doğrudur.

Başka dünya bir yerlerde değildir, o şimdi-buradadır. Yalnızca algıya, berraklığa ihtiyacın var. Gözlerin berrak olduğunda, çakıl taşları elmasa dönüşebilirler. Berraklığa ulaştığında, bütün taşlar Tanrı'nın suretlerine dönüşür. Kendi varlığının farkındalığına sahip olduğunda, birden bütünün farkına varırsın. Başka bir dünya yoktur, bu var olan tek dünyadır.

Ancak onu görmenin iki yolu var: Biri kapalı gözlerledir. Onu görmenin bir yolu olduğunu söylemek iyi değildir, o görmemenin bir yoludur. Ve ardından diğeri gelir: Açık, temiz, berrak gözlerle, algılayışla. Daha sonra birden her şey güzel, kutsal, ilahidir. Nerede olursan ol, kutsal toprak üzerinde ilerliyorsundur. Yücelerin en yücesi seni sarar.

Çıplağım ve bağrım açık,
dünya insanlarıyla haşır neşir olurum.
Kıyafetlerim yırtık ve toz içinde ve ben her zaman mutluyum.

Yine sıradan; belki odun keserek, kuyudan su taşıyarak. Sıradan şeyleri yapmak; evi temizlemek, yemeği hazırlamak, misafirlerle ilgilenmek.

KIYAFETLERİM YIRTIK VE TOZ İÇİNDE -yaşamın sıradanlığına geri dönüş- VE BEN HER ZAMAN MUTLUYUM. Fakat nerede olursam olayım, mutluluk beni sarar. Şimdi o sadece benim başıma gelen bir şey değildir, benim içgüdüsel niteliğim haline gelen bir şeydir. Bazen mutlu olduğum, bazen olmadığım bir şey değil; o benim doğam olmuştur, ben saadetim.

Şimdi, benden önce, ağaçlar canlanıyor.
Yaşamımı uzatmak için büyü yapmıyorum...

Çünkü yaşamı uzatmak söz konusu değildir. Kişi ebediyen yaşar. Şimdi ölüm yoktur, öyleyse yaşamı uzatmanın ne anlamı var ki?

Yogiler uzun yaşama, yaşamı uzatma fikrine aşırı takıntılı, aşırı ilgiliydiler. Arzu her insanda derinlerdedir. Eğer biri gelir ve, "Himalayalarda yüz elli yaşında olan bir sadhu ile karşılaştım," derse hemen ilgi duyarsın. Neden? O elli, yüz elli ya da üç yüz yaşında olsa ne fark eder? Fark nedir? Neden ilgileniyorsun? Hâlâ bedeninle özdeşleşmiş durumdasın ve hâlâ ölümden korkuyorsun.

Himalayalar'da bin yaşında olduğunu söyleyen bir sadhu hakkında duymuştum. Bir Batılı sadece bin yaşında olduğunu duyduğundan binlerce mil uzaklıktan onu görmek için gelmişti: "Bu imkânsız fakat belki... Bu şeyler Doğu'da oluyor..."

O gelmişti, adamı izledi ama buna inanamadı. Adam altmıştan fazla görünmüyordu. Birkaç gün izledi ama onun bin yaşında olduğuna inanamadı, en fazla altmış. Bu bile aşırıydı. Daha sonra cesaretini topladı ve baş mürit gibi görünen bir müride sordu: "Sen ne düşünüyorsun? O gerçekten bin yaşında mıdır?"

Mürit dedi ki: "Fazla bilmiyorum çünkü sadece üç yüz yıldır onunla birlikteyim." Ve mürit otuzundan fazla değildi.

İnsan zihni aptaldır. Fakat cazibenin derin bir önemi var: O senin ölümden korktuğunu gösterir. Eğer biri bin yaşındaysa ilgi duyarsın, o zaman belki sana da yardım edebilir. Sana bazı sırlar, birtakım simyasal formüller, anahtarlar verebilir ve sen de uzun yaşayabilirsin. Fakat Zen uzun yaşamla ilgilenmez çünkü Zen şunu der: "Kendini anladığında, o zaman ebedi yaşam vardır. Uzun bir hayatla kim ilgilenir ki?"

Uzun bir hayat hâlâ bedenin, ölüm korkusuyla özdeşlemiş bir adamın arzusudur. Bir anlayış insanı ölümün olmadığını bilir. Ölüm gerçekleşmez, o asla olmamıştır. O sadece sen bedenle özdeşleştiğin ve kendini bilmediğin için olur. Evet, bedenden ayrılacaksın. Eğer çok özdeşleşmişsen, bu ayrılık ölüm gibi gelir. Ama bedenle özdeşleşmemişsen ve kendini tanık olan ruh olarak, bilinç olarak, farkındalık olarak tanıyorsan, o zaman ölüm yoktur.

YAŞAMIMI UZATMAK İÇİN BÜYÜ YAPMIYORUM... Fakat bir şey oluyor: ŞİMDİ, BENDEN ÖNCE, AĞAÇLAR CANLANIYOR. Ölü ağaçlar bile, onların yanından geçerken, canlanırlar.

En içteki özüne ulaşmış bir adam o kadar yaşamla doludur ki, nereye yönelirse yönelsin yaşamını her şeyin üzerine yağdırır. Buda ormanın içine girdiğinde, ölü ağaçların canlandığı ve ağaçların mevsimi gelmeden çiçek açtığı söylenir. Bunlar sadece hikâyeler olabilir fakat önemlidir; mitolojiktir, tarihsel değildir, tarihsel bakımdan doğru değildir fakat yine de daha derin bir algıda doğrudur. Sen canlı olduğunda, dokunduğun her şey canlanır. Sen ölü olduğunda, dokunduğun her şeyi öldürürsün. Senin dokunuşun zehirli hale gelir.

Düz yazı yorumu:

OSHO INTERNATIONAL MEDITATION RESORT

Yer: Hindistan'ın Mumbai eyaletinin modern ve hızla gelişen kenti Pune'nin 160 kilometre güneydoğusunda bulunan OSHO International Meditasyon Köyü farklı bir tatil yeridir. İki kenarı ağaçlarla süslü yolları, doğa ile bütünleşmiş konaklama tesisleri ve harikulade bahçeleri olan Meditasyon Köyü 16.000 metrekarelik bir arazi üzerine kurulmuştur.

Benzersizliği: Meditasyon Köyü her yıl 100 farklı ülkeden gelen binlerce insanı ağırlar. Benzersiz kampüs konuklara –daha fazla farkındalık, gevşeme, kutsanma ve yaratıcılık getiren– yeni bir yaşam tarzını doğrudan doğruya kişisel olarak deneyimleme fırsatı sunar. Gün boyu ya da yıl boyunca devam eden program seçenekleri mevcuttur. Hiçbir şey yapmamak ve sadece gevşemek bunlardan bir tanesidir!

Bütün programlar OSHO'nun "Buda Zorba" vizyonunu temel alır. "Buda Zorba" *hem* günlük yaşama yaratıcı şekilde katılabilen *hem de* gevşeyip sessizliğe ve meditasyona dalabilen niteliksel bakımdan yeni bir insan çeşididir.

Meditasyonlar: Her tipte insan için tüm günlük meditasyon programları aktif ve pasif, geleneksel ve devrimci yöntemleri ve özellikle de OSHO Aktif Meditasyonları™ içerir. Meditasyonlar muhtemelen dünyanın en büyük meditasyon mekânı olan OSHO Oditoryumu'nda yapılır.

Multiversite: Özel seanslar, dersler ve atölye çalışmaları güzel sanatlar, holistik sağlık, kişisel dönüşüm, ilişki ve yaşam dönüştürme, meditasyon-olarak-iş, ezoterik bilimler ve spor ve rekreasyona "Zen" yaklaşımı gibi pek çok alanı kapsar. Multiversite'nin başarısının sırrı tüm programların meditasyonla bütünleştirilmiş olmasında, biz insanların parçaların toplamından daha büyük varlıklar olduğumuz anlayışının benimsenmesinde saklıdır.

Basho Spa: Lüks Basho Spa etrafı ağaçlar ve tropik yeşil bitkilerle çevrili bir ortamda, açık bir havuzda sakin sakin yüzme olanağı sağlar. Spa bünyesinde benzersiz biçimde tasarlanmış jakuziler, saunalar, jimnastik salonları, tenis kortları ve daha başka pek çok tesis bulunmaktadır

Mutfak: Çok çeşitli yeme-içme alanlarında lezzetli Batı, Asya ve Hint vejetaryen yemekleri servis edilmektedir. Bu yemeklerin çoğu Meditasyon Köyü için özel olarak yetiştirilmiş organik bitkilerden yapılmaktadır. Ekmek ve kekler köyün kendi fırınında pişirilmektedir.

Gece Hayatı: Konuklar pek çok akşam organizasyonu arasından istediklerini seçebilmektedirler; dans bu listenin en üst sırasında yer almaktadır! Öteki etkinlikler arasında yıldızlar altında dolunay meditasyonları, varyeteler, konserler ve günlük yaşam için meditasyonlar sayılabilir.

Bunların dışında Palaza Cafe'de insanlarla buluşmanın ya da gecenin dinginliğinde masalsı atmosfere sahip bahçelerde yürümenin tadını çıkarabilirsiniz.

Tesisler: Galleria'dan tüm temel ve kozmetik ihtiyaçlarınızı karşılayabilirsiniz. Multimedya Mağazası'nda pek çok OSHO medya ürünü bulabilirsiniz. Kampüste ayrıca bir banka şubesi, bir seyahat acentesi ve bir de İnternet Kafe bulunmaktadır. Pune kenti alışveriş yapmaktan keyif alanlara geleneksel ve etnik Hint ürünlerinden küresel markalara dek tüm seçenekleri sunmaktadır.

Konaklama: OSHO Konukevi'nin şık odalarında konaklamayı tercih edeceğiniz gibi uzun süre kalmak istemeniz durumunda yaşam programı paketlerinden birini de seçebilirsiniz. Ayrıca civardaki pek çok otel ve pansiyon seçeneğinden de yararlanabilirsiniz.

www.osho.com/meditationresort

Geçidimin içinde, tanımaz beni binlerce bilge. Bahçemin güzelliği görünmez. Kişi pirlerin ayak izlerini neden aramalı? Testimle giderim pazar yerine elimde asa ile dönerim eve. Şarap dükkânı ve marketi dolaşırım ve yüzüne baktığım herkes aydınlanmış olur.

GEÇİDİMİN İÇİNDE, TANIMAZ BENİ BİNLERCE BİLGE. Kişinin varlığının hakikati o kadar engindir ki binlerce bilge dahi onu bilemez. O bilinemezdir. Sadece bilinmeyen değil, bilinemeyendir. Onu daha çok bildikçe, onun bilinemezliğini daha çok hissedersin. O bir gizemdir, çözülmesi gereken bir problem değil, çözümlenebilecek bir bulmaca değildir. O, gittikçe büyümeye devam eden bir gizemdir. Ne kadar çok içine girersen, o kadar gizemli olur. O en alt tabakadır. O en yüksek düzeydir. Onun ötesinde hiçbir şey yoktur. Senin ötende hiçbir şey yok; sen varoluşun en temelisin, varlığının zeminisin. Elbette, bu zemin bilginin parçası olamaz. O bilgiden daha derindir. Bilenden daha derindir.

Geçidimin içinde, tanımaz beni binlerce bilge. bahçemin güzelliği görünmez.

Kişi onu hisseder. Kişi onu hisseder ama onu bilemez. Kişi ona karşı uyanık hale gelir fakat o gözle görülmezdir. Onu yakalayamazsın. Onu fark edebilirsin, onun içinde yaşayabilirsin fakat onu kavrayamazsın, ona tutunamazsın. Yakalanması zordur.

Kişi pirlerin ayak izlerini neden aramalı?

Şimdi buna gerek yoktur. Budalar, bilenler, aydınlanmış insanlar hakkında neden endişe duyulmalı? İsa ve Krishna ve Lao Tzu, kişi neden onlarla ilgili endişe duymalı? Arayış bitmiştir. Eve gelmişsindir. Kişi pirlerin ayak izlerini neden aramalı? Şimdi gerek kalmaz. En içteki doğana geri döndüğünde hiçbir kutsal yazıta, hiçbir doktrine, hiçbir yogaya, hiçbir sisteme, hiçbir arayışa ihtiyaç kalmaz.

Testimle giderim pazar yerine.

Burada Kakuan eşsiz, çok cesur bir adamdır. Sözde dindar insanların arasında böyle cesur bir adam bulmak çok enderdir. Sadece gerçek bir dindar insan çok cesur olabilir. O dünyayı kendi bütünlüğünde kabul eder.

Testimle giderim pazar yerine elimde asa ile dönerim eve. Şarap dükkânı ve marketi dolaşırım ve yüzüne baktığım herkes aydınlanmış olur.

Şimdi hiçbir şey yasaklanmaz, şimdi hiçbir şey inkâr edilmez. Şimdi "hayır" yoktur. Büyük bir "evet" etrafını sarar. Her şey dahil edilmiş, hiçbir şey dışarıda bırakılmamıştır, şarap dükkânı bile dışarıda bırakılmaz. Hiçbir şey bırakılmaz; "evet" kapsayıcıdır, tamdır.

Kişi o kadar bütüne dahil olur ki markete, şarap dükkânına bile gider. Kişi şimdi her şeyin içinde Tanrı'yı gizlenmiş bulur. Kişi şimdi hiçbir şeyi ayıplamaz. Hayır demek tamamen ortadan kalkmıştır. Ve hatırla, hayır demek tamamen kaybolduğunda ancak ego tamamıyla kaybolur. Eğer hâlâ bir hayıra sahipsen, saplantılısındır. O zaman ego kurnaz yollarla hâlâ gizleniyordur. O hayır demez ve iyi hisseder.

Kakuan'ın bununla kastettiği şey şudur: Şimdi evet o kadar tamdır ki, tapınak ve şarap dükkânı benim için aynıdır. Şimdi Tanrı'yı her yerde görüyorum. Şimdi Tanrı her yerdeliktir. Ve baktığım herkes aydınlanmıştır.

Bu hatırlanması gereken son şeydir. Aydınlandığında, aydınlanmamış bir insan bulamazsın. Bu herkesin aydınlanmasından değildir fakat senin içini görüyorsam, başka bir şey göremem, sen aydınlanmışsındır. Bu yüzden hepinizin Buda olduğunu söylemeye devam ederim. Budalık senin içgüdüsel doğandır. Kendi içime baktığım gün, tam o gün tüm dünya benim için aydınlandı.

Kafan karışabilir: Karışıklığını görebiliyorum. Kendi hazinelerinle ilgili kafan karışıyor olabilir. Farkında olmayabilirsin fakat ben görebiliyorum, yaşamın en değerli hazinesini taşıyorsun. İçinde Tanrı'yı taşıyorsun. Tamamen unutmuş olabilirsin. Eve geri dönmenin yolunu tamamen unutmuş olabilirsin ama o hâlâ orda.

Ve Kakuan haklıdır: Baktığım herkes aydınlanmış olur. Eğer sana bakıyorsam, aydınlanmış olursun çünkü benim için şimdi sadece aydınlanma var olur.

Her neysen, dünyayı tamamen aynı bulacaksın. Tekrar tekrar kendini dünyada bulmaya devam edersin. Dünya bir aynadır. Eğer aydınlanmışsan, aydınlanmış varlıklarla etrafın çevrilidir. Başka bir yolu yoktur. Aydınlanmış bir evrenle kuşatılırsın. Tüm varoluş, kayalar ve nehirler, okyanuslar ve yıldızlar, hepsi aydınlanmış varlıklardır. Bu sana bağlı. Olduğun yerde, dünyanı yaratırsın. Eğer acı çekiyorsan, acı dolu bir dünyada yaşarsın. Eğer aydınlanmışsan, aydınlanmış bir dünyada yaşarsın. Enerjin içeride kutluyorsa; bütün, kutlamanın bir senfonisine dönüşür.

Sen dünyasın.

Hayatın her bir anı önemlidir. Ve hiçbir an diğerinden daha az ya da daha çok değerli sayılamaz. Mutluluğu bulmak için belirli bir anı beklemek boşunadır. Bunun farkında olanlar her anı mutluluğa dönüştürebilirler. Doğru fırsat için bekleyenler ise, o fırsatın kendisini kaybederler. Yaşamın tamamlanması tek bir seferde elde edilemez, bu kocaman bir yığın değildir. Aksine, her bir anın içinde küçük parçalar halinde keşfedilecektir.